사회복지현장실습

사회복지 현장실습

현영렬 · 이승현 · 홍승현 · 정명섭 공저

동문사

머리말

사회복지사는 아무나 가는 길이 아닐 수 있습니다. 가는 길은 그리 녹록치 가 않습니다. 현장 및 실천 현장에서는 여러 부문의 전문가가 요구되고 있으며 현시대에 맞게 변화되기를 요구하기 때문입니다. 각각의 필수과목과 선택과목으로 나누어 학기 내 교육 과정을 통해서 사회복지학 전공자들이 전문적 사회복지사로 성장하게 됩니다. 그중에서도 특히 사회복지의 꽃이라 할 수 있는 사회복지현장실습은 사회복지실천의 핵심이라 할 만큼 매우 중요한 부분입니다. 사회복지는 개별성과 차별성인 클라이언트의 이론과 방법론들을 현장에서 개별과 집단, 지역주민대상으로 직접 현장에서 마주하는 학문이기 때문입니다.

이러한 이유로 본 교재는 수십 년간 학교현장과 실천현장에서의 경력과 경험이 다양한 집필자로 구성하여 고민된 심려 끝에 사회복지현장실습이 이루어지도록 실천적 방법론과 예시를 제시하고자 노력하였습니다.

본 교재의 구성은 한국사회복지교육협의회가 지침서로 만든 사회복지학 교과목 지침서와 평생교육협회 등의 사회복지현장실습 지침에 근거하여 그 내용을 충실히 하려고 노력하였으며, 실습생으로서 갖추어야 하는 초기 실습준비부터 실습 전 선행과정, 실습 중간 및 종결과정, 과제물인 이론보고서 등 실습에 필요한 사회복지실천 이론, 실습기관에 대한 정보 제공, 실습에 필요한 양식 등을 중점으로 집필하였습니다. 특히 실습보고서에 필요한 다양한 내용에 대해 사회복지기관 종류별 참고양식을 통해 간접적 실습내용을 접하여 현장실습에 임하였을 때 좀 더 체계적이고 적극적인 실습이 되도록 구성하였습니다.

본 교재의 사회복지현장실습은 사회복지를 전공하는 학생들이 사회복지 실천적 전문성 강화를 하고자 하는 의미에서 수년간 사회복지현장실습을 강의하시는 교수님들을 중심으로 만들어졌습니다. 본 교재가 사회복지를 전공한 학생들에게 사회복지현장실습의 귀중한 지침서가 되기를 바라며, 실습생, 지도자와 실습기관장과 기관에서도 표준화된 사회복지현장실습의 지침서가 되길 바랍니다.

2023년 8월

공동저자 현영렬, 이승현, 홍승현, 정명섭

차례

머리말 _ 5

Chapter 01 사회복지현장실습의 개요

1. 사회복지현장실습의 목적과 목표 13
2. 사회복지현장실습의 법적 기준과 주요 내용 15
3. 사회복지현장실습 선 이수 교과목 17
4. 사회복지현장실습의 필요성과 기대효과 18

Chapter 02 현장실습 진행 절차와 실습기관 선정 과정

1. 실습기관 선정 22
2. 실습기관 선정 후 25
3. 실습 종료 후 해야 할 일 30

Chapter 03 실습생이 알아야 할 주요 내용

1. 현장실습 사전 오리엔테이션 설명회 33
2. 실습 중 실습생이 알고 있어야 할 주요 내용 36
3. 실습생이 지켜야 할 기본예절 38
4. 실습 중 직면할 수 있는 문제점과 대처방안 41
5. 사회복지현장실습생의 역할 46

Chapter 04 사회복지현장실습 보고서 작성방법

1. 실습신청서와 실습생 프로파일 작성방법 49
2. 실습일지 작성방법 및 작성 예시 53
3. 기관 분석 보고서 작성방법 작성 예시 59
4. 실습중간평가서 작성방법 작성 예시 62
5. 실습종결평가서 작성방법 작성 예시 66
6. 현장실습 종합보고서 필수서류 제출 목록 (학교 제출 9가지) 84

Chapter 05 사회복지 프로그램 기획 및 평가

1. 사회복지 프로그램 기획 105
2. 사회복지 프로포절 작성하기 106
3. 사회복지 프로그램 평가 110
4. 사회복지 프로그램 분석 111

Chapter 06 사회복지현장에서 필요한 사례관리

1. 사정양식 115
2. 케어관리 1 123
3. 케어관리 2 128
4. 케어관리 3 135

Chapter 07 사회복지현장실습을 위한 관계형성의 실천기술

1. 관계형성의 중요성 143
2. 관계형성의 7대 원칙 143
3. 관계형성의 장애요인 149

Chapter 08 사회복지실천의 윤리와 자세

1. 사회복지사 윤리 155
2. 사회복지현장 실습생의 자세 159
3. 사회복지현장실습 슈퍼바이저의 자세 160

Chapter 09 사회복지현장실습의 준비단계

1. 사회복지실천현장의 이해 163
2. 사회복지현장실습기관의 역할 166
3. 사회복지실습교육기관의 요건과 역할 167
4. 사회복지현장실습의 분류와 지도유형 167
5. 사회복지현장실습 슈퍼비전 173
6. 실습 전 준비사항 175
7. 사회복지현장실습 준비단계의 목표 183

Chapter 10 사회복지현장실습의 초기단계

1. 사회복지현장실습 초기단계의 관계형성 191
2. 실습계약서 작성, 실습계획 수립 195

Chapter 11 사회복지현장실습의 중간단계

1. 업무점검 205
2. 정기적 슈퍼비전 205
3. 중간평가, 중간보고회 208
4. 보충교육 210

Chapter 12 사회복지현장실습의 종결 및 평가단계

1. 사회복지현장실습의 종결 및 평가단계 217
2. 실습보고회(현장실습세미나) 218
3. 실습기관 및 슈퍼바이저의 피드백 223

Chapter 13 사회복지현장실습의 과제물 작성 및 예시

1. 집단상담프로그램 작성 예시 227
2. 이론보고서 작성 예시 229
3. 이론분석보고서 작성 예시 238
4. 실습지도계획서 작성 예시 248
5. 타 기관 방문보고서 작성 예시 251

Chapter 14 사회복지사 자격관리지침과 취업

1. 사회복지사 257
2. 사회복지사 자격증 이수과목 기준 257
3. 사회복지사 자격증 발급 258
4. 사회복지사의 취업 262
5. 사회복지 취업전략 264

참고문헌 _ 267

제1장

사회복지현장실습의 개요

현장실습[1]은 전문가를 양성하는 분야에서 실행되는 중요한 교육과정 중의 하나이다. 즉, 사회복지학뿐만 아니라 의학, 간호학, 교육학 등의 전문직에서도 교육과정의 핵심적인 부분이며 필수로 이수하는 교과목으로 운영하고 있다. 사회복지현장실습을 통해 현재 사회복지학 전공 또는 사회복지사 자격증을 취득하려는 학생은 그동안 학교 교육을 통해 학습한 사회복지의 분야별 실천원칙, 가치, 윤리, 특정 지식과 과학적인 실무기술들을 현장실습 과목을 통해 실천현장에서 실제상황에 적용시키며 실무경험을 하게 되는 것이다.

1. 사회복지현장실습의 목적과 목표

사회복지현장실습 교과목은 사회복지실천의 가치 및 윤리, 지식 그리고 사회복지실천과정 및 기술을 사회복지실천현장에 실제로 적용하는 현장실습을 통해 전문직의 사명감과 실천능력을 겸비한 사회복지사를 교육 훈련하는 것을 학습목표로 한다.

1) 사회복지현장실습의 기본 목적

실습생과 교육기관은 양질의 이론적인 교육을 통해 방향을 설정하며, 실습생과 실습기관은 훈련의 도구를 통해, 그리고 교육기관과 기관은 연계를 통해 기본 목적을 설정할 수 있다.

---

1) 실습(實習, practice)

- 사전적 의미로 이미 배운 이론을 토대로 하여 실제로 해보고 익히는 일
- 실습은 여러 가지 기술을 습득하기 위하여 직접 경험을 통하여 학습하는 활동
- 예비 사회복지사가 실습과정을 통해 클라이언트와 사회복지실천 분야의 동료들, 그리고 지역사회와의 만남과 경험을 통해 전문 사회복지실천의 문화, 규범, 가치를 경험하는 과정
- 사회복지현장실습은 실습(practice), 현장실습(field work), 실습교육(field instruction), 인턴과정(internship), 현장교육(field education) 등의 용어로도 쓰임

(1) 실습생의 기본 목적

- 실습생은 기관에서의 현장실습을 통해 실천지식과 기술을 습득하는 기회를 가진다.
- 실습생은 학교에서 배운 학문적 지식과 실천기술을 기관의 실습현장에서 적용하도록 한다.
- 실습생은 사회복지실천에 대한 적성테스트의 기회로 인식한다.
- 실습생은 개인과 가족 및 집단과 지역사회의 욕구를 바르게 인식하고 관련 클라이언트가 가지고 있는 욕구를 파악하는 기술을 익힌다.
- 실습생은 자신의 능력과 한계에 대한 통찰력을 향상시킨다.
- 실습생은 사회복지사로서의 자아인식을 증진시키고 전문직 정체감을 형성한다.

(2) 교육기관의 기본 목적

- 교육기관은 사회복지기관 및 시설과의 산학협력을 통하여 학교교육과 사회복지실천현장의 교량적 역할을 한다.
- 교육기관은 실습지도교수를 통하여 실천현장에서의 구체적이고 실제적인 사례들을 이해하고 현장의 소리를 학습에 반영할 수 있도록 접촉의 기회를 가진다.
- 교육기관은 실습생이 간접적으로 다양한 사회복지실천현장에 대한 이해를 증진시킬 수 있는 기회로 활용한다.
- 교육기관은 학생들의 졸업 후 취업기회의 문을 넓힌다.

(3) 기관의 기본 목적

- 기관은 학교에서 습득한 지식과 기술을 실천현장에 접목시킬 수 있는 기회를 학생에게 제공한다.
- 기관은 대학과 협력하여 미래 사회복지사 양성에 기여한다.
- 기관은 전문사회복지사 양성을 위한 교육 프로그램 개발 기회로 활용한다.
- 기관은 학교와의 지속적인 연계를 통하여 이론과 실무에 대한 정보를 교류하고 산학협력의 기회를 갖는다.

2) 사회복지현장실습의 기본 목표

- 교육기관에서 습득한 사회복지에 관한 지식과 기술을 실천현장에 적용하여 실질적인 유용성을 측정할 수 있다.
- 사회복지실천현장에서 클라이언트 체계의 문제를 확인하고 다양한 정보를 수집하여, 조직화하고, 분석하며, 계획의 수립과 이행, 그리고 개입 노력에 대한 평가과정을 경험할 수 있다.
- 지역사회 대상의 특성과 자원에 대한 지식을 활용하여 수치화하여 분석할 수 있다.
- 사회복지 시설과 기관의 조직, 정책, 절차에 적응할 수 있는 경험적 이해를 통해 대상 시설과 기관에 대해 설명을 통해 표현할 수 있다.
- 사회복지시설에 대한 자신의 적성을 점검하여 만족할 만한 테스트 결과를 도출할 수 있다.

2. 사회복지현장실습의 법적 기준과 주요 내용

사회복지현장실습은 사회복지사 자격을 갖추기 위한 필수교과목 중 하나로서 사회복지사업법 시행규칙 제3조에서는 기관실습과 실습세미나에 대한 기준을 제시하고 있으며, 기관실습 실시기관 선정 및 선정취소 등 사회복지현장실습 운영에 관한 고시에서는 기관실습 실시기관의 선정 · 선정취소, 사회복지현장실습의 내용 및 방법 등에 관하여 필요한 사항을 규정하고 있다.

1) 실습기관 법적 기준

사회복지현장실습은 사회복지사업법 제2조 제1호[2]에 따른 사회복지사업과 관련

---

2) '사회복지사업'이란 다음의 법률에 따른 보호 · 선도(善導) 또는 복지에 관한 사업과 사회복지상담, 직업지원, 무료 숙박, 지역사회복지, 의료복지, 재가복지(在家福祉), 사회복지관 운영, 정신질환자 및 한센병력자의 사회복귀에 관한 사업 등 각종 복지사업과 이와 관련된 자원봉사활동 및 복지시설의 운영 또는 지원을 목적으로 하는 사업을 말한다.
법률에는 국민기초생활보장법, 아동복지법, 노인복지법, 장애인복지법, 한부모가족지원법, 영유아보육법, 성매매방지 및 피해자보호 등에 관한 법률, 정신건강증진 및 정신질환자 복지서비스 지원에 관한 법률, 성폭력방지 및 피해자보호 등에 관한 법률, 입양특례법, 일제하 일본군위안부 피해자에 대한 생활안정지원 및 기념사업 등에 관한 법률, 사회복지공동모금회법, 장애인 · 노인 · 임산부 등

된 법인·시설, 기관 및 단체로서 보건복지부 인증된 기관[3]에서 실습을 진행할 수 있다. 실습기관에는 반드시 법적 기준[4]에 의한 실습지도자가 2명 이상 상근직으로 재직하고 있어야만 실습기관이 될 수 있다.

- 실습시간: 160시간 이상
- 실습지도자의 자격: 사회복지사 1급 자격증을 취득한 이후 3년 이상 또는 사회복지사 2급 자격증을 취득한 이후 5년 이상 사회복지사업 실무경력이 있는 사회복지사[5].
- 지도학생수: 실습지도는 사회복지사 1인당 1회기당 실습생 5명 이내
- 실습기관: 아래 각 호에 해당하며 실습지도자 자격을 가진 사회복지사가 2명 이상 상근하고, 보건복지부장관이 지정 · 공고하는 실습기관
  - 법 제2조제1호 각목의 법률에 따른 사회복지사업을 위해 설립된 법인 · 시설, 기관 및 단체
  - 사회복지사업을 목적사업으로 하며 개별 법률에 따라 설립된 비영리 법인 · 시설, 기관 및 단체

2) 실습세미나 기준

- 실습세미나 시간: 회당 2시간/30시간 이상[6]
- 실습지도교수 자격: 학사, 석사, 박사 학위 중 2개 이상 사회복지학을 전공하고 사회복지학 교육경력 또는 사회복지 실무경력이 3년 이상인 교수
- 지도학생수: 1강좌당 수강 학생수는 30명 이내

의 편의증진 보장에 관한 법률, 가정폭력방지 및 피해자보호 등에 관한 법률, 농어촌주민의 보건복지증진을 위한 특별법, 식품 등 기부 활성화에 관한 법률, 의료급여법, 기초연금법, 긴급복지지원법, 다문화가족지원법, 장애인연금법, 장애인활동 지원에 관한 법률, 노숙인 등의 복지 및 자립지원에 관한 법률, 보호관찰 등에 관한 법률, 장애아동 복지지원법, 발달장애인 권리보장 및 지원에 관한 법률, 청소년복지 지원법 등이 있다.

3) 보건복지부의 위탁으로 한국사회복지사협회에서는 사회복지현장실습기관 선정제도를 실시하고 있으며, 2020년 1월 1일부터의 모든 사회복지현장실습기관은 선정된 기관에서 실시된 실습만 인정이 된다.

4) 실습지도자 법적 기준에는 사회복지사 자격증 1급을 소지한 자로서 3년 이상 또는 사회복지사 2급 자격증을 소지한 자로서 5년 이상 사회복지사업의 실무경험이 있는 자이다.

5) 단, 기관에 재직하는 사회복지사로서 전년도에 사회복지사업법에 따른 보수교육(1년 8시간 이상)을 이수한 사회복지사로 한정한다.

6) 단, 온라인 교육을 제공하는 교육기관의 경우 '실습세미나'에서 온라인 또는 오프라인 대면수업을 3회 이상 실시해야 한다.

3. 사회복지현장실습 선 이수 교과목

사회복지현장실습과목의 수강은 표 1-1을 확인하여 실습이수 전에 선수과목을 이수했는지 확인하여야 한다. 학점은행제를 통해 사회복지현장실습 과목을 수강하고자 할 경우에는 국가평생교육진흥원에서 제시한 규정을 반드시 지켜야 한다. 사회복지 기초과목 중에 4과목과 선택과목 2과목 이상을 성적 취득한 경우에만 다음 학기 실습과목 수강 및 실습을 이수할 수 있다.

표 1-1 실습 선수과목 이수지침

구분	국가평생교육진흥원[7]	한국사회복지사협회[8]	비고
선수과목 이수지침	사회복지사 자격증 필수과목 중 4개 과목 이상 이수자만 수강 가능. (사회복지학개론[9], 사회복지법제와 실천[10], 사회복지실천기술론, 사회복지실천론, 사회복지정책론, 사회복지조사론, 사회복지행정론, 인간행동과 사회환경, 지역사회복지론)	교육기관에서 지정하는 실습 전 선수과목을 이수하되, 아래 과목 중심으로 4과목 이상 이수 권장. (사회복지학개론, 사회복지실천기술론, 사회복지실천론, 사회복지정책론, 사회복지조사론, 인간행동과 사회환경, 지역사회복지론, 사회복지윤리와 철학, 프로그램개발과 평가 등)	평생교육진흥원의 실습 선수과목이수 지침은 필수적으로 지켜야 하며, 한국사회복지사협회의 지침은 실습기관 및 실습교육기관의 상황에 맞춰 활용할 수 있다.
	사회복지사 자격증 선택과목 중 2개 과목 이상 이수자만 수강가능. (사회복지윤리와 철학, 프로그램개발과 평가, 가족복지론, 아동복지론 등) ※ 선수과목 이수 현황 관련 서류(실습생 프로파일, 선수과목 이수증명서류 등)는 2년간 보관함	실습기관의 기준에 따라 아래 과목 중심으로 2과목 이상 이수 권장. (노인복지론, 장애인복지론, 아동복지론, 청소년복지론, 가족복지론, 여성복지론, 학교사회복지론, 의료사회사업론, 정신보건사회복지론 등)	

7) 국가평생교육진흥원의 사회복지현장실습 지침은 '학점인정 등에 관한 법령 및 학점인정 등에 관한 운영규정'에 따라 사회복지현장실습 교과목의 운영에 필요한 사항을 정함을 목적으로 제정되어 2012년 7월 1일 시행, 2014년 9월 일부 개정되었다.

8) 한국사회복지사협회의 사회복지현장실습 지침은 2006년 한국사회복지교육협의회의 사회복지학 교과목 지침서를 통해 제시되었다. 본 지침은 ① 실습지도자(사회복지사 자격증 취득 후 사회복지사 1급은 3년 이상의 실무경력과 사회복지사 2급은 5년 이상의 실무경력이 있는 상근직원 실습지도가 가능함 ② 실습기관(사회복지사업법 제2조 제1호에 따른 사회복지사업과 관련된 법인 · 시설, 기관 및 단체로서 실습기관으로 선정된 기관) ③ 실습시간(20일 / 160시간 이상. 이수학점 3학점) ④ 세미나 수업 15회(회당 2시간 이상) 실시이다.

9) 사회복지학개론 교과목은 사회복지개론과 동일교과목이다.

4. 사회복지현장실습의 필요성과 기대효과

1) 사회복지현장실습의 필요성

- 사회복지 현장의 풍부한 경험을 통하여 장차 사회복지사로서 실천적 유능성을 갖추기 위해 필요하다는 점에서 현장학습은 매우 중요하다.
- 현실 사회의 실정을 이해할 수 있다는 점에서 큰 교육적 가치를 가진다.
- 실습생은 실습과정을 통하여 자신이 선택하는 진로의 적합성과 부적합성을 재고하는 데에도 필요하다.
- 클라이언트와 동료 실습생들을 비롯하여 직 · 간접적으로 지역의 또 다른 전문직을 만나게 되고, 그러한 만남을 통하여 전문 사회복지사의 문화와 규범, 가치를 익히는 계기를 마련하게 된다.
- 수동적인 학습자로서의 자세에서 능동적인 전문가로 자질이 있는가에 대한 진지한 고민을 통해 진로를 결정할 수 있다.

2) 사회복지현장실습의 기대효과

- 사회복지 이론 적용의 기회이다.
- 전문적 역할에 대한 간접적인 학습 기회이다.
- 전문직으로서의 사회화 과정에 참여하는 기회이다.
- 미래 직업계획을 위한 기회이다.
- 예비 사회복지사로서 정체성 확립을 위한 기회이다.

10) 사회복지법제와 실천 교과목은 사회복지법제론과 동일교과목이다.

제2장

현장실습 진행 절차와 실습기관 선정 과정

사회복지현장실습 진행은 교육기관에 수강신청을 한 후 오리엔테이션에 참석하여 실습관련 사항을 숙지하는 것으로부터 시작된다. 오리엔테이션에서 실습지도교수로부터 실습 진행 관련 사항을 잘 숙지하여 실습기관을 선정하고 실습을 진행한 후에 실습관련 서류를 제출하게 되면 실습 진행이 마무리된다. 주의할 점은 2020년 1월 1일 이후부터 사회복지 관련 교과목을 이수하기 시작한 학생은 실습과목 세미나 수업[1] 15주와 실습시간이 160시간이 적용된다.

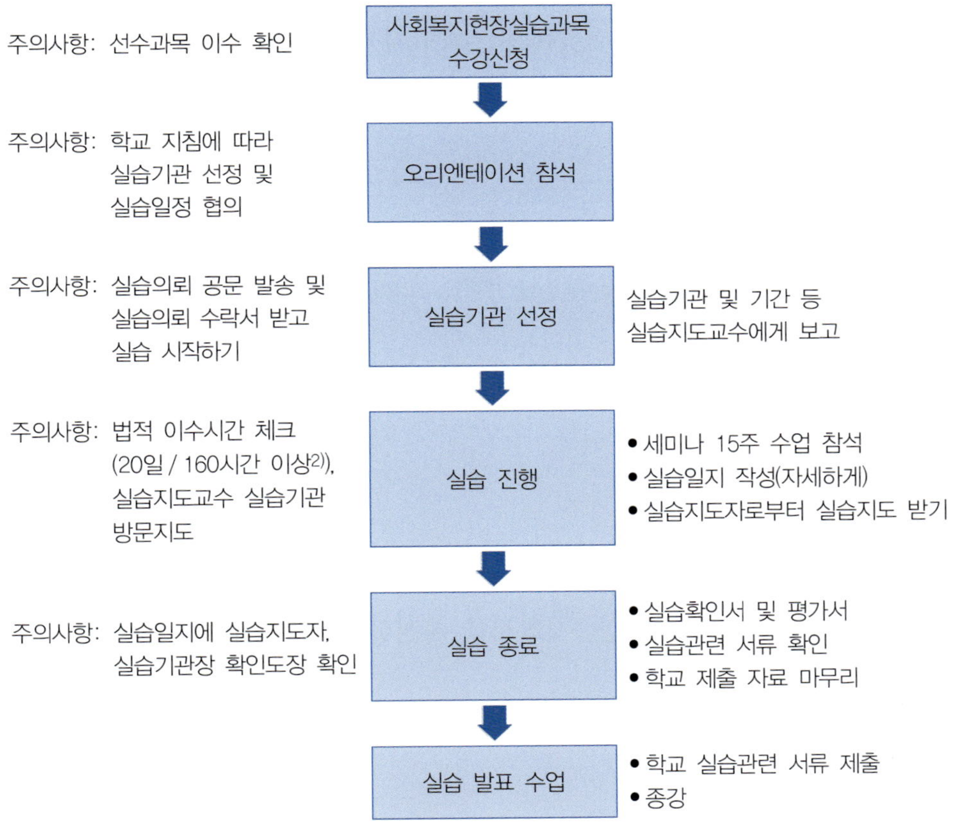

그림 2-1 **현장실습 진행 절차**

---

1) 1회당 2시간 이상의 실습세미나를 총 15회 이상 실시해야 한다. 단, 온라인 교육을 실시하는 교육기관의 실습세미나에는 대면방식의 세미나가 총 3회 이상 포함되어야 한다. 한 세미나에 참여하는 학생 수는 30명 이내 가능하다.

2) 구법 적용자(2020년 1월 1일 전에 사회복지 관련 과목 이수를 시작한 자)의 경우에는 실습 15일/120시간 이상을 이수하면 된다.

1. 실습기관 선정

사회복지현장실습 실습생은 상황에 따라 실습생이 직접 실습기관을 정할 수 있으나, 실습기관 선정 전에 담당교수와의 상담을 통해 확인할 사항을 체크하여야 한다. 실습기관 선정에 있어 꼭 확인해야 할 사항으로는 사회복지현장실습 선정기관 인지를 체크해야 한다.

실습기관 요건에 대해 확인이 완료되면, 실습기관에 문의하여 실습기간 중 실습지도자 1인의 실습생 지도 가능 인원이 초과되지 않는지를 한 확인한 후 교육기관에 의뢰하여 실습기관에 실습의뢰 공문 발송을 요청한다.

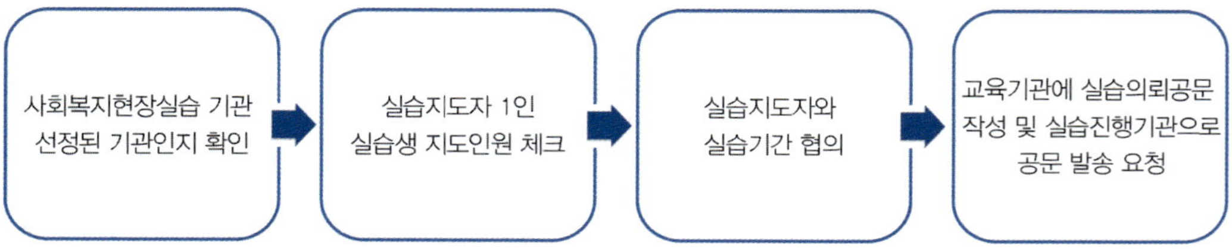

1) 실습신청서 제출

실습기관을 선정한 학생은 실습신청서를 작성한 후 교육기관에 제출한다.

2) 실습의뢰공문 발송

교육기관에서는 실습기관이 한국사회복지사협회 실습기관으로 선정된 기관과 일치하는지를 확인한 후 해당 실습기관으로 실습의뢰공문을 발송한다.

〈사회복지현장실습 의뢰공문 예시〉

○○○대학교

수신자 ○○○○○○○
(경 유)
제 목 사회복지현장실습 신청 의뢰

---

1. 항상 사회복지현장실습 지도를 위해 수고해 주시는 귀 실습기관에 감사드립니다.
2. 사회복지현장실습을 수강하는 우리 학과 학생의 현장실습 신청을 아래와 같이 의뢰하오니, 아래 학생들에 대하여 '실습의뢰에 대한 회신'을 요청하오며 실습기관선정확인서, 실습지도자 프로파일, 실습지도계획서를 함께 보내주시기 바랍니다.
3. 대학과 기관의 실습협약은 실습지도 교수 순회방문 시 체결하도록 하겠습니다.

– 아 래 –

가. 학생명 : ○○○, ◆◆◆, ■■■(총 3명). 학생 연락처는 개별 실습신청서 참조
나. 실습기간 : 실습기간 및 실습요일 등은 개별 실습신청서 참조
다. 실습지도교수 : ○○○(010-0000-0000)
라. 실습담당조교 : ○○○
마. 연락처: 사회복지○○과 ☎ 학과사무실 전화번호, E-mail: 지도교수 이메일

붙임: 실습신청서 및 실습생 프로파일 각 1부. 끝.

사회복지○○과 학과장 (직인)

실습지도 교수 ○○○ (인) 학과장 ○○○ (인)
협조자
시행 사회복지○○과 제22-○○-○○호 접수 ( )
우편번호 학과사무실 주소 / 학과홈페이지 주소
학과전화 학과 팩스 / 실습지도 교수 이메일 주소(교수명) / 공개

3) 실습기관 실습교육 승인 공문

교육기관에서 실습신청을 의뢰한 학생에 대하여 실습기관에서 실습 수락 여부를 회신공문으로 교육기관에 발송한다.

〈사회복지현장실습 승인 공문 예시〉

실습의뢰에 대한 회신

귀 대학의 실습생의 실습의뢰를 수락합니다.

<table>
<tr><td rowspan="2">실습생명</td><td rowspan="2"></td><td>소속대학</td><td></td></tr>
<tr><td>연락처</td><td></td></tr>
<tr><td>기관명</td><td colspan="3"></td></tr>
<tr><td>기관주소</td><td></td><td>연락처</td><td>전화 :
팩스 :</td></tr>
<tr><td rowspan="2">실습지도자</td><td rowspan="2">직위:
부서:
성명:</td><td>핸드폰</td><td></td></tr>
<tr><td>E-mail</td><td></td></tr>
</table>

<table>
<tr><td>실습기간
(총 시간)</td><td>시작예정일:
매주 ( )일간.</td><td>종료예정일:
실습요일:</td></tr>
<tr><td>필요서류</td><td colspan="2"></td></tr>
<tr><td>실습을 위한
기타
준비사항</td><td colspan="2"></td></tr>
<tr><td>대학에 대한
의견</td><td colspan="2"></td></tr>
</table>

첨부 : 1. 사회복지현장실습기관 선정 확인서 1부.
2. 실습지도계획서 1부.
3. 실습지도자 프로파일 1부. 끝.

실습지도자 (인)
기 관 장 (인)

4) 실습기관 확정

실습의뢰에 대한 실습기관의 수락 회신 공문을 교육기관이 받음으로써 실습기관이 확정된다.

2. 실습기관 선정 후

1) 매주 세미나 참석

사회복지현장실습 과목이 개강된 후에는 매주 2시간/학기 30시간 이상의 세미나 수업이 진행된다. 세미나 수업을 참석하여 실습 진행 및 보고서 제출 과정에 대해 실습지도교수의 지도를 받게 된다.

2) 현장실습 160시간 실습 진행

실습이 시작되면 실습지도자는 실습생이 제출한 개인적인 정보 이외에도 개별면담을 진행하면서 실습생의 전공과 관련된 이전 경험, 지식의 정도, 관심사, 학습동기 등을 파악하게 된다. 또한, 각 부서별 기본교육을 실시하고, 실습생들이 배정받은 실습업무를 실시하게 된다.

(1) 실습 중 해야 할 일

실습생으로서 열심히 배우는 자세를 유지해야 하고, 정해진 실습시간과 과제를 성실히 수행해야 한다.

> **실습지도 시간을 위한 준비**
>
> 실습지도를 위하여 정규적으로 마련된 시간을 위한 충분한 준비를 하고, 실습지도 시간 전에 실습지도자에게 필요한 자료(예: 과정기록이나 프로그램 기획안 등)를 제출함으로써 지속적이고 책임 있는 자세로 실습지도에 임해야 한다. 특히 실습생이 실습지도를 통하여 최대한의 도움을 받기 위해서는 사전에 철저한 준비를 하는 것이 필요한데, 예를 들어 실습지도 시간 전에 의문사항이나 상의하고자 하는 문제들을 정리해 두며, 자신의 학습경험을 위하여 요청할 것들을 미리 적어 놓아 빠짐없이 다룰 수 있도록 해야 한다.

(2) 실습과제의 기록과 제출

실습일지, 과정기록, 프로그램 기획안과 결과보고서, 중간평가서와 종결평가서 등 실습과제의 수행과 관련되어 모든 문서작성 및 기록을 정해진 기간 내에 제출한다. 모든 문서를 작성할 때는 문법에 맞으며, 간결하고 명료한 문장을 구사할 수 있도록 주의해야 한다.

(3) 실습 중 문제 상황 발생 시 대처

실습 중 문제 상황이 발생하면 즉시 실습지도자와 개별 면담을 통해 적극적으로 해결하고자 노력해야 하며, 결근 또는 실습 중단과 같은 극단적인 선택이 되지 않도록 주의해야 한다. 실습지도자와 문제 상황에 대해 면담을 진행하여도 변화가 발생하지 않으면 실습 지도교수에게 알리고 상담을 통해 실습 진행에 문제가 발생하지 않도록 한다.

3) 실습진행 중간평가

실습의 중간 과정에서 실습생은 실제적인 현장 업무에 투입된다. 실습지도자는 실습생에게 배정된 담당 실습 업무를 점검하고 슈퍼비전과 교육을 통하여 학생의 전문적인 성장을 돕는다. 또한 이 과정에서는 실습의 중간평가가 이루어지는데, 중간평가는 학생의 실천업무를 평가하기 위한 것으로 실습지도자는 이를 바탕으로 앞으로 남은 실습지도의 내용을 수정, 보완하게 된다.

① 실습 업무 점검
실습지도자는 실습생이 작성한 실습일지, 프로그램 계획서 및 평가서, 기록 등을 활용하여 실습생의 담당 업무를 지속적으로 점검한다.

② 중간평가
실습생이 중간평가서를 작성하고 부서/팀별로 실습지도자와 실습생이 함께 모여 이에 대한 논의를 하게 된다.

- 수행한 실습내용
- 학습목표의 달성정도의 평가
- 학습목표 달성을 위한 하반기 계획
- 실습지도자에 대한 건의사항

4) 실습 종료 종결평가

클라이언트와의 적절한 종결과 실습생의 종결은 사회복지현장실습에서 매우 중요한 부분이다. 종결이 다가오면서 실습생과 실습지도자는 실습과제의 마무리와 평가 등 공식적인 처리를 하는 일들뿐만 아니라 중요한 부분을 차지했던 인간적 관계를 종결하는 작업도 준비하여야 한다.

(1) 실습 160시간 종료

실습 160시간 종료의 주요 업무는 실습생들이 실습 결과를 통합하고 정리할 수 있도록 하는 것이다. 즉, 실습지도자와 실습생은 실습을 통해서 수행한 업무와 지식 및 기술 향상에 대해서 논의하고 이것이 어떻게 이루어졌는가를 명확히 점검하며, 실습 전반에 대한 최종 평가를 실시하게 된다. 실습생들의 업무와 학습에 맞춰 평가를 한다. 교육기관에 실습생에 대한 실습평가서를 발송하고 실습지도와 관련된 피드백이나 건의사항을 전달하는 행정 처리를 수행한다.

① 실습생 (자기) 평가[3)]

실습생이 자신의 실습 활동을 총체적으로 평가하는 것으로 종합평가와 실습보고회가 실시된다. 종합평가는 실습생이 종합평가서를 작성하고 부서/팀별로 실습생과 실습지도자가 함께 모여 이에 대한 논의를 하게 된다. 실습보고회는 실습생들이 기관 직원들을 대상으로 실습 내용에 대한 발표를 하는 시간이다.

② 실습지도 평가

실습기관의 실습지도 프로그램에 중점을 두고 실시되는 평가로서 실습평가, 실습지도자 평가, 실습지도 평가회가 진행된다. 실습생들은 실습지도 프로그램에 대한 실습평가와 실습지도자에 대한 실습지도자 평가를 실시한다.

③ 실습 종결평가[4)]

실습 마지막 주에는 실습기관의 모든 직원과 실습생이 모여 실습의 전 과정에 대한 실습생의 보고와 실습지도자의 평가, 실습생의 배운 점, 기관에 대한 제언, 목표의 성취정도 등에 대하여 발표하고 평가하는 실습보고회의 시간을 갖는다. 실습생은 종결평가서에서 실습의 전 과정에 대한 평가를 하게 되는데, 실습생이 완성하여 실습지도자와 논의한 종결평가서[5)]는 기관에서 실시되는 실습보고회를 위해 준비되

---

3) 실습경험의 검토차원에서 실습생의 자기평가에 대한 내용은 다음과 같은 내용이 포함되어야 한다.
첫째, 실습의 긍정적 · 부정적인 경험에 대하여 되돌아본다. 즉, 실습 동안의 만족스럽고 성취감을 주었던 활동과 사건, 상호작용을 돌이켜보고 좌절감과 긴장을 주었던 경험도 마찬가지로 회상해 본다.
둘째, 습득한 학습경험에 대한 검토가 이루어져야 한다. 실습을 마치면서 사회복지실천현장에서의 실천경험을 통해 사회복지에 관한 지식의 증가, 실천기술의 향상, 이론과 실제의 통합 등 성취감을 갖고 자신감을 가질 수도 있었을 것이다. 그러나 오히려 자신의 지식과 능력의 부족함을 깨닫고 장래에 대한 두려움을 경험하기도 한다. 따라서 습득한 지식과 기술, 가치를 실습 이전과 구체적으로 비교함으로써 실습을 통해 성취한 학습을 평가해야 한다. 이때 종결평가서를 작성하여 실습기관과 실습세미나에서 발표하는 것이 큰 도움이 된다.
셋째, 전문가로서 발전을 위한 검토가 필요하다. 예를 들어, 내가 왜 사회복지사가 되려 하는가, 사회복지사로서의 직업이 나에게 맞는가, 사회복지사로서 나의 장점과 약점은 무엇인가, 나에게 맞는 클라이언트 대상이나 문제 영역은 무엇인가 등 자신의 장래와 관련된 의문에 확신, 혹은 이에 더 가까이 접근하는 계기가 될 수 있을 것이다.

4) 종결평가를 통해 실습생은 실습의 성공적인 수행여부뿐만 아니라, 예비 사회복지사로서의 자세와 노력, 실천현장에서의 대인관계 능력과 자원활용정도, 사회복지직에 대한 인식과 동기를 점검해 볼 수 있는 기회를 가질 수 있다. 실습기관과 교육기관에서는 실습생의 입장에서 제기된 기관의 실습교육에 대한 전체적인 평가를 통해서, 기관에서 제공하고 있는 실습교육의 강점과 문제점에 대한 인식을 할 수 있다.

고 사용될 수 있다.

④ 실습 보고서 제작 및 제출

실습 오리엔테이션을 통해 공지된 사항에 따라 교육기관에 제출할 제본을 만들고, 제출마감일 전에 실습 지도교수님께 제출하면 모든 실습과정이 마무리된다.

(2) 관계 종결

① 클라이언트와의 종결

클라이언트와 종결하는 과업은 정서적 반응의 정리이다. 실습과정을 통하여 실습생과 클라이언트와의 사이에 필연적으로 특별한 인간관계가 생겨난다. 실습생은 개입의 효과를 위해 진실하고 수용적이며 안정적인 관계를 유지하도록 노력해 왔을 것이다. 그러므로 이러한 우호적인 관계를 종결한다는 것은 클라이언트에게 감정적인 부담이 될 수 있다. 따라서 실습생은 실습의 종결을 앞두고 클라이언트가 이러한 자신의 감정들을 표현하도록 도와주고 잘 처리할 수 있도록 도와야 한다.

② 실습지도자와 직원, 다른 실습생과의 관계 종결

실습생과 실습지도자[6]는 모두 실습의 종결에 대해 양가감정을 갖게 되는데, 실습을 무사히 마치고 학습과 교육(Learning/Teaching) 관계를 성공적으로 이루어 낼 수 있었다는 안도감과 동시에 각자의 생활에서 중요했던 관계가 끝나게 되는 것에 대한 상실감을 경험하게 된다.

실습의 종결시기가 다가오면서 실습기관에서 특별히 인간적인 관계를 형성했던 실습지도자, 직원 혹은 다른 실습생들에게 어떻게 감사와 인사를 전할 것인지를 미리 생각해 두고 이들에게 자신의 마음을 전하는 것은 의미 있는 관계를 만족스럽게

---

5) 실습생의 종결평가서는 실습전반에 걸쳐서 경험한 학습목표의 성취 정도를 평가하는 것이고, 실습을 통해 얻은 지식, 기술, 경험 등을 구체적으로 기술해야 한다. 또한, 사회복지사로서의 자아인식의 변화와 기관에 대한 평가를 통하여, 실습생의 실습 전 과정에 대한 평가를 하고 실습기관에 대한 제언이 포함된다.

6) 실습지도자는 종결에 대한 감정을 적절히 조절하면서 실습생이 자신의 클라이언트와의 관계를 종결하는 데 필요한 기술을 습득할 수 있는 중요한 모델링이 될 수 있도록 행동하여야 한다. 실습생은 실습을 종결하면서 자신이 실습기관에서 인간관계에 얼마나 심리적으로 투자했었는지를 인식하게 된다. 이별이 가까워지면서 이별과 상실감이 나타날 수도 있고 반대로 아무렇지 않을 수도 있다.

종결하기 위해 필요한 과정이다(류형택 외, 2014: 113).

3. 실습 종료 후 해야 할 일

실습일정이 종료하게 되면 실습지도교수에게 실습종료를 보고하고, 그동안 작성되었던 서류 및 실습관련 자료를 정리한다.

(1) 실습세미나 참여

교육기관에서의 실습교육인 실습세미나에 빠짐없이 출석하여 자신의 실습 진행상황을 발표하고 다른 실습생의 실습 진행상황에 대한 관심을 표한다. 또한, 교육기관의 실습지도교수가 요구하는 다양한 실습과제물을 제출하여 교육기관에서의 적절한 실습지도가 이루어질 수 있도록 한다.

(2) 실습평가에 참여

실습평가를 할 때 자신의 실습과제 수행에 대한 평가과정에 적극적으로 참여하고, 실습기관과 학교에서의 실습교육에 대한 평가를 함으로써, 이후의 실습교육방법을 향상시키는 데 기여한다.

제3장

실습생이 알아야 할 주요 내용

1. 현장실습 사전 오리엔테이션 설명회

실습 전 오리엔테이션은 실습지도교수가 현장실습의 목표와 의의, 실습생으로의 바람직한 자세와 태도, 실습생의 권리보호 및 문제상황 시 대처방법 등을 학생들에게 교육한다. 또한 실습기관 선정 시 필요한 실습신청서, 실습생 프로파일 작성법과 현장실습 수행 중에 실습기관에서 작성해야 하는 주요 보고서 작성방법 등 다음의 주요 내용을 설명하게 된다.

1) 사회복지현장실습 교과목 운영 개요에 대한 설명

- 실습오리엔테이션, 실습기관 선정, 실습기관 방문을 포함하며, 기관에서의 현장실습과 학교에서의 실습세미나가 병행 운영됨을 안내
- 사회복지현장실습은 수강신청 해당 학기 이전 방학에 사전실습은 인정된다[단, 해당 교육기관의 학칙에 근거 조항(사전실습)이 있어야 함]. 하지만 해당 학기 학점이 부여된 후 기관실습을 진행한 경우(사후실습)는 자격증 발급 불가
  ※ 동계실습과 1학기 실습은 1학기에 수강신청 / 하계실습과 2학기 실습은 2학기에 수강신청해야 하며 해당 교육기관의 실습운영 규정에 해당 인정내용이 포함되어야 한다.

2) 선수과목 이수 여부 확인

학생들이 실습 전 필수 교과목(4과목)과 실습 전 선택 교과목(2과목)을 이수했는지 점검

3) 현장실습의 중요성 및 필요성에 대한 교육 및 동기 확인

학생 자신의 진로계획과 현장실습의 관련성을 생각할 수 있도록 안내(취업, 창업 등과 연계)

4) 현장실습에 임하는 실습생에게 요구되는 자세 및 권리보호 문제상황 시 대처 안내

사회복지 현장 실습생의 자세, 사회복지사 윤리강령 등을 참고하여 실습기간 중 준수하여야 할 의무와 책임, 권한과 역할의 한계, 실습생으로서의 윤리, 부당한 요구 혹은 권익침해 상황 발생 시 대처방법 등을 안내

5) 실습희망기관 파악 및 실습기관 선정 배치, 준비 서류 작성방법 및 추후 일정 공지

- 반드시 실습기관은 한국사회복지사협회 자격관리센터에 공지되어 있는 "보건복지부장관 선정 기관실습 실시기관 현황" 명단을 참고하여 실습희망기관을 파악하고 선정하도록 안내
- 기관선정 및 실습생 배치, 공문의뢰절차, 실습신청서 및 실습생 프로파일 작성방법 및 제출일정 안내 등

6) 실습보고서 및 과제 관련 주요 서식 소개와 작성방법 안내

실습일지, 기관분석보고서, 중간평가보고서, 종결평가보고서, 실습종합보고서 등

7) 기타 실습생이 알아야 할 주요 사항

- 기관실습 실시기관 명단은 한국사회복지사협회 자격관리센터에 공지되어 있는 가장 최근 자료를 참고하여 실습생이 실습희망기관을 파악할 수 있도록 안내
- 기관실습 실시기관으로 등록된 내용과 달리 실습지도자의 인사변동(퇴사, 인사발령, 휴직, 질병 등의 사유로 상근하지 않은 경우), 실습비 변경, 실습지도자 추가, 소재지 변경, 기관명 변경 등 변경사항 발생 시 변경신청을 하고 승인 받은 후 실습지도가 가능함. 등록된 내용과 다른 사항이 있을 경우 반드시 실습지도교수에게 사전에 연락하여 상의해야 함

※ 실습기관 소속의 직원이라도 등록되지 않은 실습지도자가 실습을 진행할 경우 해당 실습이 인정되지 않으며 자격증 발급도 불가함

- 실습이수 중 실습지도자를 중간에 변경할 경우 법적 기준에 맞는 실습지도자(실습지도자로 등록된 자)가 지도하여야 하며 실습확인서는 변경 전 · 후 지도자에게 각각 발급받은 각각의 확인서를 제출해야 함
- 실습기간 중 실습지도자가 장기간 휴가 및 출장 등으로 부재한 경우 기관실습 운영계획서의 교육계획으로 기관 내 실습지도자 자격기준을 충족한 다른 지도자(실습지도자로 등록된 자)가 대리하여 지도하여야 하며 그렇지 않은 경우 실습 불인정
- 직접실습은 학기 중 실습이나 방학 중 실습(사전실습) 모두 1일 4시간 이상 8시간 이내로 실습지도자의 근무시간에 맞추어 실습기관에 직접 출석하여 최소 160시간 이상 현장실습을 해야 함
- 사회복지현장실습 시간은 기관 직접실습 160시간 이상과 교육기관 실습세미나 총 30시간 이상으로 실습기관 실습생의 사정에 따라 실습유형은 선택이 가능함
- 생활시설에서 실습할 경우 인정될 수 있는 시간은 1일 최대 8시간임
- 기관실습은 실습지도자의 근로시간 내에서 실시하며 하루에 이수 가능한 시간은 최소 4시간 이상 최대 8시간 이하
- 실습시간에 점심시간은 포함되지 않음. 예: 실습시간이 09:00~17:00일 경우 점심시간(1시간) 빼면 실습시간은 7시간이 됨. 따라서 09:00~18:00까지 실습해야 1일 8시간 실습이 가능함
- 실습기관 및 실습생의 상황에 따라 공휴일, 주말 등을 이용하여 실습하는 것도 가능함
- 사회복지현장실습 교과목의 학점이 부여된 이후에 기관실습(사후실습)을 진행한 경우 자격증 발급이 불가
- 동일 직장(동일 기관) 내에서 진행하는 실습은 인정되지 않음. 단, 동일 법인이지만 기관별 시설신고증(시설신고증이 분리되어 동일 직장이 아님을 확인)과 건강보험자격득실확인서가 분리되어 있으면 인정됨. 공익근무요원의 경우 공익근무기관에서의 기관실습은 불가함
- 실습일지는 매일 제출해야 하며, 제출을 미루게 되면 실습지도자와 실습지도교수의 성적평가에 반영되니 실습일지 작성이 밀리지 않도록 주의
- 실습기관 실습지도는 실습지도교수의 불시방문을 원칙으로 함. 실습기관방문현장지도는 실습 기간 중 최소 1회 이상 의무적으로 방문함을 원칙으로 함. 실습방문 시 실습에 방해가 되지 않는 범위에서 실습지도교수와 인증사진 촬영해야 함

  ※ 실습지도교수가 실습기관 방문 시 허위 · 부정 · 대리 실습 적발 시 학점 이수 불가
- 개인 및 기관 사정으로 인해 실습 일정이 변경되거나 외부에서 실습을 진행할 경우에는 반드시 보고해야 함. 변경사항 발생 시 해당 내용을 실습지도교수에게 문자로 발송하여 사전 승인을 받아야 함
- 실습 기간 중 무단으로 결근, 지각, 개인적인 외출, 조퇴를 하지 않도록 해야 함. 실습 기간 중 개인 사정으로 조퇴, 결근할 경우 해당 시간만큼 보충 실습을 해야 함
- 자원봉사 활동이나 단순기관 방문, 마을축제 방문, 해외의 사회복지시설에서의 실습, 외부 세미나 참석 등은 사회복지현장실습에 포함되지 않음

- 실습생이 실습기관에 출석하지 않고 알선업체를 통한 허위 실습을 하거나 인터넷 등을 통한 실습은 인정되지 않음
- 실습학점 이수 결격사유(F학점 처리) 기준
  - 허위, 부정, 대리 실습 등 적발 시 경고 조치 없이 즉시 F 처리됨
  - 무단결석 2회 이상으로 실습기관에서 실습지도가 어렵다고 통보할 경우
  - 오프라인 출석수업 불참할 경우, 출석수업 80% 미만일 경우
  - 출석, 실습평가서, 실습과제 성적 합산 점수가 60점 미만일 경우
  - 기관실습 시간 160시간, 실습세미나 총 30시간 이상이 안 될 경우

  ※ 사회복지현장실습이 F학점일 경우 학점 이수, 자격증 발급 모두 안 됨

2. 실습 중 실습생이 알고 있어야 할 주요 내용

1) 실습생의 자세, 사회복지사 윤리강령 등을 알고 있어야 한다.

사회복지 현장 실습생의 자세, 사회복지사 윤리강령, 실습생의 기본예절, 실습 도중에 직면할 수 있는 문제점과 대처방안 등에 대해 알고 있어야 한다.

<사회복지 현장 실습생의 자세>

우리는 사회복지 실습생으로서 사회복지사 윤리강령과 다음 사항을 준수한다.

1. 실습의 목적과 중요성을 충분히 이해하고 실습계약 사항을 이행하기 위하여 최선의 자세로 실습에 임한다.
2. 실습은 대학에서 학습된 이론을 구체적으로 적용하는 과정임을 인식하여 이에 최선을 다한다.
3. 실습교육기관의 구성원이라는 생각으로 타 구성원과 협력하며 친화적인 태도를 취한다.
4. 기관의 정책을 이해하고 수용하며 실습과정에서 준수하도록 한다.
5. 근무시간은 기관의 규정에 준하며 직원과 동일한 자세로 근무시간에 임하도록 한다.
6. 실습시작 최소 10분 전에 출근하여 출근을 확인하며, 업무에 관계된 사항을 사전에 준비하도록 한다.

7. 결근, 조퇴, 지각 등 근태와 관련된 사항은 반드시 실습지도자에게 사전에 보고하여 허락을 받도록 한다.
8. 실습지도자의 지시뿐만 아니라 타 직원의 지도를 잘 이행하여 실습 효과를 최대화하도록 한다.
9. 직무에 강한 책임감과 열의를 갖고 적극적으로 임하며 타인에게 책임을 전가하거나 태만하게 행동하지 않는다.
10. 실습으로 인하여 알게 된 클라이언트의 사적인 정보를 교육적 목적(대학실습지도 등) 이외에는 절대 발설하지 않으며 교육적 목적이라 하더라도 가명을 사용하여 개인의 비밀이 침해되지 않도록 한다. 실습 종료 후, 실습관련 내용을 학회지 등에 게재하고자 할 때는 반드시 실습지도자와 상의하여 허락을 받아야 한다.
11. 실습지도자의 지도 혹은 타 실습생의 실습을 견학 관찰할 경우 배우는 자세로 진지한 태도를 취한다.
12. 기관의 직원, 클라이언트 등에 대해 예의를 지킨다.
13. 복장, 소지품은 실습기관의 특성과 상황에 맞게 취하되 가능한 화려한 것을 피하고 검소하며 단정한 것으로 착용하도록 한다.
14. 안전사고에 만반을 기하도록 하며 안전사고와 관련된 기관의 규정을 사전에 숙지하여 그에 준해 처리하도록 한다.
15. 실습일지를 비롯한 각종 실습기록은 사실에 근거하여 정확하고 구체적으로 정리하여 실습 시 실습지도자와 실습지도교수의 강평을 받는다.
16. 과제에 관하여 연구하고 그 결과물에 대해 실습지도자의 강평을 받는다.
17. 실습과정 중 어떤 경우라도 사례금 등의 금품을 절대 주거나 받지 않는다.
18. 과제물은 정해진 기일에 제출하고 출근 전에 작성을 마친다.
19. 기관의 명칭을 사적으로 활용하지 않으며 실습생의 신분을 지킨다.
20. 기관을 대표한다는 자세로 실습교육기관의 직원들과 동일한 업무 태도와 자세를 취한다.

2) 교육기관(대학)에서의 수업의 한 형태로 진행하게 되는 실습세미나에 반드시 출석해야 한다.

실습세미나의 방법은 실습지도교수의 강의, 학생의 실습발표 · 토의에 대한 집단 슈퍼비전, 매주 제출하는 실습보고 자료의 검토와 개별 슈퍼비전 등의 방법이 있다.

3) 실습생이 사용하게 되는 현장실습기관 관련 주요 서식의 작성법을 알고 있어야 한다.

현장실습관련 각종 보고서(실습일지, 기관분석보고서, 중간평가보고서, 종결평가보고서, 사례기록, 집단지도보고서, 프로그램 계획서 등)의 작성방법을 알고 있어야 하며, 작성 완료한 보고서는 실습기관의 실습지도자 확인을 받은 후 매주 실습세미나 시에 실습지도 교수에게 제출하도록 해야 한다.

3. 실습생이 지켜야 할 기본예절

1) 출근

- 출근시간 20분 전까지 도착하여 간단한 청소, 정리정돈 및 하루의 일과 계획을 점검한다.
- 사무실에 들어서면 직원이나 실습 동료를 향해 "안녕하십니까?"라고 먼저 인사한다.
- 부득이한 사정으로 결근 또는 지각을 했을 경우에는 실습지도자에게 그 사유를 보고한다.
- 전날의 실습일지는 출근한 후 아침 조회 시 실습지도자에게 제출하여 확인 날인을 받는다.

2) 근무태도

- 서로 존중하는 마음과 기관의 규정을 준수하고, 단정하고 예의바른 집무태도를 갖는다.
- 근무 중에는 책상과 윗몸 사이는 적당히 띄우고 등받이에 기대지 않는 자세로 허리를 곧게 펴는 것이 좋다.
- 근무시간 중에는 업무와 관련이 없는 책을 읽는다든지 개인적인 일 등은 삼간다.
- 업무와 관련된 모든 문서의 정리, 분류 및 보관이 밀리지 않도록 한다. 개인적인 전화나 잡담을 삼간다. 친구, 친척은 퇴근 후 만나도록 하며 근무 중 방문한 경우는 짧게 끝낸다.

3) 퇴근

- 문서와 서류는 보관함에 넣고, 컴퓨터, 서류함 등 안전장치를 확인한다.
- 책상 위는 깨끗이 정돈하고 의자는 책상 밑으로 밀어 넣는다.
- 인수 · 인계 사항을 확인하고 내일 할 일을 간단하게 기록해 둔다.
- 퇴근 시 남아 있는 동료들에게 먼저 "퇴근하겠습니다", "먼저 나가겠습니다", "저 실례합니다" 등 간단한 인사를 잊지 않도록 한다.
- 먼저 퇴근하는 사람에게 "수고하셨습니다, 안녕히 가십시오" 등으로 상호 인사를 나눈다.

4) 실습동료 간의 예의

- 서로가 동료이며 협력자라는 사실을 인식하고, 호칭(○○○ 선생님), 예절 등에 더욱 주의한다.
- 액수의 많고 적음을 불문하고 실습동료 간에는 금전거래는 하지 않는다.
- 반드시 경어를 사용하고, 공석이나 사석에서 실습동료나 기관 직원을 비난하지 않는다.

5) 실습기관에서의 바른 인사

- 아침에는 활기찬 표정과 태도로 명랑한 인사를 나누고, 지각 시에는 사유를 실습지도자에게 겸손하고 분명하게 말한다. 변명부터 먼저 하는 것은 예의가 아니다.
- 외출할 때는 언제, 어디로, 무슨 일로 가는 것인지 반드시 실습지도자에게 전화 또는 구두 보고 후 외출한다.
- 근무 중 인사할 여유가 있다면 상황에 맞게 가볍게 목례를 한다. 그러나 인사를 할 수 없는 상황의 경우에는 굳이 인사를 하지 않아도 괜찮다.
- 화장실에서는 인사하지 않는다. 다만 눈이 마주칠 경우에는 목례를 한다.

6) 복장과 용모

- 실습기관에서 제공하는 복장과 명찰을 착용하거나 그 특성에 맞는 단정한 복장을 착용한다.
- 지나치게 노출이 심한 옷이나 짧은 스커트, 사치스러운 귀걸이나 반지 등은 피한다.
- 두발, 손톱 등 용모를 단정하게 하며, 짙은 화장이나 매니큐어, 향기가 진한 향수 등의 사용은 피한다.

7) 전화예절

- 전화 받는 사람의 목소리가 그 기관의 첫인상이다. 정숙하게 전화를 받고 공손하고 예의바르게 말한다.
- 전화는 벨이 울리자마자 받는 것이 예의이다. 세 번 이상 울린 후에 받을 때에는 "늦어서 죄송합니다" 하고 받는 것이 상대방에 대한 예의이다.
- 먼저 간단한 인사를 하고 직장명, 소속 및 성명을 말한다.
- 용건을 정확하고 간략하게 말한다. 중요한 용건은 반복하여 확인한다.
- 상대방을 확인하고 메모를 한다(메모를 부탁할 때에는 상대방의 성명을 확인한다).
- 담당자가 자리를 비웠거나 바쁠 때에는 가까운 곳에 있는 사람이 받는다. 통화내용을 메모하여 담당자에게 정확하게 전달해 준다.
- 걸려 온 전화는 상대방보다 먼저 끊지 않는다. 업무상 전화를 먼저 하였다면 먼저 끊는다.
- 전화가 잘 안 들리는 경우에는 서슴지 말고 그 사정을 상대방에게 알린다.

8) 회의예절

- 회의의 일시와 장소 및 성격에 관하여 미리 숙지해 둔다.
- 회의의 자료를 미리 검토하고 적극적으로 준비하고 참가한다.
- 회의의 목적과 안건에 대하여 정확히 이해하고 발언한다.

4. 실습 중 직면할 수 있는 문제점과 대처방안

1) 실습생의 지각과 결석

실습생의 개인적인 상황으로 인한 지각과 결석은 있어서는 안 될 기본 행동 중의 하나이다. 그러나 경우에 따라서 질병이나 사고, 가족의 사고나 사망 등 피할 수 없는 사정으로 인하여 결석이나 지각을 하게 될 때 가장 먼저 해야 할 일은 기관의 실습지도자와 연락하는 것이고 통화하기 힘들 때에는 반드시 기관관계자에게 메모를 남겨 놓아야 한다. 그래야만 기관에서는 필요한 조치를 취할 수 있기 때문이다. 기본적인 시간 엄수와 약속은 실습생의 태도를 평가하는 데 있어 매우 중요한 요소로 인식되고 있고 성실성은 실습생이 지녀야 할 가장 중요한 덕목 중의 하나이다. 어떠한 경우이든 결석으로 인한 실습시간의 부족은 무조건 시간 보충을 하여야 하고 실습시간 160시간에 법적으로 문제가 발생하지 않도록 반드시 조치하여야 한다.

2) 실습시간의 조정

기관의 사정에 따라서는 실습생이 업무시간 외의 시간을 기관에서 보내야 하는 경우가 있을 수 있다. 예를 들면, 캠프 준비를 위한 밤샘 작업, 다른 직원의 휴가나 결근 등으로 인한 과외업무 등이 대표적이다. 실습생이 규정된 시간 외에 더 많은 시간을 실습에 투자했을 때에는 기관에 따라서 실습일 중에서 적절한 날을 선택하여 어느 정도의 휴가를 갖도록 하거나 실습의 종결을 앞당길 수도 있으나 이러한 결정은 실습기관과 실습지도자와의 충분한 협의를 거쳐 이루어져야 한다.

3) 실습생의 업무내용

사회복지현장실습은 실습생이 예비 사회복지사로서 실습기관의 업무를 있는 그대로 경험하고 클라이언트에게 직접 서비스를 제공해 보는 것이다. 그럼에도 기관이 실습지도계획서와 다르게 실습기간 내내 직접 서비스보다는 교육만 실시하거나 부족한 일손을 메우기 위한 보조인력 수준의 업무수행만이 진행되는 경우도 있을 수 있다. 과다업무나 부족한 업무는 실습생의 의욕과 동기를 저해하는 요인이며 실습생의 소진을 일으킬 수도 있다. 실습기간 동안 업무가 지나치게 많거나 부족할 경우, 이에 대해 실습지도자와 논의하고 이후에도 개선이 되지 않으면 학교 실습지도교수에게 보고하도록 한다.

4) 적절한 실습지도의 부재

기관의 실습지도자는 현장실습기간 동안 실습생에게 슈퍼비전을 제공해야 할 책임과 권한이 있다. 그러나 실습지도자의 업무과다나 실습에 대한 관심 부족 혹은 개인적 사정 등으로 인하여 실습생에 대한 슈퍼비전이 불성실하게 이루어지는 경우가 발생할 수 있다. 실습지도자의 부재 시에는 실습지도자로 등록된 다른 실습지도자로 대체할 수 있어야 한다. 실습지도자의 불성실이나 무관심으로 인해 실습지도가 이어지지 않을 경우나 실습기관에서 적절한 실습 슈퍼비전을 기대할 수 없을 경우에는 실습지도교수에게 보고하여 상의하도록 해야 한다.

5) 실습기관 변경

사회복지현장실습은 학교와 산업체인 실습기관 간의 계약으로 이루어지므로 실습기관 변경은 매우 드물게 발생할 수 있다. 실습기관의 변경은 기관의 문제, 실습지도자의 문제 또는 실습생 개인의 문제 등으로 인하여 더 이상 해당 기관에서 실습을 수행하기 어려운 경우에 직면하게 된다. 이때 실습생은 실습지도교수에게 먼저 이 상황을 보고해야 하며 실습지도교수는 실습기관 조정을 위한 노력을 해야 한다.

실습생이 기관을 변경하게 되는 상황

- 실습생이 여러 차례 요구했음에도 불구하고 적절한 정도의 실습지도를 받지 못했을 때
- 실습생이 실습기관에서 할 일이 거의 없거나 주어진 업무가 단순보조업무로서 여러 차례 좀 더 책임 있는 일을 맡겨 달라는 요구를 했음에도 변화가 없을 때
- 실습생이 성적 희롱을 당하고 있거나 위험상황이 있다고 느낄 때
- 실습생과 실습지도자 간에 심각한 성격 차이 등으로 실습지도자가 실습생을 믿지 못하게 되었을 때
- 비윤리적이거나 불법적인 실무활동이 빈번하게 일어나는 기관에서 실습하게 되었을 때

6) 실습생의 비밀보장

클라이언트는 실습생의 학력 등 개인정보에 대해 질문하는 경우가 있는데 그 이유는 다양하다. 실습생과 더 친밀해지고 싶거나 개인적인 관심을 갖는 경우도 있고, 실습생이 과연 자신을 도울 수 있는 사람인지를 파악하기 위해서 사적인 정보를 요구할 때도 있다. 이와 같은 상황에서 실습생의 지나치게 방어적인 태도는 클라이언트와의 관계 형성에 별 도움이 되지 않을 수 있다. 클라이언트가 실습생의 미숙함이나 경험 부족을 우려하고 있다면 클라이언트의 불안에 대해 충분히 공감하며 자신이 어떻게 노력할 것인지를 구체적으로 설명하는 것이 좋다. 만약 클라이언트가 실습생에 대해 사적인 친밀감을 요구한다면 기관의 규정에 따라 간단한 정보 공개 여부에 대해 적절히 행동해야 한다.

7) 실습생의 안전

사회복지사의 안전은 사회복지서비스를 수행함에 있어 무엇보다 우선한다. 그러므로 실습기관은 실습생에 대해서도 안전한 환경을 보장해야 한다. 기관 안과 밖에서의 업무에서도 안전을 보장할 수 있어야 한다. 운전이 미숙한 실습생에게 외출 시 운전을 맡기는 경우가 있는데, 이에 대한 점검이 필요하다. 가정방문 시 실습생 2명이 함께 한다거나 난폭한 클라이언트의 행동에 대해 실습생 혼자만 감당하게 하지 않는다거나, 보안 벨을 준비하여 유사시에 벨을 눌러 도움을 청할 수 있게 하는 등 기관은 정책적으로 지침을 마련해야 한다. 또 기관에서는 실습생을 위한 상해보험 가입을 지원하고, 실습기관의 안전수칙을 철저하게 준수하도록 안내해야 한다.

8) 성희롱 문제

실습생은 직장 내 성희롱 대응절차에 대해 정확히 숙지할 필요가 있다. 실습생은 실습지도자들, 기관의 직원들 또한 클라이언트와 윤리적이고 전문적인 관계를 유지하고 원칙을 반드시 지켜야 한다. 실습기관에서 성희롱 문제가 발생할 경우 이를 실습지도교수에게 즉시 보고하고 대처방안을 함께 모색해야 한다.

9) 실습생 자신의 정서적 문제

실습생 중 일부는 실습에 적응하기 위해 지나치게 신경을 쓰거나 과도한 스트레스를 받는 경우가 있다. 또는 미해결된 개인적 문제나 정신적인 어려움으로 인해 실습지에서의 적응이 힘들 때도 있다. 실습생이 상담하고 있는 클라이언트의 문제 때문에 일반적인 정도를 넘어서 지나치게 자주 혹은 힘들 정도로 우울한 기분을 경험한다면, 실습지도자나 실습지도교수에게 이를 알려야 하며, 상담을 받는 것이 필요할 수도 있다.

10) 실습 도중에 발생한 실수

실습생의 업무수행상 실수는 대개 그럴 수 있는 일로 여겨질 수 있으며 비교적 관대한 반응을 얻는 편이다. 그렇다고 해서 실수를 절대로 낮게 평가해서는 안 된다. 예를 들어, 클라이언트와의 상담 동안 중요한 정보에 대해 알아보는 것을 잊었다거나 서류에 클라이언트의 서명이 필요한데 이를 잊었을 경우, 조금 불편하기는 해도 전화로 다시 물어보거나 클라이언트와의 다음 면접에서 알아볼 수 있는 것이다. 그러나 실습생의 실수가 심각한 경우가 있을 수 있다 예를 들면, 클라이언트와 상담을 하는 동안 알게 된 개인정보를 클라이언트가 알리고 싶지 않은 사람에게 말을 해 버렸거나 클라이언트의 개인 파일을 잃어버렸을 경우, 클라이언트의 권리, 건강관리를 해치는 경우, 이로 인해 클라이언트에게 정신적, 육체적, 경제적 해를 입히게 될 수도 있다. 이러한 중요한 실수를 하게 되었다면 이를 비밀로 하면 안 되며 즉시 실습지도자와 상의하여 해결방법을 찾아야 할 것이다. 실습생은 실수를 바로바로 인정하고 최대한 빨리 해결해야 한다.

11) 자살, 폭력위험이 있는 클라이언트

클라이언트의 자살 문제는 실습생이 적절히 다루기에는 매우 어려운 문제이다. 클라이언트가 직간접적으로 자살에 대한 생각을 암시하는 말을 하여 자살을 시도할 위험이 있다고 판단되었을 때, 실습생의 반응은 먼저 클라이언트가 자살을 심각하게 고려하고 있는지 직접적으로 묻는 것이다. 이때, 클라이언트의 눈을 정확히 바라볼 수 있어야 하며 실습생 스스로가 두려워하거나 주저해서는 절대로 안 된다. 클라이언트와 좋은 신뢰관계를 형성하고 있었다면 솔직한 반응을 얻을 수 있을 것이다. 자살의 실행성에 대해 시인한다면, 클라이언트와 함께 문제해결을 위한 시간을 더 가질 때까지 자살을 시도하지 않겠다는 계약을 하도록 하며, 클라이언트의 절망의 깊이를 이해하고 희망을 불어넣을 수 있는 긍정적인 생각을 갖도록 하여야 한다. 클라이언트의 장점과 긍정적인 부분을 칭찬하고, 이제까지의 원조과정에서 성취해 온 진전을 생각하게 해야 하며, 클라이언트가 자살 계획을 시인하거나 시인하지 않더라도 자살의 위험이 심각하다고 판단되면, 조속히 전문적인 상담을 받도록 정신과 입원을 고려해 볼 필요가 있다. 이를 클라이언트가 거절한다면, 기관의 실습지도자, 클라이언트의 보호자, 경우에 따라서는 경찰에게 이를 보고하는 것이 필요하며 이러한 위급상황에서는 비밀보장의 원칙이 유보될 수 있다. 즉, 인간의 생명을 보호하기 위한 의무가 클라이언트와의 비밀보장에 대한 계약보다 우선하기 때문이다. 기관에 따라 실습생이 폭력적인 클라이언트와 접촉할 가능성이 있는 경우도 있다. 극도로 분노를 참지 못하고 폭력적인 사람과 상호작용을 할 때 실습생은 자신의 계획을 다른 사람과 먼저 상의하지 않고 위험해 보이는 상황으로 뛰어들지 않으며, 위험한 상황이 있는 가정을 방문할 때에는 항상 기관에 방문일정을 알리고 가야 한다. 실습생의 신변이 위험할 수도 있는 상황에서 실습하게 될 때 실습지도자는 이러한 위험 가능성에 대해 충분히 인식시키고 이에 대한 대처방안에 대해서 가르쳐 줄 책임이 있다. 실습생이 기관의 안전수칙, 위기개입, 위기처리절차 등을 잘 알고 있어야 하며, 자신과 클라이언트를 보호하기 위해 책임 있는 결정을 내릴 수 있도록 배워야 한다.

5. 사회복지현장실습생의 역할

1) 실습생이 실습 전 해야 할 일

- 평소에 관심 있는 분야 탐색
- 선배들의 실습파일이나 실습보고서 자료, 조언 등을 참고하여 자신에게 맞는 실습기관 선정
- 실습기관의 정확한 명칭과 위치, 그리고 실습지도자의 연락처, 기타 실습을 하기 전 사전 준비물 확인
- 실습을 하기 전에 실습교육 기관 및 실습지도교수에게 정확한 실습일정 정하기

2) 실습생이 실습 중에 해야 할 일

- 실습생은 실습지도 시간 전에 의문사항이나 상의하고자 하는 문제를 정리해 두며, 자신의 학습경험을 위하여 요청할 것들을 미리 정리해야 함
- 실습생은 실습일지, 과정기록, 중간평가 등 실습과제 수행과 관련되어 작성하는 모든 문서 및 기록은 그날 작성하여 제출해야 함
- 문서 작성 시에는 문법에 맞으며 간결하고 명료한 문장으로 현장에서 일반적으로 통용되는 어구로 작성할 수 있도록 하여야 함

3) 실습과정에 따른 실습생의 역할

준비
- 실습지원
- 행정서류 준비
- 실습기관 실습면접
- 실습지 탐방

»

초기
- 실습기관 배치
- 실습오티 및 교육참여
- 실습계약서 작성
- 실습일지 작성
- 출근부 확인
- 기관분석보고서 작성
- 사례 탐색
- 프로그램 탐색

»

중기
- 실습 본격 참여
- 프로그램 운영
- 사례 개입
- 실습과제 수행
- 중간평가서 작성
- 중간평가회

»

종결
- 프로그램 평가
- 사례 종결
- 종결평가서 작성
- 종결평가회
- 실습세미나 참석

제4장

사회복지현장실습 보고서 작성방법

1. 실습신청서와 실습생 프로파일 작성방법

1) 실습신청서

실습신청서는 실습을 시작하기 전 학교에 제출하는 것으로, 실습생이 실습기관을 방문하여 실습지도자와 협의된 실습기간 등 기본적인 사항을 기재하여 실습의뢰공문을 교육기관에 신청하는 것이다.

실 습 신 청 서

ㅇ 실습기관명 : ____________________

1. 실습생 인적사항

이 름		생년월일			
소 속		학과/ 전공		학년/ 학기	
현주소					
전화번호	집 :		휴대폰 :		
E-Mail					

2. 실습 의뢰내용

실습 내용		
실습 지도자		
실습기간/요일		
실습기관 주소		
실습기관 연락처	Tel:	FAX:

* 상기 내용으로 실습신청을 의뢰하며 실습생 프로파일을 첨부합니다.

신청인(학생명) : ____________ 인

2) 실습생 프로파일

실습생 프로파일은 실습기관을 선정할 때 실습기관 요청에 의해 작성하게 되며, 면접 또는 기관요청에 의해 실습기관에 제출하게 된다. 실습생 프로파일에는 본인의 기본적인 인적사항과 실습과목 이수 전에 이수한 전공과목 표기, 실습지원자의 간단한 특기와 경력 등을 기록하게 된다.

실습생 프로파일(기관제출용)

1. 인적사항

<table>
<tr><td rowspan="5">(반명함판
사진부착 필수)</td><td>실습생명</td><td></td><td>성 별</td><td></td><td>생년월일</td><td></td></tr>
<tr><td>소속</td><td colspan="5">학교 학과 학년 학기</td></tr>
<tr><td>주소</td><td colspan="5"></td></tr>
<tr><td>전화번호</td><td colspan="2">집 :</td><td colspan="3">핸드폰 :</td></tr>
<tr><td>E-mail</td><td colspan="5"></td></tr>
</table>

2. 이수 전공과목

교과목명	이수완료	교과목명	이수완료	교과목명	이수완료
사회복지학개론		인간행동과 사회환경		사회복지실천론	
사회복지실천기술론		지역사회복지론		사회복지정책론	
사회복지행정론		사회복지법제와 실천		사회복지조사론	
사회복지자료분석론		프로그램개발과 평가		가족복지론	
아동복지론		청소년복지론		노인복지론	
여성복지론		장애인복지론		정신건강론	
정신보건사회복지론		의료사회복지론		학교사회복지론	
산업복지론		자원봉사론		사회문제론	
사회복지발달사		사회보장론		교정복지론	
사회복지윤리와 철학		사회복지지도감독론			

※ 실습과목 개강일 기준으로 이수교과목 표시

3. 경력

구분 (취업, 실습, 봉사)	기관	기간	내용

4. 사회복지를 전공하게 된 동기

5. 실습기관 선택 이유

6. 실습을 통해서 성취하고자 하는 목표

7. 실습을 마친 후 목표달성 정도를 파악할 수 있는 기준

8. 사회복지를 실천하는 데 있어 자신의 강점과 약점

1) 사회복지 지식 및 기술의 측면	2) 개인적인 특성 측면

9. 취미 및 특기

10. 실습기관, 실습지도자 및 실습지도교수에게 바라는 점

2. 실습일지 작성방법 및 작성 예시

1) 실습일지 작성의 목적

실습일지는 실습하는 동안 매일의 일과를 기록하는 것으로, 일반적으로 당일의 실습일정, 실습내용 그리고 실습소감(의견) 및 평가, 실습지도자의 슈퍼비전으로 구성되어 있다. 실습과정에 있어서 실습의 구체적인 내용을 서술하고 기록하는 것으로 매우 중요한 것이기에 특히 실습생들은 하루하루 실습일지 작성에 중요성을 인식해야 한다.

실습일지를 작성함에 있어서 실습생은 자신의 장점, 부족한 점을 객관적으로 인식하여 학습경험 향상에 기여할 수 있게 되며, 실습지도자에게는 실습 업무수행 활동에 대한 실습생의 반응도 파악이 가능하다. 또한 실습일지를 통해 기관 업무수행의 문제점에 대한 발전적 제안을 한다면 기관 운영에 간접적으로도 기여할 수 있게 된다.

2) 실습일지 작성방법

표 4-1 **실습일지 작성원칙**

실습일지 작성원칙
1. 실습일지는 사실대로 정확한 표현을 사용하여 작성한다. 2. 내용상에 거짓이 없어야 하며, 허위·과장된 내용 기록을 금지한다. 3. 하루의 일과를 일부 삭제하는 경우(누락)를 금지한다. 4. 구체적·객관적·논리적·긍정적으로 작성한다. 5. 정확한 전문 용어를 사용하여 작성한다. 6. 각종 기관의 고유 명칭을 사용하고, 약어를 사용하지 않는다. 7. 글씨는 깨끗하고 단정하게, 문어체(~ 하는 것이다)로 작성한다. 8. 맞춤법(띄어쓰기, 표기 등)에 유의하여야 한다. 9. 공문서 작성요령[1])에 의거하여 기록한다.

1) 공문서 작성 예시
① 용지 : A4용지(가로 210㎜ × 세로 297㎜),
② 용지여백 : 위 30㎜, 왼쪽 20㎜, 오른쪽 15㎜, 아래 15㎜.
③ 볼펜 : 검정색 또는 파랑색 볼펜 ④ 글쓰기 : 가로쓰기(좌에서 우로).
⑤ 교정 시 자로 두 줄 후 서명 또는 날인. ⑥ 숫자 : 특별한 경우를 제외하고는 아라비아숫자를 사용.

3) 실습일지 작성 예시

실습내용이 충실히 기록되어야 하며, 총 실습시간이 160시간 이상 달성되어야 한다. 실습과 관련한 사진이나 자료를 뒷면에 부착하여 실습이 철저히 이루어졌음을 증명한다.

(1) 지역아동센터 실습일지 작성 예시

실 습 일 지(　　회)

20○○년 ○월 ○일(요일)	결재	실습생	지도자	기관장
		㊞	㊞	㊞

실습목표	지역아동센터 체험 학습 및 교외 체험 학습 결과 보고서 작성	
세부목표	지역아동센터 체험 학습	
	교외 체험 학습 결과 보고서 작성	
시간	진행 일정	수행 과업
09:30-10:30	호수공원 이동	아이들 먹을 음료와 간식(삶은 계란, 바나나)을 아이스박스에 챙기고 비상상비약과 기타 물품을 챙겨서 관광버스에 타고 안전벨트 착용 등 아이들 안전관리를 하며 일산 호수공원으로 이동하였다.
10:30-12:00	호수공원에서 자전거 타기	아이들 개개인마다 신장에 맞는 자전거를 대여하고 자전거를 타기에 앞서 간식으로 준비한 삶은 계란과 마실 음료수를 챙겨주고 아이들이 호수공원에서 자전거를 타는 모습을 사진에 담고 자전거 타기를 힘들어 하는 아이들은 근처 포토 존의 원하는 곳에서 사진을 찍어주고 안전관리를 하며 아이들이 가을 소풍을 즐길 수 있게 옆에서 함께 하였다.
12:00-13:00	보물찾기 및 식당으로 이동	아이들에게 간식으로 준비한 바나나와 음료를 제공하고 공원 내에 보물이 적힌 쪽지를 숨기고 보물찾기를 하였다. 쪽지를 찾은 아이들에게 상품을 나눠주고 뒷정리 후 대여한 자전거를 반납하고 관광버스를 타고 식당으로 이동하였다.

---

⑦ 금액 표시 : 금123,000원(금일십이만삼천원). ⑧ 항목의 구분 : 2타 띄움.
⑨ 문서 작성 시 유의사항.
- 정확성(바른 글) : 6하(누가, 언제, 어디서, 무엇을, 어떻게, 왜) 원칙.
- 신속성(이해가 빠른 글) : 문장은 짧게 끊어서 개조식으로 쓴다.
- 용이성(쉬운 글) : 읽기 쉽고 알기 쉬운 말을 쓴다.
- 경제성 : 용지의 규격을 표준화. 반복적인 업무는 표준 기안문 제도 활용한다.
- 결재 : 결재를 득했을 때 문서로서 효력이 발생하며, 서명 칸은 동일한 규격으로 작성한다.

13:00-15:00	식당에서 점심식사	오리고기 집에서 오리고기를 아이들에게 구워주고 그 외 죽과 숯불에 구워진 고구마를 챙겨주며 맛있는 점심식사를 함께 하였다. 중간 중간 선생님도 드시라고 권하는 모습과 고기만 굽고 있다고 생각해서인지 마지막에 구워진 고기는 선생님이 먹으라며 양보하는 아이들의 모습이 감동이었다. 식후 관광버스가 오기를 기다리며 식당 놀이시설에서 아이들의 놀이시간을 가졌다.
15:00-16:00	식당에서 센터로 이동	식당에서 아이들을 관광버스에 태워 안전벨트 착용 등의 안전관리를 하며 센터로 이동하였다.
16:00-16:30	물품정리 및 위생관리	공원에 준비해 간 돗자리와 아이스박스와 비상상비약, 남은 음료와 간식 등의 음식을 정리하고 아이들 손 씻기 등의 위생관리를 하였다.
16:30-17:30	체험학습 결과 보고서 작성	○○초등학교의 재량휴일로 인하여 가을 소풍을 기획하게 되었지만 재량 휴일을 하지 않는 **초등학교를 다니는 3학년 이**와 5학년 이**, 2학년 이**와 4학년 이**의 아이들은 학교에 체험학습 신청을 내고 함께 할 수 있었다. 다녀와서는 학교에 제출할 교외 체험학습 결과 보고서를 작성하여 아이들 사진과 함께 출력하여 아이들에게 챙겨 주었다.
17:30-18:30	저녁 배식과 정리	저녁으로 준비된 새우 마늘종 볶음과 가오리 튀김, 떡볶이, 김치, 떡갈비, 버섯들깨탕과 씻어서 준비한 포도를 배식하고 다 먹은 식기 설거지 후 끓여서 소독하고 잔반 처리하여 뒷정리하였다.
실습생 수행과업에 따른 구체적 실습내용		- ○○지역아동센터의 체험 학습 인솔: ○○지역아동센터에서 호수공원으로 버스를 렌트하여 가을 소풍을 갔다. 호수공원에서 자전거를 렌트하여 자전거를 탔으며 자전거 타는 아이들의 소중한 모습을 사진으로 담고 안전관리를 하고, 보물찾기를 하고, ○○에 위치한 오리집 ○○에서 고기를 구워주고 기타 음식을 챙겨주며 가을 소풍을 즐길 수 있도록 함께 하였다. - 교외 체험 학습 결과 보고서 작성: 재량휴일이 아닌 **초등학교 학생인 **린, **원, **나, **주의 교외 체험학습 결과 보고서를 오늘 찍은 사진과 함께 작성하여 아이들에게 챙겨 줌 - 아이들 청결 위생관리와 안전관리 - 아이들의 간식과 식사를 돕고 식기 세척, 소독 등의 뒷정리
실습생 의견		○○지역아동센터의 사회복지사 선생님들의 모습을 보면 아이들 학습지도를 하고 날마다 다양하게 이뤄지는 프로그램 운영과 관리를 하며 행정업무를 처리하고 간식과 식사를 챙기고 다투는 아이들을 중재하고 아픈 아이 병원에 다녀오고 어린 학생들은 학교 알림장까지 챙기는 모습을 보며 몸이 열 개라도 모자랄 정도의 업무를 소화하고 있음을 느낄 수 있었다. 여기에 더해 오늘 같이 아이들을 위해 가을 소풍을 준비하여 자전거와 여러 놀이로 소풍을 즐길 수 있도록 하고 아이들 하나하나 예쁜 모습을 사진에 담으려 노력하시고 점심식사까지 아이들이 좋아하는 오리고기를 구워 아이들 한 명 한 명 소홀함 없이 챙기시는 센터장님과 대표님의 모습은 가정의 부모님의 모습과 같았다. 새삼 대표님과 센터장님 그리고 사회복지사님들이 존경스러웠다.
실습지도자 의견		센터아동의 구성원이 조손가정과 다문화 맞벌이가정 자녀들이다. 재량휴일이 누구에게는 기대되는 즐거운 날이겠지만 우리 센터 아동들은 "심심해요" 외친다. 기동력이 없거나 시간과 재정을 내기 어려운 가정의 아동들에게 '신나는 날'이 되도록 해 주고 싶은 계획한 것이다. 체험학습보고서도 가정에서는 작성하기가 쉽지 않아 센터에서 정리하여 전해 줍니다.

(2) 장애인보호작업장 실습일지 작성 예시

<table>
<tr><td colspan="2" rowspan="2">20○○년 ○월 ○일(○요일)</td><td rowspan="2">결재</td><td>실습생</td><td>지도자</td><td>기관장</td></tr>
<tr><td>㊞</td><td>㊞</td><td>㊞</td></tr>
<tr><td>실습목표</td><td colspan="5">지적 장애자 이해 및 미술 치료 프로그램 진행</td></tr>
<tr><td rowspan="3">세부목표</td><td colspan="5">1. 미술 치료 프로그램 교육 참관 및 보조 지원</td></tr>
<tr><td colspan="5">2. 지적 장애자 특성 이해</td></tr>
<tr><td colspan="5">3. 이용자와 라포 형성(미술 치료 프로그램 진행)</td></tr>
<tr><td>시간</td><td colspan="2">진행 일정</td><td colspan="3">수행 과업</td></tr>
<tr><td>09:00-10:00</td><td colspan="2">○○고 직장체험 방문 ①</td><td colspan="3">직업체험활동 보조 ①</td></tr>
<tr><td>10:00-11:00</td><td colspan="2">○○고 직장체험 방문 ②</td><td colspan="3">직업체험활동 보조 ②</td></tr>
<tr><td>11:00-12:00</td><td colspan="2">○○고 직장체험 방문 ③</td><td colspan="3">직업체험활동 보조 ③</td></tr>
<tr><td>12:00-13:00</td><td colspan="2">점심시간</td><td colspan="3">배식 및 식사하며 라포 형성함</td></tr>
<tr><td>13:00-14:00</td><td colspan="2">장애인 생산시설 생산품 누룽지 작업 ①</td><td colspan="3">누룽지 제조작업 참여 ①</td></tr>
<tr><td>14:00-15:00</td><td colspan="2">장애인 생산시설 생산품 누룽지 작업 ②</td><td colspan="3">누룽지 제조작업 참여 ②</td></tr>
<tr><td>15:00-16:00</td><td colspan="2">장애인 생산시설 생산품 누룽지 작업 ③</td><td colspan="3">누룽지 제조작업 참여 ③</td></tr>
<tr><td>16:00-17:00</td><td colspan="2">미술 프로그램 교육</td><td colspan="3">미술 치료 프로그램 참관 및 보조</td></tr>
<tr><td>17:00-18:00</td><td colspan="2">작업장 정리 및 청소</td><td colspan="3">정리와 청소를 지도함</td></tr>
<tr><td>실습생 수행과업에 따른 구체적 실습내용</td><td colspan="5">○○고 학생 3명이 지도교사 1명과 직장 체험을 하기 위해 방문하여 임가공작업 중 칫솔포장작업을 익혔고 그것을 보조하였다. 오후에 박○○ 씨가 미술 치료 프로그램 중 갑자기 울음을 터트렸으나, 미술강사님이 안정시키시고 연필통작업을 보조하였다.</td></tr>
<tr><td>실습생 의견</td><td colspan="5">새로운 장소와 새로운 사람을 접하게 되는 경험을 하는 지적 장애인들의 반응을 오늘 ○○고 학생들을 통해 보고 경험하고 이해하게 되었다. 또한 박○○ 씨의 우는 행동에 대해 아직까지 라포 형성과 지적 장애인에 대한 이해와 관찰이 더욱 필요한 것을 알게 되었다.</td></tr>
<tr><td>실습지도자 의견</td><td colspan="5">장애인보호작업장에서 근무하는 근로장애인에 대하여 비장애인으로서 이해하면서도 답답함이 많을 것입니다. 또한 그들의 장애특성과 그들의 개성을 파악하고 그들의 입장에서 모든 걸 생각하면 답답함의 오해도 생기지 않으리라 생각됩니다.
발달장애인[지적장애(다운증후군 포함), 자폐성장애]의 이해 관련한 책을 읽어보면 근로장애인을 이해하는 데 도움이 됩니다. 오늘도 수고 많으셨습니다.</td></tr>
</table>

(3) 공동생활가정 실습일지 작성 예시

20○○년 ○월 ○일(○요일)	결재	실습생	지도자	기관장
		印	印	印

실습목표	어르신 케어 및 종결평가	
세부목표	1) 어르신 목욕 케어	
	2) 프로그램 활동 (윷놀이)	
	3) 종결평가 및 이론분석보고서	
시간	**진행 일정**	**수행 과업**
09:00-10:00	어르신 목욕 케어	어르신 목욕시킨 후 바디로션 바르기, 머리 드라이하기, 옷 입히기를 하고 각 방으로 모신다.
10:00-11:00	청결관리 및 비품정리	침대를 소독하고 시트를 교체하고 비품을 제자리에 정리했다. 청소기를 돌리고 대걸레질을 했다.
11:00-12:00	어르신 점심식사 케어	물병을 수거, 세척, 물 담아 앞치마와 배분하고 김○○ 어르신 식사 수발하고 설거지를 도왔다.
12:00-13:00	점심시간	
13:00-14:00	실습지도자의 교육	실습 3주 동안 실습한 내용에 대해 총정리해 보았다.
14:00-15:00	프로그램 활동 및 간식 케어	어르신 14분이 윷놀이를 하고 간식을 드리고 뒷정리했다.
15:00-16:00	어르신 건강 상태 체크	각방을 돌면서 어르신 혈압, 맥, 박, 체온을 측정하고 기록했다.
16:00-17:00	어르신 저녁식사 케어	식사를 위한 앞치마를 배분하고 김○○ 어르신 식사와 투약을 수발하고 양치질을 도왔다.
17:00-18:00	일과 마무리 및 정리	각방 어르신들과 직원들에게 작별 인사를 했다.
실습생 수행과업에 따른 구체적 실습내용	공동생활가정에 대한 삶의 종착역이라는 부정적인 생각, 잃어버린 기억 속에서도 가족에 대한 사랑과 그리움을 이야기할 때만큼은 밝은 표정으로 바뀌는 것을 느꼈다. 공동생활가정 생활이 삶의 일부분이 되고 건강하고 활기차게 지낼 수 있도록 보살펴주는 일이 사회복지사의 중요한 과제라는 생각이 들었다.	
실습생 의견	어느덧 실습기간 3주가 훌쩍 지나 마지막 일지를 쓰고 있다. 처음 실습을 시작하는 날 가졌던 막막함과 무지함을 극복하고 실습지도자의 말씀처럼 봉사하는 마음가짐으로 실습하면 된다고 하셨는데 오히려 짧은 시간이지만 돈 주고도 할 수 없는 다양한 경험의 장이였다. 공동생활가정 내 각양각색의 어르신들의 모습에서 나의 자화상을 그려보기도 하는 유익한 시간이었다.	
실습지도자 의견	그동안 실습을 무사히 마칠 수 있어서 모든 직원들과 함께 감사드리고 있습니다. 실습을 잘 숙지하시고 사회에 소금이 되시는 사회복지사가 되시기 바랍니다. 정말 고생하셨습니다.	

(4) 시니어클럽 실습일지 작성 예시

<table>
<tr><td rowspan="2">실습일</td><td colspan="5">○월 ○일 ○요일</td><td rowspan="2">결
재</td><td>실습생</td><td>지도자</td><td>기관장</td></tr>
<tr><td>출근시간</td><td></td><td>퇴근시간</td><td></td><td>총 8시간</td><td>㊞</td><td>㊞</td><td>㊞</td></tr>
<tr><td>목 표</td><td colspan="9">오리엔테이션을 통한 현장실습 이해</td></tr>
<tr><td>시 간</td><td colspan="9">진행사항(내용 등을 중심으로 기록) – 시간별로 작성
– 실습생의 식사시간, 휴식시간은 실습시간으로 인정되지 않음</td></tr>
<tr><td>09:00~11:00</td><td colspan="9">• 실습 오리엔테이션
– 실습기관(시니어클럽) ○○○ 관장님으로부터 인사 말씀과 사회복지의 필요성과 사회복지사의 역할 등 전반적인 사항에 대한 설명이 있었는데 사회복지사로서의 정체성을 다시 한번 생각해 볼 수 있는 시간이었습니다.</td></tr>
<tr><td>11:00~12:00</td><td colspan="9">• 실습기관 소개(홍보영상 및 설명)
– 실습기관 ○○○ 실장님으로부터 노인일자리 사업에 대한 개요와 실습기관인 시니어클럽에 대한 소개가 있었으며 노인일자리 사업에 대한 전반적인 흐름과 시니어클럽 사업의 개략적인 모습에 대해 이해할 수 있게 되었습니다.
(시니어클럽: 노인일자리 및 사회활동을 지원하는 복지기관으로 관장님을 비롯해 ○○명의 인력으로 약 ○○○○여 명의 어르신들을 관리하고 있으며 사업유형으로는 공익형, 시장형, 인력파견형, 사회서비스형, 노노케어 등이 있음.)</td></tr>
<tr><td>12:00~13:00</td><td colspan="9">• 점심시간 (*실습시간 미포함)</td></tr>
<tr><td>13:00~14:00</td><td colspan="9">• 실습일정 소개
– 실습기관 ○○○ 실장님으로부터 시니어클럽 내 각 사업팀장에 대한 소개에 이어 실습일정에 대한 소개가 있었는데 주차별 실습일정을 통해 실습 진행에 대한 개략적인 모습을 그릴 수 있었습니다.
(1주차는 실습기관 업무에 대한 전반적인 이해를 이론으로 교육하며 2주차부터 실습인원 7명을 5개조로 편성하여 사업팀별 순환하며 실습을 진행)</td></tr>
<tr><td>14:00~16:00</td><td colspan="9">• U-care 센터 소개(시니어클럽과 동일한 사업주체가 운영)
– U-care 센터 팀장님으로부터 노인맞춤 돌봄서비스와 안전알림 서비스의 전반적인 사항에 대해 설명을 들었는데 노인돌봄 서비스의 체계와 흐름 그리고 안전알림 서비스에 대한 이해의 폭을 넓힐 수 있는 좋은 시간이었습니다.</td></tr>
<tr><td>16:00~18:00</td><td colspan="9">• 실습생 간담회
– 함께 실습을 진행하는 실습생 7명이 각자 자기소개와 함께 사회복지사의 길을 선택한 동기, 그리고 실습에 임하는 마음가짐 등에 대한 발표가 있었으며 다른 실습 선생님들의 말씀을 들으면서 그동안의 생각과 비교도 하게 되었고 현장실습에 대한 새로운 다짐을 하는 시간이 되기도 하였습니다.</td></tr>
<tr><td>실습생
의견</td><td colspan="9">오리엔테이션을 통해 내가 현장실습을 하는 노인복지에 대한 개념과 노인복지를 실천하고 있는 기관에 대해 이해의 폭을 넓힐 수 있는 시간이었으며 실습일정을 확인함으로써 현장실습에 대한 마음가짐을 새롭게 할 수 있었습니다.
또한 U-care센터의 업무흐름에 대해 개략적으로나마 새롭게 알게 된 것과 같이 실습을 진행하는 선생님들과 의견교환을 통해 다양한 부분을 접하게 된 의미 있는 시간이었던 같습니다.</td></tr>
<tr><td>실습지도자
의견</td><td colspan="9"></td></tr>
</table>

3. 기관 분석 보고서 작성방법 작성 예시

본인이 실습한 실습기관에 대한 사회, 문화, 환경, 지역사회자원, 프로그램 등을 파악하여 기록한다.

실습기관 분석 보고서

실습생명	○○○	기관명	○○○○○○
기관주소	○○○ ○○○ ○○○ (전화: 00-000-0000)		
기관소개자	○○○ (부서: 총무팀 직책: 팀장)		

1. 기관의 역사

(1) 기관 설립동기 및 설립목적

노인들의 사회적 경험과 연륜을 활용하는 다양한 일자리를 개발하고 적극적으로 참여할 수 있도록 사회의 장을 형성하여 활기찬 노년 생활과 더불어 삶의 질을 향상 시키는 것을 목적으로 한다.

(2) 기관 사업의 역사적 변천

- 2007년 ○○○ 시니어센터 지정
- 2009년 사회공헌형 사업 및 시장형 사업 추가 개소
- 2014년 ○○○ 문화원 등 지역사회 단체와 업무협약 체결
- 2015년 시장형 사업 추가 개소(우리왕만두, 어머니 손만두 등)
- 2018년 시장형 사업 추가 개소(실버카페)
- 2023년 현재 4개 사업팀, 32개 사업진행, 약 2800여 어르신 활동참여

(3) 기관 역사에 대한 실습생의 평가

○○○ 시니어센터 23년 지정 이후 노인일자리 창출이란 확고한 목표를 가지고 지역 내 노인들을 위한 다양한 일자리 창출을 위해 꾸준히 노력하고 있으며 현재 2800여 명의 어르신들께 양질의 일자리를 제공함으로써 어르신들의 경제력 유지와 사회참여 등 노인복지를 실천하는 기관이라 생각됩니다.

2. 기관의 목적

- ○○○ 시니어센터 고령화 사회의 주역으로서 노인의 역할 증대를 위해 사회적 경험과 연륜을 활용하는 다양한 일자리를 발굴하여 제공하며
- 일자리를 통해 노인들의 사회참여 활동을 지원함으로써 건강하고 활기찬 노년 생활을 유지시켜
- 노인의 삶의 질을 향상시켜 사각지대 없는 노인복지를 실현시키는 것을 목적으로 합니다.

3. 기관의 주요 사업 및 프로그램

(1) 클라이언트 및 대상 지역

○○○시에 거주하는 60~65세 이상 어르신들

(2) 주요 사업(2023년 현재)

총계	2,338명	사업내용
노노케어	160명	2인 1조로 독거노인 안전확인 및 말벗 활동
공익활동	1,842명	환경지킴이, 안전지킴이 등 공익증진을 위한 활동
시장형	158명	실버카페, 실버택배 등 수익 창출형 일자리 사업
인력파견형	72명	고령자 무료 직업소개 활동
사회서비스형	106명	학교 급식도우미 등 사회적 서비스 제공 활동

(3) 서비스 전달체계

- 지원: ○○○시청
- 운영주체: 사) ○○○시 종합복지회

(4) 기관의 대상층 및 주요 사업에 대한 실습생의 평가

- 일자리 사업의 주 대상층은 65세 이상의 어르신들이며 일부 사업형과 사회참여형은 60세 이상으로 신체활동에 제한이 없으신 분들에게 일자리를 창출하는 것은 적절하다고 생각합니다.
- 시니어센터 위에 명시되어 있듯이 2,338명의 일자리 중 공익활동 70% 이상을 차지하고 있는데 일자리 사업의 양과 질을 높이기 위해서는 시장형 사업의 확대가 필요하다고 생각합니다.
- 일자리 창출의 전담기관인 시니어클럽은 지역 내 노인일자리의 수요 충족을 위해 부단히 노력하는 기관이라고 생각합니다.

4. 기관의 행정사항

(1) 기관의 조직 구조

- 총무팀 1팀과 일자리 사업팀 4팀으로 조직되어 있다.
- 총무팀은 시니어센터 관장님과 실장, 회계전담 1명과 사회복무요원 2명으로 구성
- 사업 1팀은 6명으로 시장형 5개, 사회서비스형 3개, 공익활동 3개 사업을 전담
- 사업 2팀은 5명으로 시장형 6개, 취업알선형 1개, 공익활동 3개 사업을 전담
- 사업 3팀은 5명으로 공익활동 4개 사업을 전담
- 사업 4팀은 5명으로 공익활동 4개 사업을 전담

(2) 예산, 후원 및 지원 사항

- 총사업비는 약 76억 정도로 대부분은 국고지원이며
- 운영주체인 사) ○○○ 종합복지회의 후원과
- 각종 행사 및 필요시 지역 민간업체로부터 지원을 받고 있습니다.

(3) 기관의 행정구조와 예산 사용 및 후원에 대한 실습생의 평가

사업팀을 4개 팀으로 조직하여 운영의 효율성을 높이기는 했으나 전담인력 1인당 평균 150여 명의 어르신들을 관리해야 하는 열악한 실정이며 전담인력 중 4명만이 정규직이고 나머지 인력은 계약직이라 연속성이 떨어질 우려가 있습니다. 예산은 대부분 인건비로 지급되고 있으며 후원금이 부족한 면이 있어 다양한 홍보를 통해 후원을 늘려야 할 것으로 생각됩니다.

5. 기관이 속한 지역사회, 물리적 환경의 특징

(1) 지역사회

인구 00만여 명의 관광도시이나 도시와 농촌이 공존하는 곳으로 인구의 19%(15,000여 명)가 65세 이상의 노인으로 초고령화가 급격히 진행되고 있어 노인일자리의 확보가 시급하다고 볼 수 있습니다.

(2) 물리적 환경(시설, 공간 등)

시니어센터 많은 어르신들을 대상으로 하고 있는 것에 비해 협소한 사무공간과 건물 2층에 위치해 어르신의 안전교육 및 업무의 효율성이 위해 접근성이 양호하고 충분히 활용가능한 공간이 필요하다고 생각합니다.

6. 사회복지기관으로서 지역 내 타 기관들과의 연계

(1) 관계유형 및 내용

지역 지방지자체 및 각종 사회복지 단체와 정보공유 및 업무 협조 등을 통해 유기적인 관계를 유지하고 있으며 지역 사회보장협의체를 통하여 지역 내 사회복지 발전과 복지 사각지대를 해소하기 위한 노력을 기울이고 있으며 특히 지역 내 노인일자리 관련 4개 기관과 긴밀한 협조관계를 유지하고 있습니다.

(2) 기관의 타 기관과의 관계유지에 대한 실습생의 평가

사업발굴과 확충을 위해 각 기관들과 유기적인 관계를 유지하고 있는 것으로 보입니다.

7. 기관의 특별한 면이나 전반적인 사항에 대한 인상이나 느낌

○○○ 시니어센터 관장님을 비롯한 담당자들이 지역사회 노인복지를 책임지고 있다는 자긍심을 갖고 업무에 임하고 있으며 노인들의 일자리 창출을 통해 노인들의 삶에 활력을 주기 위해 꾸준히 노력하는 기관으로 전담인력의 충원과 정규직 전환 등 일자리 담당 인력들의 사기진작과 지역사회의 관심이 증대된다면 노인일자리 사업을 통해 노인복지의 최일선 전문 기관으로서의 충분한 역할을 감당할 수 있을 것으로 생각됩니다.

4. 실습중간평가서 작성방법 작성 예시

실습 중간에 이루어지는 평가로서 실습과정 중 발생하는 상황이나 환경, 스스로의 마음가짐 등을 스스로 평가하여 기록한다.

1) 공동생활가정 중간평가서 작성 예시

실습중간평가서

* 본 평가서는 실습지침서를 참고하여 중간평가 내용을 실습생 본인이 작성합니다.
  서술양식으로 작성한 뒤 실습지도자와 평가회를 갖는 것이 좋습니다.
* 일지에도 동일 날짜에 작성 관련 내용이 적혀 있어야 함.

실습생명	○○○	기관명	○○○
실습기간	20○○년 ○월 ○○일 ~ 20○○년 ○○월 ○○일 (20일, 160시간)	실습지도자	○○○
실습평가일	20○○년 ○○월 ○○일	실습지도교수	○○○

1. 실습목표와 관련된 실습내용 및 역할에 대한 평가

1.1. 수행한 실습내용 및 역할의 요약

공동생활가정은 노인장기요양보험법에 따라 고령의 노인성 질병 등의 사유로 일상생활을 혼자서 수행하기 어려운 어르신들을 대상으로 시설기관이나 시설에서 신체활동 및 여가활동을 지원하는 내용으로 역할은 건강체크와 각종 프로그램 제공을 통하여 어르신들의 노후 삶의 질을 향상시켜 행복하고 건강한 노년이 될 수 있도록 사회복지사의 역할이 중요하고 그들의 가정이 행복해질 수 있다는 책임의식이 강하게 들었습니다.

1.2. 평가

가까이서 봤던 사회복지사의 실습을 내가 직접 실습을 통해 배우면서 이론과 실습이 다르다는 느낌을 가진 면도 있었지만, 어르신들을 모시는 체계적인 방법과 이해를 배울 수 있었습니다.

1.3. 앞으로의 계획

치매의 정도에 따라 대처법으로 돌발 상황이 발생할 때 침착하게 어르신들을 보살피고 케어하는 방법을 배워야겠다고 생각하고 조금 더 체계적인 훈련을 배워야겠다고 느꼈습니다.

2. 실습에 임한 자세 및 노력

실습을 하면서 마음만 앞서서는 안 되고 어르신들을 먼저 잘 파악한 다음에 현장에 계시는 선배들의 말씀을 잘 귀 기울여야 하겠다고 생각했습니다. 그에 맞는 상황대처능력을 길러야 하겠습니다.

3. 실습을 통해 배운 점

행정적인 측면에서도 센터가 잘 운영되고 있었습니다.

복지사로서 올바른 가치관, 행정 처리도 체계적으로 배워야겠다고 생각했습니다.

혼자서 거동이 불편하신 어르신들을 내 부모같이 모실 수 있는 마음에서 출발하여 애정을 가지고 어르신들에게 서비스를 해야겠다고 배웠습니다.

4. 앞으로 더 필요한 지식과 기술

초고령 사회에서 노인성 질환은 가족 모두에게 힘든 질병임을 깨달았습니다. 어르신들은 마음과 몸이 자유롭지 못하기에 사소한 일에도 신경이 예민하여 성격의 제어가 안 되는 부분이 있었습니다. 이에 어르신들의 심리를 잘 파악하여 접근해야겠다는 생각을 했고 기술의 필요성도 느꼈습니다.

노인심리에 대한 행동의 변화에 대해서 지식을 더 쌓아야겠습니다.

5. 실습에서 어려웠던 점

어르신들의 사소한 말다툼이 센터 내의 분위기를 좌지우지할 수도 있다는 것을 알았습니다. 어르신들의 심신 안정을 위해 내가 할 수 있는 일이 적다는 것을 알았을 때 경험을 부족을 뼈저리게 느꼈습니다.

6. 기관 및 실습지도자에게 건의할 점

남은 실습기간 동안 아낌없는 지도편달 부탁드립니다. 많이 보고 배우겠습니다.

2) 시니어센터 중간평가서 작성 예시

실습중간평가서

* 본 평가서는 사회복지현장실습 지침서를 참고하여 실습생 본인이 작성하며, 서술양식으로 작성한 뒤 실습지도자와 평가회를 갖는 것을 추천합니다.

실습생명	○○○	기관명	○○○
실습기간	20○○년 ○월 ○○일 ~ 20○○년 ○○월 ○○일 (20일, 160시간)	실습지도자	○○○
실습평가일	20○○년 ○○월 ○○일	실습지도교수	○○○

1. 실습목표와 관련된 실습내용 및 역할에 대한 평가

1.1. 수행한 실습내용 및 역할의 요약

실습을 진행한 시니어센터는 노인일자리 창출 전문기관으로 노인복지의 최일선에서 각종 일자리 사업을 진행하는 기관입니다. 코로나19로 인해 정부의 고강도 사회적 거리두기가 진행되고 있어 어르신들의 사업이 대부분 중지된 가운데 1주차에는 오리엔테이션을 통해 실습진행과 실습기간 체험하고 확인해야 할 사항에 대해 정리를 하였고 노인일자리 사업의 전반적인 흐름에 대해 이해할 수 있었습니다. 또한 시니어센터는 진행 중인 일자리 사업과 사회복지사들이 활용하는 업무시스템 등에 대해서도 새롭게 접할 수 있었습니다. 2주차에는 시니어센터는 4개 사업팀 중 2개 사업팀의 사업에 대한 실습이 진행되었는데 사업1팀은 주로 시장형 사업 위주로 전담하였는데 실버카페와 실버베이커리에서는 사업재개에 앞서 업무를 숙달 중이신 어르신들과 함께 실습을 하였으며 왕만두 사업장에서는 사업재개 시 양질의 만두를 제공하기 위해 만두소와 만두피를 보완하는 담당자들과 함께 만두를 만들며 실습을 진행하였습니다. 또한 1팀에서 운영하는 공익형 사업 중 급식도우미와 지역아동센터는 현장방문을 통해 확인하였고 필요한 곳에 생활방역을 함께 진행하였습니다.
사업2팀과의 실습기간 중에는 실버택배 어르신들과 이틀에 걸쳐 해당지역의 택배 배달을 진행하였으며 영농사업인 콩꽃마을을 현장확인하고 우리마을 안전지킴이 현장을 담당자와 함께 돌아보며 진단하기도 했습니다. 2주차 마지막 날에는 사업3팀의 공익활동 사업 중 우리마을 청결지킴이와 환경지킴이, 그리고 버스정류장 관리사업 지역에 대한 현장을 담당자와 함께 다니며 현재 사업진행에 대한 소개를 듣고 나름대로의 개선점에 대해 의견을 교환하였습니다.

1.2. 평가

코로나19로 인한 노인일자리사업 중단으로 원래 계획에서 수정되어 1주차에 진행한 노인복지와 일자리 사업의 전반적인 흐름 그리고 사회복지 관련 업무시스템과 사회복지에 관한 정보를 취득할 수 있는 각종 사이트에 대한 정보를 먼저 획득한 것이 이후 실습을 진행하는 데 개인적으로는 더 도움이 되었다고 생각합니다. 또한 시장형 사업장에서 어르신들의 역할을 확인하고 함께 실습을 진행하며 나누었던 말씀들을 통해 노인일자리의 현재 모습과 노인일자리를 통한 긍정적인 요소는 물론이거니와 어르신들과 담당자들의 어려움을 알게 된 것이 큰 소득이 아닌가 하는 생각을 하게 되었습니다.

특히 노인일자리를 발굴하고 사업을 진행하기까지 관계기관과 협조하고 사업진행 간에는 끊임없이 현장확인을 통해 안전요소를 식별하고 조치하는 담당자들의 모습에서 사회복지의 미래를 볼 수 있었던 시간이었습니다. 그동안 머릿속에서만 그렸던 노인복지의 한 부분인 노인일자리 사업에 대해 몸으로 체감할 수 있었으며 고령화 시대에 가장 필요한 노인일자리 사업의 흐름과 사업방향 등에 대해 어느 정도 자신감을 갖게 되었습니다.

1.3. 앞으로의 계획

시니어센터는 4팀과 유케어 사업단과의 실습이 남아 있는데 아직 함께하지 못한 공익활동사업과 노노케어 그리고 유케어 사업에 대한 핵심사항을 확인하고 실습 간에는 현장에서 어르신들과 상담하고 문제에 개입하여 해결하는 능력을 키우고 어르신들의 삶의 현장에서 필요한 것이 무엇인지에 대해 살펴보고자 합니다.

2. 실습에 임한 자세 및 노력

전반적으로 노인일자리사업에 대한 흐름을 이해하고 발전적인 사항과 문제점을 확인하기 위해 노력하였으며 특히 각 사업팀과 실습을 할 때는 사업의 목적과 이 사업의 진행이 노일일자리에 미치는 영향, 그리고 어르신들의 반응에 대해 살펴보았습니다. 또한 시장형 사업에서 앞으로의 발전 가능성과 거기에 필요한 요소들을 식별하기 위한 노력을 하였습니다.

3. 실습을 통해 배운 점

실습을 통해 가장 먼저 느낀 점은 지역사회 곳곳에 어르신의 노고가 묻어나며 이 지역의 쾌적한 환경 유지에 일조하고 있다는 생각이었으며 쉽게 생각했던 노인일자리 사업을 발굴하고 계획하여 진행하며 사업진행 간 끊임없이 확인하고 노력하는 담당자들의 보이지 않는 노력이 있다는 것을 알게 되었습니다.

또한 초고령화 시대로 진입하는 이때 노인일자리 사업이 앞으로 대두될 노인복지와 관련된 사회적인 문제들을 어느 정도 해소시킬 수 있는 매우 중요한 것이라는 것을 새삼 깨닫게 되었습니다.

4. 앞으로 더 필요한 지식과 기술

이어지는 시간을 통해 실습을 하겠지만 노인일자리 사업에 필요한 사업계획서를 작성하기 위한 시장조사와 타당성을 분석하고 직접 사업계획서를 작성할 수 있는 능력을 키우고 노인일자리 정책에 관련된 부분들에 대해 좀 더 지식을 갖추었으면 좋겠다는 생각을 하였습니다.

5. 실습에서 어려웠던 점

코로나19로 인한 사업중단으로 실제 사업에 참여하시는 어르신들을 직접 대면하지 못하고 일부 사업에서만 함께할 수 있어서 아쉬움이 있었으며 이론강의 7과목을 함께 진행하다 보니 개인적으로 시간이 조금 부족했던 점이 있었습니다.

6. 기관 및 실습지도자에게 건의할 점

좋은 실습계획과 프로그램을 통해 실습에 내실을 기해 주셔서 감사합니다. 남은 기간 동안 체험하지 못했던 사업들을 체험하며 노인일자리 사업에 대해 충분히 이해하고 사회복지사로서의 자질을 갖추도록 많은 도움을 주시길 기대합니다.

5. 실습종결평가서 작성방법 작성 예시

실습을 종결한 후 실습생이 실습과정 등을 되돌아보며 스스로 평가하는 것으로 예비 사회복지사로서의 역할, 또는 프로그램 진행상의 문제점, 시설이나 학교에 대한 건의사항을 기록한다.

1) 공동생활가정 종결평가서 작성 예시

실습종결평가서

* 본 평가서는 실습지침서를 참고하여 종결평가 내용을 실습생 본인이 작성합니다.
서술양식으로 작성한 뒤 실습지도자와 평가회를 갖는 것이 좋습니다.
* 일지에도 동일 날짜에 작성관련 내용 적혀 있어야 함.

실습생명	○○○	기관명	○○○
실습기간	20○○년 ○월 ○○일 ~ 20○○년 ○○월 ○○일 (20일, 160시간)	실습지도자	○○○
실습평가일	20○○년 ○○월 ○○일	실습지도교수	○○○

1. 실습일정에 대한 평가

장기요양기관인 공동생활가정에서 실습을 하면서 노인성 질환을 가지고 있는 어르신과 그 가족의 어려움을 덜어주기 위해 일정 시간 동안 어르신들을 케어하는 서비스 업무를 실습하였습니다.

2. 실습내용 및 역할에 대한 평가

노인성 질환을 가지고 있는 어르신과 그 가족들의 어려움을 덜어주기 위해 일정 시간 동안 어르신들에게 직접적인 서비스를 제공하고 돌보며 공동생활가정 치매어르신들을 이해하고 어르신들의 가족과 친구와 조력자, 지도자로서의 위치를 배웠고 사회복지기관에서의 서비스 업무와 행정 전반에 대하여 알게 되었으며 사회복지사로서의 역할과 책임의식을 알게 되었습니다. 행복한 삶의 질을 개선하는 데에도 사회복지사의 역할도 같이 알게 되었습니다. 물리치료 기계가 비치되어 사용함으로써 더 치료 받고 심적으로 안정을 할 수 있어 더 좋아 보였습니다.

3. 실습목표에 대한 평가

1) 구체적이고 적절한 목표 설정 여부

공동생활가정에서 24시간은 어르신들의 질환을 먼저 파악하면 어르신들의 성향을 이해하는 데 도움이 되었으며 그에 맞는 대처 능력을 키우고 싶다.

2) 목표의 달성 여부

고령화 사회에서 노인의 문제는 가족뿐만 아니라 사회적으로도 여러 가지 문제를 야기 하고 있다. 사회복지사로서의 이러한 문제를 조금이나마 해결하고 어르신, 가족, 복지종사자, 지역사회, 국가가 모두 행복해질 수 있도록 공동생활가정 어르신들의 성향을 이해하고 그들의 갑작스러운 행동에 대하여 내 부모님이라는 생각으로 임하였으며 돌발 상황에 다른 어르신들이 동요하지 않도록 자신의 경험으로 방법을 강구하여 대처하였다.

4. 서비스 실천 과정에 대한 평가 / 정책 및 행정 실습에 대한 평가

1) 문제 파악 및 자료수집 능력 / 문제 인식 능력

인적사항을 수집하여 성명, 연령, 성별, 현주소, 연락처, 최종학력, 종교, 결혼상태, 이전직업, 의료보장 형태, 요양등급에 따른 진단명을 자료수집한다. 경제상태를 조사하여 월수입, 주택여부, 입소 시 양육부담자를 확인하고 생활비 부담자를 확인한다. 기본 상태에 따른 투약복용에 따른 처방전을 확인하고 알코올, 흡연, 과거 병력의 제공자가 누구인지 확인하고 사례 개시 일을 작성한다.

시간을 좀 갖고 문제파악을 시도 했으며 언어적, 비언어적 행동을 관찰, 해석하며 관련 이론을 기초하여 이해하고 가까워질 수 있었다.

2) 문제 사정 능력 / 문제 분석 능력

복잡한 심리, 사회적 문제를 파악하기 어렵지만 개인과 환경의 상호관계에서의 문제가 발생하는 상황을 분석하는 것이 중요하다.

3) 개입 기술 / 문제해결을 위한 대안제시능력

성급하지 않게 비난이나 비판 없이 현재에 초점을 맞춰 클라이언트의 문제점에 도움을 준다.

4) 면접 기술 / 기존 지식과 정보의 사용 능력

클라이언트가 편하게 마음을 열 수 있도록 시간과 관심으로 여유를 갖고 하나하나 조심스럽게 존중하며 배운 지식을 활용하여 질문을 하고 경청하며 욕구가 무엇인지 문제파악을 한다.

5) 기록 기술 / 기록 기술

중요한 사항을 그때그때 요점을 기록하고 일과 후에 정리하여 기록한다.

6) 클라이언트와의 전문적이 관계 형성 / 유관 기관 및 관련된 사람들과 전문적인 관계 형성

클라이언트와의 관계를 위해서 공동생활가정 센터에서의 생활전반에 걸친 관심과 관찰로 문제

해결 능력에 도움을 준다.

5. 실습생의 자원 활용에 대한 평가(인적, 물적 자원)

1) 기관 외의 자원 활용

공동생활가정 목욕서비스 부분에서 일주일에 1, 2회 정도 외부 봉사자가 방문하여 어르신들의 위생 및 청결에 대한 서비스가 직접 이루어졌고 어르신들의 식사 및 주방보조는 시에서 파견하는 노인일자리 사업의 일환으로 파견 오신 어르신이 매일 두 분이 오셔서 직접 도움을 주고 계셨다.

지리적으로 ○○도라는 지리적 강점과 원불교에서 물질적 지원까지 도움을 주고 있어 타 기관에 비해 강점으로 느꼈다.

2) 실습과 관련된 참고서적의 활용

- 사회복지 노무가이드북. 서울사회복지사협회.
- 케어는 기술이다. 방세자. 도서출판 들샘.
- 노인복지론 및 데이케어센터 운영규정집.

6. 실습에 임하는 자세에 대한 평가

1) 업무관리

(1) 시간준수, 과제제출

실습시간 준수 및 과제제출이 무리 없이 진행됨.

(2) 주어진 일에 대한 업무조절 능력

어르신들을 위한 도움지원과 업무지원에 대한 조절이 잘 이루어졌음.

2) 직원과의 관계(실습지도자, 타직원, 타 전문직 직원)

다른 분들의 입장이 되어 좀 더 양보하고 노력하였습니다. 스스럼없이 도움을 요청하였고 배우는 자세로 임했습니다.

3) 다른 실습생과의 관계

실습에 대한 정리를 상호 의논하고 보완적으로 행하였다.

4) 실습에 있어서의 적극성 및 자발성

기관 내 직원들의 업무에 지장이 없는 범위에서 서비스를 원하는 구성원에게 만족하는 서비스를 제공할 수 있도록 적극적이며 자발적으로 실천하고 행동하였습니다.

7. 전문적 태도에 대한 평가

1) 사회복지사로서의 실습생 자신의 장 · 단점에 대한 인식

(1) 장점: 친화력, 책임감, 객관적 판단

(2) 단점: 유머감각 부족

2) 전문가로서 윤리 및 가치관의 이행

사회복지사는 대상자의 사건에 대하여 주관적 견해를 배제하고 사실에 대한 객관적인 판단을 근거로 하여 그에 맞는 적절한 서비스를 제공해 주어야 한다. 케어센터의 경우는 중풍, 치매, 노인성질환으로 일상생활에 어려움을 겪는 어르신과 그 가족들의 어려움을 경감시키는 슈퍼바이저의 업무 및 지시사항을 잘 이행하고 클라이언트의 욕구에 맞는 서비스를 어떻게 진행하는지 습득하고 행정업무 전반과 간호, 프로그램의 진행과 절차를 어떻게 하는지 사회복지사로서의 책임감을 갖고 실천해야겠다.

8. 실습지도 활용 정도에 대한 평가

1) 실습생 자신의 실습지도 활용 정도에 대한 평가

(1) 기관실습지도

노인케어 서비스에 대해 알고 있는 것을 배제하고 당 기관에서 행하는 근무 시스템에 맞춰 적절한 실습을 받음.

(2) 대학 실습지도

사회복지현장실습 지도교수님의 지도 아래 실습을 시작 및 중간평가와 종결평가가 잘 이루어졌음.

2) 실습지도 자체에 대한 평가

(1) 기관 실습지도

프로그램이나 어르신에 대한 일반케어에 자유롭게 참여할 수 있도록 했고 지시나 감독이 아닌 자율성에 의하여 실습을 할 수 있도록 배려해 주었다.

(2) 대학 실습지도

실습지도교수의 기관방문과 점검 및 실습사례와 토론, 현장업무 습득 위주로 실습할 수 있도록 개별상담이 잘 이루어졌다.

9. 기관 이해도에 대한 평가

1) 실습생의 과업과 관련된 기관의 목적, 정책, 행정 절차에 대한 이해

공동생활가정은 노인장기요양기관의 운영 목적과 정책, 행정절차에 대한 이해 노인시설을 운영하기 위해서는 행정지원팀, 노인케어팀, 의료팀, 봉사나 후원 등으로 이루어진 여러 분야가 통합되어 진행되고 있음을 알게 되었다.

2) 실습생으로서의 기관 내의 권한과 한계에 대한 인식

실습생은 기관 내의 부분적인 역할에 대해서만 임무가 주어지기 때문에 실습을 시작하기 전에 전문적인 지식을 먼저 습득하고 목표의식을 가지고 업무에 위배되지 않는 한 본인이 업무 전반에 대하여 적극성을 가지고 실습에 임해야 한다고 생각합니다.

10. 실습기간 중 가장 유익했던 내용

치매어르신이나 가족이 어려움을 겪고 있는 가족끼리 이야기를 나누면서 공동생활가정에 서로 위안을 삼고 또 각자의 경험을 공유하면서 대처 방법을 의논하는 자리였습니다. 1년 이상 지속적인 만남으로 친분을 유지하며 서로의 이야기를 허심탄회하게 나눌 수 있다는 게 보기 좋았습니다.

11. 실습기간 중 가장 안 좋았던 내용

없습니다.

12. 실습기관, 실습지도자, 대학에 대한 건의사항

공동생활가정과 치매어르신들의 현재의 특성과 과거의 삶에 대한 사례관리를 다양하게 접근하고 배우는 시간과 사회복지 행정업무를 교육하는 시간이 좀 더 많이 배정되었으면 하는 바람입니다.

13. 기타 하고 싶은 말

사회복지사 실습과정에서 특별한 관심으로 실습에 임하면서 어르신 케어에 있어 그동안 느끼지 못하고 편견을 가지고 있는 자신을 발견하는 계기가 되었습니다.
위생적이고 청소도 잘 되어 있고 소독도 하고 있었습니다. 노고에 감사합니다.

2) 시니어센터 종결평가서 작성 예시

실습종결보고서

* 다음은 실습을 종결하면서 한 학기 동안 실습한 내용을 요약정리하고 목표 달성 정도와 소감을 간략히 정리하는 보고서입니다. 이 종결보고서는 파일에 정리되어 사무실에 비치되며 다음 실습을 준비하는 학생에게 실습지 선정의 지침이 되는 자료로 활용될 것입니다.

실습생명	○○○	기관명	○○○
실습기간	20○○년 ○월 ○○일 ~ 20○○년 ○○월 ○○일 (20일, 160시간)	실습지도자	○○○
실습평가일	20○○년 ○○월 ○○일	실습지도교수	○○○

1. 실습기관 소개

시니어센터는 지역 내 일하기를 희망하시는 어르신들에게 맞춤형 일자리를 제공하여 소득 창출과 함께 사회참여 기회를 보장하는 일자리 전문기관으로서 2008년 지정 이후 현재까지 양질의 일자리 제공을 통해 어르신들의 삶의 질을 향상시키는 기관입니다. 관장님을 비롯해 26명이 총무팀과 각종 사업을 전담하는 4개의 사업팀으로 조직되어 운영되고 있으며 2020년 기준 ○○ 지역 내 거주하고 계신 어르신 2,338여 명에게 일자리를 제공 중입니다. 노인복지의 최일선에서 노인일자리를 창출하고 어르신들의 사회활동을 유도함으로써 건강하고 활기찬 노후를 지켜 나가는 기관이라고 생각합니다.

2. 실습기간 및 시간

실습기간 : 20○○년. . . ~ 20○○년. . .
시　　간 : 160시간

3. 실습목표

1) 실습생의 목표

노인복지 중에서도 가장 중요한 ① 노인일자리 사업에 대한 전반적인 흐름을 이해하고 공익활동형, 사회서비스형, 시장형 사업 등, ② 주요사업에 대한 핵심사항을 숙지하고, ③ 사업준비를 위한 사업계획서 작성에서부터 진행 그리고 평가 및 피드백에 이르는 일련의 과정을 이해하고 숙달하며, ④ 노인일자리 사업의 대상인 어르신들의 심리를 이해하고 현장에서 문제 해결을 위한 개입요령을 습득하고, ⑤ 주변 지역사회의 가용 자원을 활용할 수 있는 안목을 높여 거시적 관점에서 사회복지의 미래를 바라볼 수 있는 사회복지사의 기술을 숙달하는 것이 목표입니다.

2) 실습기관의 목표

– 지역사회에서의 노인일자리지원과 사회복지사의 역할과 클라이언트에 대하여 보다 포괄적이

고 실질적으로 이해하며 문제해결 과정에서 활용하는 개입방법과 평가에 대하여 이해하고 숙달한다.

- 정보를 획득하고 자료를 조직화하여 환경요인을 평가하며 지역사회에서 이용 가능한 자원을 개발하고 연계하여 노인복지실천의 전문가로서 자질을 향상한다.
- 노인복지실천 현장에서 과학적이고 체계적인 접근을 통해 거시적인 관점에서 문제를 해결할 수 있는 능력을 키우고 클라이언트의 입장에서 문제해결을 실천하는 기술을 습득한다.

4. 실습내용 소개

1) 실습일정

<table>
<tr><th>주차(회수)</th><th>일자</th><th>실습현장</th><th>비고</th></tr>
<tr><td rowspan="5">1주차</td><td></td><td>• 오리엔테이션
• (사단법인) ○○○종합복지회 소개
• 시니어센터 소개
• 유케어센터 소개</td><td>관장님
실장
팀장</td></tr>
<tr><td></td><td>• 시니어센터 노인일자리 및 사회활동 지원사업 운영안내</td><td>실장</td></tr>
<tr><td></td><td>국회의원 선거일 휴무</td><td></td></tr>
<tr><td></td><td>• 노인일자리 업무시스템 운영안내
• 사회복지시설 정보시스템 운영안내</td><td>실장</td></tr>
<tr><td></td><td>• 사회복지 프로포절 안내
• 지역사회보장협의체 안내</td><td>실장</td></tr>
<tr><td rowspan="2">2주차</td><td></td><td>• 사업1팀장 인솔
– 실버카페 등 11개 사업 현장실습</td><td rowspan="3">사업팀장</td></tr>
<tr><td></td><td>• 사업2팀장 인솔
– 황태랑 등 10개 사업 현장실습</td></tr>
<tr><td rowspan="4">3주차</td><td></td><td>• 사업3팀장 인솔
– 청결지킴이 등 5개 사업 현장실습</td></tr>
<tr><td></td><td>• 사업4팀장 인솔
– 노노케어 등 6개 사업 현장실습</td><td>사업팀장</td></tr>
<tr><td></td><td></td><td></td></tr>
<tr><td></td><td></td><td></td></tr>
<tr><td rowspan="4">4주차</td><td></td><td></td><td></td></tr>
<tr><td></td><td></td><td></td></tr>
<tr><td></td><td>• 유케어센터 팀장 인솔
– 유케어센터 사업 현장실습</td><td>사업팀장</td></tr>
<tr><td></td><td>종결평가회</td><td>관장님
실장</td></tr>
</table>

2) 교육, 참관사항

- 교육: 오리엔테이션, 기관소개(종합복지회, 시니어센터, 유케어센터 등)
  노인일자리사업의 목적, 구분, 사업형태별 주요 핵심사항, 사회복지 시스템
- 참관: 사회복지 시스템 운용(사회복지 정보시스템, 행복e음 시스템)
  사회복지 관련 사이트(노인인력개발원, 사회복지협회, 사회복지 공동모금회 등) 운용
- 실습: 4개의 사업팀별 주요 현장실습과 U-care 현장실습

3) 담당업무

지역 내 어르신 중 각 사업별로 자격을 갖춘 어르신에 대하여 사업별로 소요를 판단하여 인원을 배분하고 주거지를 고려하여 최고 사업장에서 일자리를 진행할 수 있도록 배치 후 사업을 진행 간에 발생 가능한 안전 위해 요소들을 확인하고 어르신들과 교감을 통해 원활하게 사업을 진행하는 것입니다.

5. 실습목표와 달성 정도

구분	실습목표	달성정도
노인복지 개관	• 노인복지의 종류에 대한 이해	보통
일자리사업 개관	• 노인일자리 사업의 흐름과 기관별 역할	우수
	• 유형별 주요 사업에 대한 핵심사항 숙지	우수
사업계획	• 사업계획서 작성 / 프로포절	보통
	• 지역사회 가용자원 활용 및 발굴	보통
사업진행	• 노인심리 이해 및 문제해결을 위한 개입(상담기법)	부족
	• 복지시스템 운용	부족
사업평가	• 사업 평가 및 보완요소 도출	보통
	• 노인일자리 정보획득 및 활용	보통
피드백	• 차기사업 반영	부족

실습 전 가졌던 목표보다 성과는 더 있었다고 생각합니다. 다만 실제 활용해 보지 못한 복지시스템 운용이나 노인상담 등은 많이 부족한데 기회가 된다면 보완하고 싶습니다.

6. 실습지도자와 실습지도 내용 소개

구분	지도자	실습목표	비고
총무팀		• 기관 소개 • 오리엔테이션, 노인일자리사업 개관, 사회복지시스템 사회복지 공동모금회 소개	

구분	지도자	실습목표	비고
사업1팀		• 시장형사업 현장 실습 및 제조체험 – 실버카페, 실버베이커리, 어머니왕만두	
사업2팀		• 시장형사업 현장 실습 및 체험 – 실버택배, 행복한 가게, 콩꽃마을 영농사업 • 공익활동 현장 확인 및 체험 – 우리마을 안전지킴이, 교통안전지킴이	
사업3팀		• 공익활동 현장 확인 및 체험 – 우리마을 청결지킴이, 버스정류장 관리, 환경지킴이	
사업3팀		• 공익활동 현장 확인 및 체험 – 시설공단위임사업장, 학교관리 • 노노케어 현장 상담 견학	
U-care		• 유케어 가정 탐방 및 상담 현장 견학	

7. 실습소감

1) 힘들었던 것

실습 간 힘들었던 점은 없었으며 다만 코로나19로 인해 어르신들 함께 직접 활동을 체험할 수 있는 기회가 줄어들었던 것에 대해 아쉬움이 있습니다.

2) 제기되었던 질문들

실습을 진행하면서 특히 일일 실습생 간담회를 통해 그날 있었던 실습내용을 공유하면서 여러 가지 내용에 대한 질문들이 있었는데 주로 현장에서 상대하는 어르신들의 요구에 어떻게 반응해야 하는지? 기관을 떠나 개인적인 도움을 주어도 되는지? 사업을 담당하는 담당자들의 처우가 너무 열악한데 그에 대한 보완 방향은 시행되고 있는지? 어르신들을 대상으로 하면서 가장 큰 애로사항은 무엇인지? 등에 대해 질문하고 서로의 의견을 공유하고 공감할 수 있었습니다.

3) 배운 것

무엇보다 노인일자리사업의 다양한 형태와 그 안에서 이루어지는 계획－준비－시행－평가의 전 요소를 체험하고 차기사업에 반영하기까지의 과정을 이해할 수 있었으며 직접 사업계획서를 작성하며 더 깊이 이해할 수 있게 된 것이 가장 큰 도움이며 사회복지사들이 사용하는 시스템 활용에 대해 실습을 통해 숙달함으로써 즉시 활용이 가능할 수 있다는 자신감을 갖게 되었습니다.

8. 향후 실습을 위한 제언

실습을 진행하면서 느낀 것은 ○○ 시니어클럽은 기관 내에 노인일자리 사업이 다양하게 있어서 여러 경험을 할 수 있지만 주변 지인들은 실습기간 반복되는 실습만 진행하였다고 들었습니다.
여건이 된다면 지역별로 사회복지 실습 지원센터 같은 것이 존재해서 실습기간 중에 노인복지, 아동복지, 장애인복지 등 다양한 분야를 순회하면서 실습을 진행한다면 더 큰 효과를 얻을 수 있지 않을

까? 하는 조심스러운 제한을 해 봅니다.

9. 기타 꼭 하고 싶은 이야기

실습을 통해 노인복지, 특히 노인일자리 사업에 대해 체감하고 공감할 수 있었으며 어르신들의 모습을 보면서 기회가 된다면 노인복지 분야에서 도움을 드리고 싶다는 생각을 가졌던 뜻 깊은 시간이었습니다.

10. 실습지도자와 기관에 대한 감사의 내용

코로나19로 두 차례 연기 끝에 시니어센터에서 실습을 진행하게 되었는데 훌륭한 실습지도자와 기관에서 진행할 수 있었던 것이 저에게는 정말 행운이었던 것 같습니다.
관장님을 비롯해 지도선생님과 각 사업팀별 담당선생님들께서 바쁜 시간을 쪼개어 실습을 도와주신 것에 대해 감사의 말씀을 드리며 ○○시 노인일자리 전담기관으로서 자부심과 긍지를 갖고 계신 여러분들의 모습에 깊은 감명을 받았습니다. 여러 선생님들과 어르신들의 노고가 빛을 발해서 노인일자리에 대한 긍정적인 반응이 나타나고 지역사회 내에서 노인복지가 한층 성장하기를 기대합니다.

3) 요양원 종결평가서 작성 예시

실습종결평가서

실습생명	○○○	기관명	○○○
실습기간	20○○년 ○월 ○○일 ~ 20○○년 ○○월 ○○일 (20일, 160시간)	실습지도자	○○○
실습평가일	20○○년 ○○월 ○○일	실습지도교수	○○○

1. 실습일정에 대한 평가

움직이지도 못하고 말을 못하는 어르신들도 육체 안에서 상대방의 말을 알아듣고 감정을 느끼는 것을 느낄 수 있었다. 이 모양 저 모양 성품이 다양하시고 건강상태도 조금씩 다르지만 진정한 마음으로 섬기는 마음으로 다가갔을 때 마음이 전달되며 고마움을 느끼고 마음이 열리는 것을 보았다. 앞으로 진정성을 가지고 책임감과 의무를 다하는 훌륭한 사회복지사가 되기를 희망한다. 많이 부족하고 실수도 많았지만 실습을 잘 지도해 주신 원장님과 직원 선생님들에게 감사한 마음을 표하고 싶다.

2. 실습내용 및 역할에 대한 평가

실습의 주요한 내용은 노인을 학대하지 않고 공경하면서 어르신들을 잘 돌보고 그분들이 무엇이 필요한지를 잘 파악해서 욕구충족을 위해 정성을 가지고 채워 주는 것이다. 사회복지사의 역할은 직원들과의 원만한 관계도 매우 중요하며 그 평안한 관계가 곧 어르신들에게 평안한 보금자리를 제공해 주는 연결선상에 있음을 깨달았다.

3. 실습목표에 대한 평가

1) 구체적이고 적절한 목표 설정 여부

목표설정은 어르신들을 보면서 보고 느끼고 배우는 것이었다. 누구나 나이 들어 늙어 가지만 직접 어르신들을 뵙고 봉사하면서 앞으로 어떻게 노후를 준비할 것인지 많은 것을 깨닫고 느끼게 해주셨다. 인생의 종착역인 요양원 공동체 생활을 보면서 학벌도, 외모도, 물질도 죽음 앞에서는 빛을 잃는 것을 보았다. 늙어 갈수록 건강도 잘 돌보고 보람된 삶과 진실된 삶으로 노년을 곱게 보내야겠다고 어르신들을 보면서 깨달았다.

2) 목표의 달성 여부

이제 앞으로 마음가짐의 중요성이라 보며 요양원에서의 마음의 목표가 충분히 설정이 되었으며 이를 바탕으로 살면서 많은 나눔과 봉사의 손길을 해야 한다는 생각이며 많이 가지는 것보다는 많이 나누는 것이 무엇보다 중요함을 알고 이를 실천해 가는 것이 중요하다.

4. 서비스 실천과정에 대한 평가 / 정책 및 행정 실습에 대한 평가

1) 문제 파악 및 자료수집 능력 / 문제 인식 능력

실습을 하면서 어려웠던 부분은 클라이언트에 대한 정확한 지식과 그에 대한 적절한 대처 능력으로 초기에는 매우 당황스럽고 어려웠으나 클라이언트의 정보와 기본적인 생활습관 성향을 알고 미리 준비하고 대처하는 능력을 키움으로써 클라이언트의 돌발적인 상황에 대처하고 해결할 수 있는 능력을 가질 수 있었으며 그에 따른 앞으로의 대안과 계획을 수립하고 발전된 클라이언트의 생활을 보장할 수 있다고 본다.

2) 문제 사정 능력 / 문제 분석 능력

클라이언트에 대한 지식과 그에 따른 정보를 분석하고 어떻게 대처해야 하는지를 결정하는 실천적인 방법으로 많은 향상과 발전이 개인적으로 있었다.

3) 개입 기술 / 문제해결을 위한 대안제시능력

클라이언트에 대한 기본 정보와 지식을 바탕으로 우리네 어머님이라고 생각한다면 어렵지 않게 해결할 수 있었다고 생각하며, 한번은 클라이언트 상호 큰소리로 싸우는 것을 보고 요양원에 도착하여 왜 그러시냐고 살며시 물어보고 각각의 클라이언트가 요구하는 것을 중간에서 중계하고 말을 전하여 조용히 평화를 되찾은 사례가 있었는데 저를 신뢰하고 믿어 주셔서 제 말에 따라서 화해가 된 일로 개인적으로 매우 보람되었다고 생각한다.

4) 면접 기술 / 기존 지식과 정보의 사용능력

치매 클라이언트, 말을 못하시는 클라이언트, 말 잘하시는 클라이언트 등 실습을 하면서 어려웠던 부분은 있었으나 그렇다고 대처를 하지 못한 부분이 없이 잘 응해 드렸다고 생각하는데 그건 곧 내 어머니요, 아버지라는 생각만 가지고 있으면 치매라서 하루에도 몇 번씩 같은 말을 되물어도 그냥 자연히 받아들여지고, 신경질적으로 나오는 클라이언트는 장난이나 웃음으로, 아니면 적절한 선물(초코파이)을 이용하여 마음을 맞추어 드리고, 말을 못하는 클라이언트는 옆에 가서 개인적인 이야기나 책을 읽어 드려서 마음의 적적함을 달래 드리며, 처음에는 친숙함을 꺼려하시는 할아버지가 있었으나 개인적인 정보를 습득하고 대처하여 지금은 매우 친숙하고 요양원에 가기만 하면 커피 같이 먹자고 하시는 할아버지, 실습을 하면서 마음이 얼마나 중요하고 마음이 나의 행동을 움직인다는 것을 절실히 느낀다.

5) 기록 기술 / 기록 기술

클라이언트의 개인적인 정보와 지식, 성향, 자란 환경, 가족사 등 클라이언트 스스로 이야기를 해주고 기록하고 그 정보에 따라서 실습을 하니 전혀 어려움이 없었다고 생각한다.

6) 클라이언트와의 전문적인 관계 형성 / 유관 기관 및 관련된 사람들과 전문적인 관계 형성

지금은 너무나 친숙해져서 마음으로 친숙함이 형성되어 있다고 보며, 아직까지는 유관 기관이나 전문적인 관계 형성에는 미흡하다고 본다.

5. 실습생의 자원활용에 대한 평가(인적, 물적 자원)

1) 기관 외의 자원활용

동료 실습생과 같이 실습을 하면서 상호 보완적으로 실습을 잘 했다고 생각한다.

2) 실습과 관련된 참고서적의 활용

평생교육원에서 노인복지론을 수강하고, 서적 및 인터넷 정보를 활용하면서 봉사하였다.

6. 실습에 임하는 자세에 대한 평가

1) 업무관리

(1) 시간준수, 과제제출

직업적인 시간적인 면에서는 불규칙한 부분이 있으나 최선을 다해 실습에 임하고 정성어린 마음을 갖자고 항상 다짐하면서 실습에 임했다.

(2) 주어진 일에 대한 업무조절 능력

실습을 하면서 어려운 부분이라기보다는 뭐든지 다하자는 마음이었으며 배우자 하는 마음으로 실습에 임했다고 생각하며 그날 주어진 일이 있으면 그날 늦어도 끝내자는 실천으로 행동했다.

2) 직원과의 관계(실습지도자, 타직원, 타 전문직 직원)

직원들과의 관계, 사실 겉으로는 별 문제없이 잘 한 것 같으나 내면적인 면에서는 아직까지는 잘 모르는 것이 사실이며 아무래도 경제적인 문제와 실습생으로서의 자세는 다르지 않을까 하는 개인적인 생각이며 실습을 하면서 문제점 발생 없이 잘 이루어졌다고 생각한다.

3) 다른 실습생과의 관계

먼저 와서 혼자 봉사하다가 다른 실습생이 나중에 와서 의지가 되었고 서로 보조하고 서로 마음의 공감대가 형성되었다.

4) 실습에 있어서의 적극성 및 자발성

봉사하면서 어르신들을 통해 많은 것을 느끼고 깨닫는 유익한 시간이었기 때문에 매순간마다 최선을 다했다.

7. 전문적 태도에 대한 평가

1) 사회복지사로서 실습생 자신의 장·단점에 대한 인식

그림치료 프로그램, 상담, 놀이치료, 신체강화훈련 등으로 어르신들과 친밀한 관계형성을 할 수가 있었다.

2) 전문가로서 윤리 및 가치관의 이행

노인공경을 근본으로 성실과 정직과 따스한 마음으로 다가갔다고 생각한다.

8. 실습지도 활용 정도에 대한 평가

1) 실습생 자신의 실습지도 활용 정도에 대한 평가

(1) 기관실습지도

봉사하면서 원장님이 지시하는 대로 하다 보면 원장님, 직원 선생님들, 실습생 각각의 의무와 책임 등 각자의 위치를 자연스럽게 배워 나갔다.

(2) 대학 실습지도

교수님께서 출석 수업을 통해서 실습생으로서의 자세를 가르쳐 주셨고 실습이론보고서, 실습보고서, 종결평가서 작성하는 법을 자상하게 가르쳐 주셨다. 현장 방문 시 여러 가지 조언도 해주셨다.

2) 실습지도 자체에 대한 평가

(1) 기관실습지도

요양원과 센터 재가서비스 연계를 통해 재가서비스를 받고 계셨던 어르신이 치매에 걸려서 병원에 입원 중이라 실습생도 방문했다. 건강하게 잘사는 것이 장수임을 깨달았고 직접 방문교육이 참 유익한 시간이었다.

(2) 대학 실습지도

앞으로 사회복지사가 해야 할 기본자세 및 방향을 잘 제시해 주셨다.

9. 기관 이해도에 대한 평가

1) 실습생의 과업과 관련된 기관의 목적, 정책, 행정 절차에 대한 이해

○○요양원은 어르신의 신체적 건강을 위하여 직원들 욕창교육과 방문간호사를 통해 욕창방지와 어르신의 기력회복에 힘썼다. 행정 절차를 보조하면서 조금은 행정절차를 이해하였다.

2) 실습생으로서의 기관 내의 권한과 한계에 대한 인식

벙어리 삼 년, 귀머거리 삼 년, 눈봉사 삼 년... 봉사기간을 마칠 때까지 잘 인내하고 섬기면서 한층 더 인내심이 길러지고 성숙해짐을 느꼈다.

10. 실습 기간 중 가장 유익했던 내용

성경 말씀을 기본으로 어르신들을 위로하고 권면하니 평안을 찾고 위로 받으신 것을 느꼈고 말을 못하시는 분에게는 메모지와 볼펜을 활용하니 속마음을 읽을 수 있어서 유익했다.

11. 실습기간 중 가장 안 좋았던 내용

사회복지사와 요양보호사 등 요양원에 근무하시는 모든 분들이 서로 감싸고 이해하면서 근무했으면 하는 바람이다.

12. 실습기관, 실습 지도자, 대학에 대한 건의사항

실습기관이든 학교든 사회복지에 관련된 모든 기관들은 무엇보다도 사람의 인격이 존중 받는 따스한 곳이 되기를 희망합니다.

13. 기타 하고 싶은 말

실습봉사를 통해서 많은 것을 깨닫고 더불어 나 자신의 소중한 가치를 깨닫게 해 주신 어르신들에게 감사드리고 하늘나라 가실 때까지 건강하시길 바라며 지도해 주신 원장님, 직원 선생님들, 교수님께 감사한 마음입니다. 내년에 사회복지사로서 교육 받은 대로 성실히 일하겠습니다.

4) 주야간보호센터 종결평가서 작성 예시

실습종결평가서

실습생명	○○○	기관명	○○○
실습기간	20○○년 ○월 ○○일 ~20○○년 ○○월 ○○일 (20일, 160시간)	실습지도자	○○○
실습평가일	20○○년 ○○월 ○○일	실습지도교수	○○○

1. 실습일정에 대한 평가

20○○년 3월부터 주말과 평일을 이용해 160시간의 실습을 수행하면서 노인성 질환을 가지고 있는 어르신과 그 가족의 어려움을 덜어 주기 위해 일정 시간 동안 어르신을 케어하는 서비스 업무를 실습했습니다.

2. 실습내용 및 역할에 대한 평가

기관을 이용하시는 어르신들에게 여러 프로그램을 제공하는 모든 일에 보조역할을 수행하는 것을 중점적으로 하며 사회복지기관에서의 서비스 업무와 행정 전반에 대하여 알게 되었으며 사회복지사로서의 역할과 책임의식을 알게 되었습니다.

3. 실습목표에 대한 평가

1) 구체적이고 적절한 목표 설정 여부

치매등급이 각기 다른 어르신들의 질환과 개인의 성향을 잘 파악하여 세심한 주의를 기울여 그에 맞는 대처능력을 키워야겠다.

2) 목표의 달성 여부

사회복지사들의 실질적 역할을 이해하고 정체성 확립 및 전문적 태도를 익히며 어르신들의 성향을 이해하고 갑작스러운 돌발행동에 대처하는 방법을 습득해 가면서 대처해 나갔다.

4. 서비스 실천과정에 대한 평가 / 정책 및 행정 실습에 대한 평가

1) 문제 파악 및 자료수집 능력 / 문제 인식 능력

참고자료 및 인터넷 검색 등을 통하여 다양한 자료수집을 할 수 있었으며 이를 통해 정확하고 빠른 문제파악을 할 수 있었다. 실습현장을 통해 언어적, 비언어적 행동을 관찰하며 해석하면서 관련 이론을 좀 더 이해할 수 있게 되었다.

2) 문제 사정 능력 / 문제 분석 능력

다양한 프로그램을 참여하면서 진행 과정의 문제점들을 발견하며 개선사항들을 분석해 보는 시간도 가졌다.

3) 개입 기술 / 문제해결을 위한 대안제시능력

클라이언트의 문제점들을 빠르게 발견하여 케어해 줌으로써 프로그램이 원활하게 진행할 수 있게 대처하였다.

4) 면접 기술 / 기존 지식과 정보의 사용능력

충분한 시간과 관심을 기울이면서 클라이언트와의 라포 형성을 함으로써 요구사항이 무엇인지 빠르게 파악하여 대처한다.

5) 기록 기술 / 기록 기술

특이한 사항을 바로 체크 기록하면서 일과 후에 정리하여 기록한다.

6) 클라이언트와의 전문적인 관계 형성 / 유관 기관 및 관련된 사람들과 전문적인 관계 형성

클라이언트의 센터에서의 생활 전반에 걸친 관심과 관찰로 서로가 신뢰할 수 있는 관계를 형성하기 위해 노력했다.

5. 실습생의 자원활용에 대한 평가(인적, 물적 자원)

1) 기관 외의 자원활용

목욕서비스 부분에서 매주 1회 정도 외부 봉사자가 방문하셔서 어르신들의 위생과 청결에 대한 서비스가 이루어졌고 어르신들의 식사 및 주방보조는 시에서 파견하는 노인 일자리 사업의 일환으로 파견 오신 두 분이 매일 오셔서 직접 도움을 주고 계셨다.

2) 실습과 관련된 참고서적의 활용

- 노인복지론
- 사회복지실천론
- 데이케이센터 운영 규정집

6. 실습에 임하는 자세에 대한 평가

1) 업무관리

(1) 시간 준수, 과제제출

실습시간 준수 및 제시간에 맞춰 과제물도 제출

(2) 주어진 일에 대한 업무조절 능력

어르신들을 위한 도움지원과 업무지원에 대한 조절이 잘 이루어졌다.

2) 직원과의 관계(실습지도자, 타직원, 타 전문직 직원)

직원과의 라포 형성을 위해 노력하였고 실습생으로서의 부족한 부분에서는 도움을 받으며 업무

를 도와 드리기 위해 노력하였다.

3) 다른 실습생과의 관계

실습에 대한 정리를 상호 간에 의논하여 부족한 부분을 보완하였다.

4) 실습에 있어서의 적극성 및 자발성

기관 내의 직원들의 업무에 지장이 없는 범위에서 어르신들에게 최선의 서비스를 제공하기 위해 매사에 적극적이고 자발적으로 최선을 다해 노력하였다.

7. 전문적 태도에 대한 평가

1) 사회복지사로서 실습생 자신의 장·단점에 대한 인식

장점:
단점:

2) 전문가로서 윤리 및 가치관의 이행

사회복지사는 대상자의 사건에 대하여 주관적 견해를 배제하고 사실에 대한 객관적인 판단을 근거로 하여 그에 맞는 적절한 서비스를 제공해 주어야 한다.
케어센터의 경우 중풍, 치매, 노인성질환으로 어려움을 겪고 계신 어르신들과 그 가족들의 어려움을 경감시키는 슈퍼바이저의 업무 및 지시사항을 잘 이행하고 클라이언트의 욕구에 맞는 서비스를 어떻게 진행하는지 습득하고 행정업무 전반과 간호, 프로그램의 진행과 절차를 어떻게 하는지 사회복지사로서의 책임감을 가지고 실천해야겠다.

8. 실습지도 활용 정도에 대한 평가

1) 실습생 자신의 실습지도 활용 정도에 대한 평가

(1) 기관실습지도

데이케어센터의 본래 추구하고자 하는 목표와 목적에 합당하게 열정을 가지고 실습에 임하였다.

(2) 대학 실습지도

사회복지현장 실습 교수님의 세심한 지도 아래 실습을 시작, 중간평가, 종결평가가 이루어졌다.

2) 실습지도 자체에 대한 평가

(1) 기관실습지도

프로그램에 보다 흥미를 가지고 자유롭게 스스로 참여할 수 있도록 유도하고, 적극적으로 참여할 수 있도록 세심한 배려를 해주었다.

(2) 대학 실습지도

실습기간 내에 실습지도교수의 기관방문과 점검 및 실습사례와 토론, 현장업무 습득 위주로 실습할 수 있도록 개별 상담이 잘 이루어졌다.

9. 기관 이해도에 대한 평가

1) 실습생의 과업과 관련된 기관의 목적, 정책, 행정 절차에 대한 이해

노인장기요양기관의 운영 목적과 정책, 행정절차에 대한 이해와 노인시설을 운영하기 위해서는 행정지원팀, 노인케어팀, 의료팀, 봉사나 후원 등으로 이루어진 여러 분야가 통합되어 진행되고 있음을 알게 되었다.

2) 실습생으로서의 기관 내의 권한과 한계에 대한 인식

실습생은 기관 내의 한정적인 역할밖에 할 수 없기 때문에 전반적인 업무와 관련하여 전문적인 지식을 습득하는 것은 다소 무리인 듯하다. 하지만 최선을 다해 기관의 명확한 목표를 각인하며 적극적인 모습으로 실습에 임하면서 업무 전반에 걸쳐 이해의 폭을 넓힐 수 있었다.

10. 실습 기간 중 가장 유익했던 내용

기관의 운영시스템을 통해 현시점의 우리나라 복지현황을 엿볼 수 있었으며, 치매정도에 따른 어르신들의 특성을 파악할 수 있었고 이론적 사례와 실습현장에서의 사례를 비교 분석할 수 있어서 유익한 시간이 되었다.

11. 실습기간 중 가장 안 좋았던 내용

그다지 안 좋았던 기억은 없습니다.

12. 실습기관, 실습 지도자, 대학에 대한 건의사항

치매어르신들의 현재의 특성과 과거의 삶에 대한 사례관리를 다양하게 접근하고 배우는 시간과 사회복지 행정업무를 교육하는 시간이 좀 더 할애되었으면 하는 바람입니다.

13. 기타 하고 싶은 말

기관의 다양한 프로그램 운영과 깨끗한 환경, 균형 잡힌 식단을 위해 노력하시는 기관 내의 모든 직원의 노고에 감사드리며 초고령사회로 빠르게 진행되고 있는 우리나라의 노인복지를 위해 더 많이 생각하고 고민할 수 있는 계기가 되었습니다.

6. 현장실습 종합보고서 필수서류 제출 목록(학교 제출 9가지)

(표지) 20○○학년도

사회복지현장실습 종료 후 학과 제출 서류

실습기관	기관명	
	실습지도자명	
	실습기관연락처	
실습기간		20 . . . ~ 20 . . .
대학	실습지도교수	교수
실습생	성명	
	학년/반/연락처	( ) 학년 ( )반. 연락처 (010 –)

○○대학교 ○○복지학과

(실습서류 제출 유의사항)

1. 현장실습이 끝나면 반드시 표준서식에서 제공한 [실습생 서식 26번] '사회복지현장실습 확인서' 서식으로 현장실습 확인서를 받아야 합니다(※이 서식을 사용하지 않으면 자격증 신청 시 보류처리되며, 관련서류 추가제출 판정을 받게 됩니다).
2. 현장실습관련 각종 보고서 작성 시에는 학교에서 제공한 "(실습생용) 사회복지현장실습 매뉴얼"을 참고하시기 바랍니다(※ 매뉴얼을 받지 못하였다면 학과사무실이나 현장실습지원센터에 문의하여 받으시기 바랍니다).
3. 제출서류는 절대로 풀이나 스프링으로 제본하지 마시고, 목차 순서별로 정리한 다음 집게로 집어서 대봉투에 넣어 주간반, 야간반 모두 학과사무실로 제출하시기 바랍니다(제출서류는 2학기가 종강되면 학생이 제출한 현장실습확인서에 실습세미나 45시간을 기록해야 하며, 제출서류 일체를 스캔하여 보관하는 후속작업을 해야 합니다).
4. 표지 포함 다음의 필수서류(9가지)는 모두 빠짐없이 반드시 원본으로 제출해야 합니다(※ 필수서류 이외의 보고서나 서류는 제출하지 마시고 본인이 보관하시기 바랍니다).
   ※ 실습서류 제출과 관련하여 궁금한 사항은 실습지도교수나 실습조교에게 연락하시기 바랍니다.

〈사회복지현장실습 필수서류 제출 목록〉

1. 사회복지현장실습기관 선정 확인서(실습기관 서식9) 1부
2. 실습생 출근부(실습기관 서식5) 1부 (※원본: 실습지도자 도장날인 확인)
3. 실습일지(실습생 서식3) 전체 1부 (※원본: 실습지도자 도장날인 확인)
4. 실습기관 분석 보고서(실습생 서식4) 1부
5. 실습 중간평가서(실습생 서식24) 1부
6. 실습 (종결)평가서(실습생 서식25) 1부
7. 실습 종결보고서(실습생 서식27) 1부
8. 실습평가서(교육기관 발송용, 실습기관 서식7) 1부 (※ 기관밀봉 상태로 제출)
9. 사회복지현장실습 확인서(실습생 서식26) 2부 (※ 반드시 2부 모두 기관에서 발급하는 원본으로 제출해야 함, 실습지도자 및 기관장 직인 날인 확인 요망)

(※ 필수서류 9가지 이외의 보고서나 서류는 제출하지 마시고 본인이 보관하시기 바랍니다).

[실습기관 9] 사회복지현장실습기관 선정 확인서[2]

관리번호 제 20○○-　　　　호

사회복지현장실습기관 선정 확인서

1. 명　　　　칭 :
   * 사업자등록번호 :
2. 대　　표　　자 :
3. 소　　재　　지 :
4. 실 습 지 도 자 :
5. 유　효　기　간 :

위 기관은 「사회복지사업법 시행규칙」 제3조제2항에 따라 사회복지현장실습의 기관실습 실시기관으로 선정되었음을 확인합니다.

년　　　월　　　일

한국사회복지사협회장 [직인]

210mm×297mm[백상지(150g/㎡)]

2) 기관실습 실시기관 선정 및 선정취소 등 사회복지현장실습 운영에 관한 고시 [별지 제5호서식]

[실습기관 5] 실습생 출근부

실습생 출근부

□ 성명 : 긴급연락처 : 전자우편 :

월 일	출근시간	퇴근시간	실습생확인	실습지도자 확인	지각, 조퇴, 결근 여부	사유

* 기입요령: 출근시간, 퇴근시간 표시, 퇴근 시 실습생 및 실습지도자가 확인하며, 지각, 조퇴, 결근 시 그 사유를 함께 기록함

[실습생 3] 실습일지 (※ 예시와 같이 1시간 단위로 시간대별 실습내용을 작성해야 합니다.)

실습일지

<table>
<tr><th>실습일</th><td>20○○.○○.○○.(*)
(실습 *회차)</td><th>실습생</th><td>○○○</td><th>실습지도자</th><td>○○○ (인)</td></tr>
<tr><th>실습목표</th><td colspan="5">사회복지기관의 프로포절 이해</td></tr>
<tr><th rowspan="8">실습진행</th><th>시간</th><th colspan="4">진 행 내 용</th></tr>
<tr><td>09:00~10:00</td><td colspan="4">방역, 실습지도자 교육</td></tr>
<tr><td>10:00~11:00</td><td colspan="4">학습보조</td></tr>
<tr><td>11:00~12:00</td><td colspan="4">논술교육 참관수업(1~3학년)</td></tr>
<tr><td>12:00~13:00</td><td colspan="4">점심시간</td></tr>
<tr><td>13:00~15:00</td><td colspan="4">놀이학습 보조, 간식 만들기 도움</td></tr>
<tr><td>15:00~17:30</td><td colspan="4">청소년비전 프로젝트 수업 참관</td></tr>
<tr><td>17:30~18:00</td><td colspan="4">교실 정돈 및 청소</td></tr>
<tr><th>실습내용
(주요실습)</th><td colspan="5">◉ 09:00~10:00 실습지도자 교육
〈사회복지기관의 프로포절 이해 및 아동일과 보조〉
사회복지기관들이 수행하고자 하는 프로그램의 내용을 설명하는 사업제안서이다. 경쟁력을 높여 서비스의 질을 개선하고 기금배분의 투명성을 확보하기 위해 대부분의 기금주들이 기본적으로 요구하는 서류이다. 사업명을 정할 때 서비스의 대상, 목적, 방법, 사업을 포함할 수 있는 내용으로 사업명을 작성하여야 한다.
사업내용, 기관과의 연계협력 전략, 예산편성, 사업의 필요성, 산출목표 및 성과목표 등을 기록한다.

◉ 10:00~11:00 학습보조
아동들과 자율놀이시간에 학습보조로 부루마블게임, 도미노, 젠더 등을 하며 친밀감을 형성하였다.

◉ 11:00~12:00 논술수업 참관(1~3학년)
1~3학년의 논술수업에 참관하였다. 사회영역의 안내문에 관한 내용으로 서로 토론하며 문제를 푸는 시간이었는데 집중을 잘 못하거나 이해를 못하는 아동들에게 지도선생님을 도와 본문내용을 체크해 주며 문제를 풀 수 있도록 도움을 주었다.</td></tr>
</table>

점심식사

실습내용 (주요실습)	◉ 13:00~15:00 학습보조, 간식 만들기 학습보조로 책읽기와 놀이교육에 참여하고 책꽂이 정리, 놀잇감 정리를 하였다. 간식으로 샌드위치를 만들었는데 다른 선생님들을 도와 햄과 치즈, 양상추를 곁들인 맛있는 샌드위치를 만들어 아동들에게 나눠주었다. ◉ 15:00~17:30 청소년비전 프로젝트 수업참관 영상으로 하는 청소년비전 프로젝트 수업에 참관하여 아동들이 장애물을 회피하여 이동하는 이동체를 만드는 것을 보니 우리나라 청소년들이 미래의 과학자로서 꿈을 키워나가는 현장을 보는 듯했다. ◉ 17:30~18:00 수업을 마친 교실 정리정돈 수업을 마친 교실들을 청소하고 정리정돈 하면서 일과를 마쳤다.
실습소감 및 의견 (건의사항 등)	아이들과 자유로이 놀이를 하는 시간에 도미노 쌓기를 하면서 기발하고 재미있는 아이들의 생각에 감탄을 했다. 단순히 길게 늘어뜨리거나 곡선을 주는 것만을 생각했는데 아이들은 쌓고 늘어뜨리고 대단히 창의적인 방법으로 도미노에 생명을 불어넣고 있었다. 도미노 한 가지를 가지고 여러 가지 게임이 파생되어 나오고 스스로 게임을 창작하거나 규칙을 만들고 변형해서 놀이를 만들어 노는 것을 보며 나 스스로 아이가 되어 함께 동화되었다. 또 놀이 중에 룰을 어기거나 의견이 맞지 않으면 다툼도 일어나지만 그 안에서 스스로 배려하고 인정하는 방법을 배우고 있는 아이들이 대견했다.
실습지도자 조언	소규모 사회복지 기관에서는 제안서를 잘 작성하여 기관에 필요한 기능보강이나 프로그램 등을 운영하여야 됩니다. 제안서에 대해 더 공부하시고 현장에서 필요한 프로포절을 작성하고 신청하여 선정되는 성취감도 느끼는 역량 있는 사회복지사가 되시기를 바랍니다.

[실습생 4] 실습기관 분석 보고서

실습기관 분석 보고서

실습생명		기관명	
기관주소	(전화:)		
기관소개자	(부서: 직책:)		

1. **기관의 역사**
   (1) 기관 설립동기 및 설립목적
   (2) 기관 사업의 역사적 변천
   (3) 기관 역사에 대한 실습생의 평가

2. **기관의 목적**

3. **기관의 주요사업 및 프로그램**
   (1) 클라이언트 및 대상 지역
   (2) 주요사업
   (3) 서비스 전달체계
   (4) 기관의 대상층 및 주요사업에 대한 실습생의 평가

4. **기관의 행정사항**
   (1) 기관의 조직구조
   (2) 예산, 후원 및 지원 사항
   (3) 기관의 행정구조와 예산 사용 및 후원에 대한 실습생의 평가

5. **기관이 속한 지역사회, 물리적 환경의 특징**
   (1) 지역사회
   (2) 물리적 환경(시설, 공간 등)

6. **사회복지기관으로서 지역 내 타 기관들과의 연계**
   (1) 관계유형 및 내용
   (2) 기관의 타 기관과의 관계유지에 대한 실습생의 평가

7. **기관의 특별한 면이나 전반적인 사항에 대한 인상이나 느낌**

[실습생 24] 실습 중간평가서[3)]

실습 중간평가서

* 본 평가서는 사회복지현장실습 지침서를 참고하여 실습생 본인이 직접 작성하며, 서술양식으로 작성한 뒤 실습지도자와 평가회를 갖는 것을 추천함.

실습생명		기관명	
실습기간		실습지도자	
실습평가일		실습지도교수	

1. 실습목표와 관련된 실습내용 및 역할에 대한 평가
   1.1. 수행한 실습내용 및 역할의 요약
   1.2. 평가
   1.3. 앞으로의 계획

2. 실습에 임한 자세 및 노력

3. 실습을 통해 배운 점

4. 앞으로 더 필요한 지식과 기술

5. 실습에서 어려웠던 점

6. 기관 및 실습지도자에게 건의할 점

3) 본 평가서는 사회복지현장실습 지침서를 참고하여 실습생 본인이 작성하며, 서술양식으로 작성한 뒤 실습 실습지도자와 평가회를 갖는 것을 추천함.

[실습생 25] 실습평가서[4)]

실습평가서

* 본 평가서는 사회복지현장실습 지침서를 참고하여 종결평가 내용을 실습생 본인이 작성하며, 서술양식으로 작성한 뒤 실습지도자와 평가회를 가는 것을 추천함.

실습생명		기관명	
실습기간		실습지도자	
실습평가일		실습지도교수	

1. 실습일정에 대한 평가

2. 실습내용 및 역할에 대한 평가

3. 실습목표에 대한 평가
   1) 구체적이고 적절한 목표 설정 여부
   2) 목표의 달성 여부

4. 서비스 실천과정에 대한 평가 / 정책 및 행정 실습에 대한 평가
   1) 문제 파악 및 자료수집 능력 / 문제 인식 능력
   2) 문제 사정 능력 / 문제 분석 능력
   3) 개입 기술 / 문제해결을 위한 대안제시능력
   4) 면접 기술 / 기존지식과 정보의 사용능력
   5) 기록 기술 / 기록 기술
   6) 클라이언트와의 전문적인 관계 형성 / 유관 기관 및 관련된 사람들과 전문적인 관계 형성

5. 실습생의 자원 활용에 대한 평가(인적, 물적 자원)
   1) 기관 외의 자원 활용

4) 본 평가서는 사회복지현장실습 지침서를 참고하여 종결평가 내용을 실습생 본인이 작성하며, 서술양식으로 작성한 뒤 실습지도자와 평가회를 갖는 것을 추천함.

2) 실습과 관련된 참고서적의 활용

6. 실습에 임하는 자세에 대한 평가

1) 업무관리
   (1) 시간 준수, 과제제출
   (2) 주어진 일에 대한 업무조절 능력
2) 직원과의 관계(실습지도자, 타직원, 타 전문직 직원)
3) 다른 실습생과의 관계
4) 실습에 있어서의 적극성 및 자발성

7. 전문적 태도에 대한 평가

1) 사회복지사로서 실습생 자신의 장·단점에 대한 인식
2) 전문가로서 윤리 및 가치관의 이행

8. 실습지도 활용 정도에 대한 평가

1) 실습생 자신의 실습지도 활용 정도에 대한 평가
   (1) 기관실습지도
   (2) 대학 실습지도
2) 실습지도 자체에 대한 평가
   (1) 기관실습지도
   (2) 대학 실습지도

9. 기관 이해도에 대한 평가

1) 실습생의 과업과 관련된 기관의 목적, 정책, 행정 절차에 대한 이해
2) 실습생으로서의 기관 내의 권한과 한계에 대한 인식

10. 실습 기간 중 가장 유익했던 내용

11. 실습기간 중 가장 안 좋았던 내용

12. 실습기관, 실습 지도자, 대학에 대한 건의사항

13. 기타 하고 싶은 말

[실습생 27] 실습 종결보고서

실습 종결보고서

* 다음은 실습을 종결하면서 한 학기 동안 실습한 내용을 요약정리하고 목표 달성 정도와 소감을 간략히 정리하는 보고서입니다. 이 종결보고서는 파일에 정리되어 사무실에 비치되며 다음 실습을 준비하는 학생에게 실습지 선정의 지침이 되는 자료로 활용될 것입니다.

실습기관		실습지도자	
실습부서		실습지도교수	
실습기간			
실습생		종결 일시	

1. 실습기관 소개

2. 실습기간 및 시간

3. 실습목표
   1) 실습생의 목표
   2) 실습기관의 목표

4. 실습내용 소개
   1) 실습일정
   2) 교육, 참관사항
   3) 담당업무

5. 실습목표와 달성 정도

6. 실습지도자와 실습지도 내용 소개

7. 실습소감
   1) 힘들었던 것
   2) 제기되었던 질문들
   3) 배운 것

8. 향후 실습을 위한 제언

9. 기타 꼭 하고 싶은 이야기

10. 실습지도자와 기관에 대한 감사의 내용

[실습기관 7] 실습평가서(교육기관 발송용)

실습평가서(교육기관 발송용)

기관명		실습지도자	
실습부서		실습지도교수	
실습기간			
실습생		평가일시	

* 출석상황

□ 무단결석 없음 □ 무단결석 1회 □ 무단결석 2회 □ 무단결석 3회 이상

* 다음은 실습생에 관한 평가입니다. 실습생이 실습지도 기간 동안 보여주었던 태도와 행동을 기준으로 아래 항목에 솔직하게 평가해 주기 바랍니다.
실습내용에 포함되어 있는 사항에 관해서만 평가하여 주시고, 평균에는 평가항목 총점을 평가항목 개수로 나눈 점수를 기입하면 됩니다.

(1점: 매우 그렇지 못하다. ~ 5점: 매우 그렇다.)

항목	내용	1	2	3	4	5
실습 지도에 대한 태도	1. 실습지도 시간을 엄수한다.					
	2. 적극적이고 긍정적인 자세로 실습지도에 참여한다.					
	3. 실습지도에서 지적된 내용을 수용한다.					
	4. 배우는 입장에서 진지하게 노력하고 발전하려는 태도를 갖는다.					
	5. 실습지도자와 실습생으로서 공식적 관계를 형성한다.					
기관 이해 및 관계 유지	6. 동료실습생과 긍정적이고 원만한 협력 관계를 유지한다.					
	7. 기관의 목적, 정책, 규칙, 사업내용을 이해한다.					
	8. 기관 내에서 실습생으로서의 권한과 한계를 알고 일한다.					
	9. 기관 내 타직원과 협조적인 대인관계를 형성, 유지하여 업무를 처리한다.					
기본적 태도와 자질	10. 일의 우선순위를 결정하는 능력이 있다.					
	11. 할당된 시간 안에 일을 계획하고 수행한다.					
	12. 자신의 장점과 단점을 잘 인식하고 대응한다.					
	13. 사회복지실천 지식을 실습내용에 적용한다.					

항목	내용	1	2	3	4	5
	14. 사회복지실천의 가치와 윤리를 갖고 임한다.					
	15. 전문가로서의 편견, 선입견, 고정관념을 인식하고 객관성을 유지한다.					
	16. 실습지도 내용을 실행에 옮긴다.					
	17. 실습과정을 책임감 있게 수행한다.					
기록	18. 기록, 보고서 등을 정해진 일시에 제출한다.					
	19. 실습내용을 사실에 근거하여 정확하게 기록한다.					
	20. 실습내용을 체계적이고 구체적으로 기록한다.					
	21. 클라이언트와의 상호작용 및 실습생의 사고와 감정을 기록한다.					
	22. 실습지도를 통해 지적된 사항 및 배운 것을 정확히 기록한다.					
전문적 태도와 관계 형성	23. 클라이언트와 전문적 관계를 형성하고 활용한다.					
	24. 전문적 관계형성에서 동정과 감정이입을 구별하여 적용한다.					
	25. 주변의 자원을 파악하고 그것을 활용하려고 노력한다.					
	26. 비심판적이며 경청과 수용의 태도를 갖는다.					
	27. 클라이언트의 능력과 동기의 한계를 수용한다.					
	28. 실습지도자가 지시한 것을 잘 파악하여 실행에 옮긴다.					
개인에 대한 개입	29. 클라이언트가 표현한 의사소통과 암시적인 의사소통을 이해한다.					
	30. 실습생이 의도한 바를 클라이언트에게 명확하게 전달한다.					
	31. 클라이언트의 문제와 상황에 관련된 정확한 자료를 수집한다.					
	32. 수집된 자료를 체계적으로 종합하고 이론에 기초하여 사정한다.					
	33. 클라이언트 가족 등 주변의 지지자원을 활용한다.					
	34. 클라이언트와 환경의 상호역동성의 이해 아래 개입목표와 전략을 수립한다.					
	35. 개입목표에 따라 클라이언트의 긍정적인 변화를 유도한다.					
가족에 대한 개입	36. 가족의 역동성을 파악하고 가족상황에 관련된 정확한 자료를 수집한다.					
	37. 가족의 구조를 명확히 이해하여 필요한 가족개입의 기술을 활용한다.					
	38. 가족의 상호역동성의 이해 아래 개입목표와 전략을 수립한다.					

항목	내용	1	2	3	4	5
	39. 가족 구성원을 개별화하고 성원들이 긍정적으로 변화하도록 유도한다.					
집단에 대한 개입	40. 집단 역동을 파악하여 의미 있는 개입으로 집단을 지도한다.					
	41. 집단에서 주 진행자와 보조진행자의 의미와 역할을 알고 실천한다.					
	42. 집단의 구조를 명확히 하고 필요한 집단지도의 기술을 활용한다.					
	43. 집단 성원을 개별화하고 성원 간 의미 있는 관계를 형성하도록 한다.					
	44. 집단의 목적에 대해 정확히 사정한다.					
	45. 정확한 사정에 입각하여 적절한 프로그램을 계획하고 실행한다.					
	46. 집단의 상호작용이 목적 지향적이고 성원들이 긍정적으로 변화하도록 한다.					
지역사회에 대한 개입	47. 지역주민들이 지역사회의 요구와 문제를 파악하도록 돕는다.					
	48. 파악된 지역사회요구를 사회행동으로 계획하고 실행한다.					
	49. 지역사회구조와 권력에 대해 이해하고 그 지역사회 상황을 정확히 파악한다.					
	50. 지역사회자원을 정확히 파악하고 접근한다.					
정책 및 행정 분야	51. 정책형성 및 개선과 관련된 이해집단들의 문제 상황 및 요구와 정책발의자들 및 집행자들의 이해관계를 정확하고 객관적으로 이해한다.					
	52. 정책형성 및 개선과 관련된 이해집단과 건설적이고 전문적인 관계를 맺는다.					
	53. 문제 상황에 적합한 정책대안을 개발하는 데 적극적으로 참여한다.					
	54. 기본정보를 정확히 사용하며 실증적인 자료 분석의 지식을 갖고 문제를 분석한다.					
	55. 사회복지행정체계 및 전달체계에 대해 정확하게 이해한다.					
기관 고유 항목*	56.					
	57.					

항목	내용	1	2	3	4	5
	58.					
	59.					
	60.					

* 기관 고유 항목에는 기관의 특성과 실습상황에 맞는 평가항목을 실습지도자가 추가적으로 직접 기입하고 평가할 수 있습니다.

<table>
<tr><td>총 평</td><td colspan="5">(※ 실습생의 실천가로서의 장단점 및 대학에 대한 건의)</td></tr>
<tr><td>평가문항 개수</td><td colspan="2"></td><td>총점</td><td colspan="2"></td></tr>
<tr><td>평균
(총점 ÷
평가문항개수)</td><td colspan="5">(※ 기록 후 테이프 부착 후 실습지도자 서명 요망)</td></tr>
<tr><td rowspan="4">평점부여</td><td colspan="5">※ 여기에 부여하는 평점은 실습생이 받게 되는 성적표상의 최종 평점은 아닙니다. 교육기관실습지도 점수와 함께 사회복지현장실습 평점 부여 시 주요 고려사항이 됩니다.</td></tr>
<tr><td>□ A^{+}</td><td>□ B^{+}</td><td>□ C^{+}</td><td>□ D^{+}</td><td rowspan="3">□ F</td></tr>
<tr><td>□ A^{0}</td><td>□ B^{0}</td><td>□ C^{0}</td><td>□ D^{0}</td></tr>
<tr><td>□ A^{-}</td><td>□ B^{-}</td><td>□ C^{-}</td><td>□ D^{-}</td></tr>
</table>

실습지도자 : ______________________ (인)

기 관 장 : ______________________ (직인)

☞Tip – 점수 기준: 평가항목 중 해당되는 항목을 평가하여 평가한 문항으로 나누면 5점 만점 중 학생의 점수 평점이 됨. 5점~4.5점 사이는 A대의 점수 부여, 4.4~4.0점 사이는 B점수대, 3.9~3.5사이는 C점수대, 3.4~3사이는 D점수대, 2.9 이하는 F. / 각 점수 대의 +, 0, –는 점수범위의 분포에 따라 적절히 부여할 수 있음.

[실습생 26] 사회복지현장실습확인서

〈2021.04.15.개정〉

사회복지 현장실습 확인서

[V]신규발급, [ ]재발급 (앞쪽)

실 습 생 인적사항	성 명		생년월일	※「주민등록번호」 앞자리 6자리를 기재 바랍니다
	휴대전화번호		학 교 명	

실습기관 및 실습지도자	실습기관명		실습기관 관리번호	※ 실습기관 선정 시 부여된 등록번호 기재
	기관 주소	※「도로명 주소」로 기입해 주세요	전화번호	
	실습 지도자명		사회복지사자격번호 (취득일자)	제 - 호 (. . .)

실습기간	실습 기간	20 년 월 일 ~ 20 년 월 일
	실습 시간	총 160 시간 (총 회, 1일 평균 시간)

실습기관은「사회복지사업법 시행규칙」제3조 [별표1]의 규정에 따라 자격요건을 갖춘 실습기관과 실습지도자에 의해 기관실습을 진행하였으며, 상기 실습생이 위와 같이 기관실습을 하였음을 확인합니다.

20 년 월 일

기관실습 지도자 : (서명 또는 인) 기관실습 실시기관 : (직인)

교육기관 및 세미나교수	교육기관 유형	[ ]오프라인 / [ ]온라인	교육기관명	※ 실습세미나 교육기관명을 기재 바랍니다.
	실습세미나 교수명		학 과 명	
	실습세미나 교수 취득학위 (사회복지학 또는 사회사업학)	[ ]학사, [ ]석사, [ ]박사	교육기관 전화번호	

실습세미나	실습세미나 기간	20 년 월 일~20 년 월 일		
	실습세미나 횟수(시간)	총 회 (시간)	대면방식세미나 횟수 (시간)	총 회 (시간)

교육기관은 「사회복지사업법 시행규칙」제3조 [별표1]의 규정에 따라 자격요건을 갖춘 실습세미나 지도교수에 의해 실습세미나를 진행하였으며, 상기 실습생은 위와 같이 실습세미나를 이수하였음을 확인합니다.

20 년 월 일

실습세미나 교수 : (서명 또는 인) 기 관 장 : (직인)

한국사회복지사협회장 귀하

재발급 사유	※ 사회복지현장실습 확인서 재발급 시 재발급 사유 기재 바랍니다.

[사회복지현장실습에 관한 기준] – 사회복지사업법 시행규칙[별표1] 사회복지관련 교과목(제3조 관련)

① 기관실습 실시기관: 보건복지부장관으로부터 선정된 사회복지사업을 수행하는 기관, 법인, 시설 또는 단체
② 기관실습 지도자: 사회복지사 1급 자격증을 취득한 이후 3년 이상 또는 사회복지사 2급 자격증을 취득한 이후 5년 이상 사회복지사업의 실무경험이 있는 자로 기관실습이 실시되는 연도의 전년도에 8시간 이상의 보수교육을 받은 자
③ 기관실습 시간: 160시간 이상으로 한다. (단, 시행일 2020.1.1. 기준일 2019.12.31. 사회복지학 전공교과목과 사회복지관련 교과목의 전부 또는 일부 이수하였거나 수강하고 있는 사람은 120시간 이상)
④ 실습세미나: 1회당 2시간 이상의 실습세미나를 총 15회 이상 실시하며, 정보통신망을 이용한 온라인 교육을 실시하는 교육기관의 실습세미나에는 대면 방식의 세미나가 총 3회 이상 포함되어야 하며, 한 세미나에 참여하는 학생 수는 30명 이내일 것
⑤ 실습세미나 교수: 학사, 석사 또는 박사 학위 중 2개 이상의 학위를 사회복지학 또는 사회사업학 전공으로 취득한 사람으로서 3년 이상의 사회복지학 교육경험 또는 3년 이상의 사회복지사업 실무경험이 있는 교수가 지도할 것
※ 법령이 정한 상기 기준은 모두 충족해야 하며, 미충족 시 사회복지사자격증을 교부할 수 없습니다.

(뒤쪽)

[사회복지현장실습 확인서 작성 방법]

[주의 사항]
○ 실습확인서에 기재할 내용은 정자로 기재하거나 전자문서로 작성 가능합니다. 다만 전자문서로 작성 시 서명란은 직접 작성하여야 하며, 서명, 직인란에 전자파일의 삽입은 불가합니다.
○ 실습확인서 최초 발급 시 신규발급란에 체크하고, 재발급 시 재발급란에 체크 및 재발급 사유란에 사유를 작성합니다.
○ 사회복지현장실습 확인서는 원본을 원칙으로 하며, 자격증 신청 시 원본으로 제출하여야 합니다. (사본 제출 불가)
※ 사회복지현장실습 확인서 내용을 허위 기재 및 위변조 시 이로 인해 발급된 사회복지사 자격은 취소될 수 있으며, 법적 제재를 받을 수 있습니다.
※ 사회복지현장실습 확인서는 자격증 신청 시 원본으로 제출되는 서류로 원본 관리에 유념하여야 합니다.

[실습생 인적사항]
○ 실습생 성명은 주민등록증에 등록된 이름으로 기재하며, 외국인의 경우 외국인등록증에 등록된 영문명으로 기재하여야 합니다.
○ 실습생의 생년월일은 주민등록번호 앞 6자리를 기재하여야 합니다.
○ 실습생 휴대전화번호는 연락 가능한 번호를 기재하여야 합니다.
○ 실습생의 교육기관명은 실습생의 실습 진행 당시 소속 중인 교육기관명을 기재하여야 합니다.

[실습기관 및 실습지도자 인적사항]
○ 실습기관명은 실습기관으로 선정 시 등록된 기관명으로 기재하여야 하며, 기관명을 약칭으로 기재가 불가합니다.
○ 실습기관 관리번호는 실습기관으로 선정 시 부여된 '실습기관 관리번호'를 기재하시기 바랍니다. (사업자등록번호 및 기타 시설신고증 번호 기재불가)
○ 기관주소는 도로명 주소로 기재 바라며, 전화번호는 연락 가능한 실습기관 전화번호를 기재 바랍니다.
○ 기관실습 지도자명에는 실습지도자로 등록된 지도자 중 실습생을 실제로 지도한 실습지도자를 기재 바랍니다.

○ 사회복지사 자격번호는 실습 지도한 실습지도자의 사회복지사 자격번호 (사회복지사 자격증 좌측 상단에 표시된 번호)를 기재하며, 취득 일자는 사회복지사 자격증에 기재된 발급 일자를 기재 바랍니다.

[실습기간 및 실습시간]

○ 실습기간은 실제 진행된 실습 기간 중 최초 시작일과 종료일을 기재 바랍니다. (실습기관별로 실습 O.T 등 실습시간에 포함되지 않는 기간은 기재하지 않아도 됨)

○ 실습시간은 총 실습시간과 횟수, 1일 평균 시간을 기재 바랍니다. (1일 4시간 이상 8시간 이하로 실습이 진행되어야 합니다.)

[실습세미나]

○ 학교 유형을 체크해 주시기 바랍니다. (오프라인, 온라인 구분하여 체크)

○ 학교명은 현재 실습세미나를 운영하고 있는 학교명을 기재 바랍니다.

○ 실습세미나 교수의 사회복지학 또는 사회사업학 학위 취득상황을 체크해 주시기 바랍니다. (학사, 석사, 박사 학위 중 2개 이상 학위를 사회복지학 또는 사회사업학으로 취득하여야 함)

○ 실습세미나 교육기간 및 교육 횟수, 운영 시간을 기재 바랍니다. (온라인 교육기관의 경우 대면 세미나를 주1회씩 총 3회 이상 진행하여야 함.)

[서명 및 직인]

○ 기관실습지도자, 실습세미나 교수는 서명 또는 도장을 찍어야 합니다. 서명의 경우 직접 작성을 원칙으로 하며, 도장 또는 서명을 전자 파일 형태로 삽입은 불가합니다.

○ 사회복지현장실습 확인서 재발급 시 실습지도자 및 실습세미나 교수 퇴사 등으로 직접 서명이 불가할 경우 실습기관장, 학과장의 이름 기재 후 재발급에 따른 대리 서명 사유와 실습기관장 또는 학과장 직인을 찍어 제출이 가능합니다. 이 경우 상단 재발급 표기란에 체크 바랍니다.

○ 기관실습 실시기관, 학과장의 경우 직인을 찍어야 하며, 전자 파일 형태로 삽입은 불가합니다.

○ 기관실습 확인 일자는 실습을 진행한 기간 보다 앞서 일자 기재가 불가하며, 실습세미나 확인 일자는 실습세미나 교육 기간보다 앞서 기재가 불가합니다.

[사회복지현장실습 확인서 발급 절차]

기관 실습	→	사회복지현장실습확인서 발급 (실습지도자 서명 및 기관 확인)	→	실습세미나	→	실습세미나 확인 (실습지도교수 서명 및 학과장 확인)	→	실습확인서 제출 (자격증 신청 시 원본 제출)

제5장

사회복지 프로그램 기획 및 평가

1. 사회복지 프로그램 기획

- 기획(planning): 계획을 세워 가는 활동과 과정을 말하며 초점을 두는 계속적인 행동으로서의 의미가 강함
- 계획(plan): 어떤 구체적인 사업에 대한 연속적인 의사결정이라는 의미가 있으나 기획에서 도출된 결론, 이미 결정된 행동노선을 가리키는 경우가 많음
- 설계(design): 프로그램을 만들기 위한 계획을 수립하는 과정
- 프로그램: 특정한 목적달성을 위하여 자원과 기술이 투입되어 일정한 절차에 따라 이루어지는 조직의 계획적인 활동체계

1) 기획의 특징

- 미래지향적
- 계속적인 과정
- 의사결정과 연결
- 목표지향적
- 목표를 위한 수단

2) 프로그램 기획의 필요성

- 합리성
- 효율성과 효과성
- 책임성 증진
- 동기부여와 사기 진작

3) 우수 프로그램의 요건

- 적합한 인력배치
- 안정적 재원
- 고유의 정체성과 철학
- 이론적 근거와 실증적 개입
- 과학적이고 체계적인 평가노력

4) 사회복지프로그램

사회복지프로그램에는 반드시 자원과 기술이 분리되어 있으며, 자원은 인적 자원과 물적 자원으로 나누고, 기술은 사회복지실천이론과 기법을 말한다. 사회복지프로그램의 관점에서 기획은 지역사회의 문제나 욕구를 해결하기 위해서 자원과 인력을 투입하여 클라이언트 체계의 변화를 도모하기 위한 일련의 절차나 방법을 결정하는 과정이다.

2. 사회복지 프로포절 작성하기

- 사회복지 프로포절: 사회복지시설들이 수행하고자 하는 프로그램의 내용을 설명하는 사업제안서
- 기금 배분의 투명성을 확보하기 위해 배분의 주체기관에서 요구하는 서류이며, 사회복지기관 입장에서는 사업수행에 필요한 재원을 확보하는 것
- 미국의 경우, 민간사회복지시설 총예산의 30%가량이 제출한 제안서의 승인을 통해 얻어지고 있음
- 우리나라도 프로그램 공모 방식이 확대되면서, 제안서를 통해 재원을 확보하는 비율이 높아지고 있음

1) 프로포절 예시

(1) 프로그램명

프로그램의 전반적인 내용을 알 수 있도록 가능한 간략하게 서술한다.

(2) 신청 프로그램 대상

사회복지 프로그램의 대상자를 선택할 때 네 가지 인구집단(일반집단, 위험집단, 표적집단, 클라이언트 집단)으로 구분하여 점차로 그 범위를 좁혀 가는 접근법을 사용한다.

대상 구분	산출근거	인원수
일반집단	대상집단이 속한 커다란 일반 인구 집단	
위험집단	일반집단 중 사회문제에 더욱 취약성을 보이거나 문제나 욕구차원에서 심각한 상태에 있는 인구집단	
표적집단	문제, 욕구에 노출되어 신청 프로그램이 해결대상으로 삼은 인구집단	
클라이언트수	표적집단의 하위집단으로 프로그램의 직접적 대상자인 클라이언트가 되는 사람들	

(3) 신청 프로그램 목적, 목표, 하위목표

- 목적: 누구의 어떤 문제를 어떻게 변화시킬 것인지에 대한 것 / 프로그램이 궁극적으로 달성하고자 하는 것으로 포괄적이고 추상적임
- 목표: 프로그램 목적으로부터 논리적으로 분화되어 구체적으로 측정 가능한 형태로 진술

(4) 프로그램 일정표

사업내용	1	2	3	4	5	6	7	8	9	10

(5) 신청 프로그램 내용 및 실시방법

① 프로그램 기간, 소요시간, 장소 등

구분	기간	소요시간	횟수	장소	대상

② 프로그램 수행인력[1)]

프로그램 수행역할	이 름	담당 부서 및 직위	관련 경력 및 훈련	할당시간

(6) 신청 프로그램 예산

프로그램 예산 수립 시 고려해야 할 사항은 충당할 재원인지, 연속성을 보장하는지, 수입의 대체로 활용될 재원이 있는지, 직접적 비용[2)]으로 지불하는 측에 보상을 줄 수 있는지가 중요하다. 신청 프로그램의 총예산을 인건비, 관리비, 기자재 및 집기 구입비, 수용비, 사업비 등의 항목으로 나누어 각 항목의 산출근거를 구체적으로 제시하여야 한다.

회 기		산출근거				금액
		경비			간접경비	
		세부항목	내용	금액		
사업비						
관리운영비						
합계						

1) 구체적으로 프로그램에서 담당하는 역할을 명시해야 하고, 할당시간의 경우, 주 단위의 전체 시간 중에서 담당자가 신청 프로그램에 투여하는 시간을 기재한다.

2) 직접경비는 신규시설, 신규인력 등 신청 프로그램을 위해 직접 현금으로 새롭게 지출되는 경비를 말한다. 간접경비는 자원봉사자나 기부금 중 신청 프로그램을 위해 쓰일 부분, 또는 기관의 기존시설(예: 사무실, 집기 등)이나 인원(관장, 기존 사회사업가 등) 중 신청 프로그램에 활용될 부분을 말한다.

(7) 프로그램 과정 평가

과정 평가는 프로그램의 원활한 진행을 위해 진행 과업의 달성여부를 평가하는 것으로 이 항목은 프로그램 일정표에서 설정된 진행 과업(예: 클라이언트 참여확보, 홍보 등)의 시기별 공정표를 작성하여야 한다. 수행시기는 각 진행과업별로 분기별, 월별 등 어느 구분이나 가능하며 또한 진행과업의 달성여부를 평가할 수 있는 평가방법을 제시하여야 한다(월별 클라이언트 인테이크 대장, 워커의 업무일지 등).

A) 하위 프로그램명		공 정 표		평 가 방 법
		수행시기	목표량	
	–	–	–	–
	–	–	–	–
	–	–	–	–

(8) 프로그램 효과 평가

평가지표[3], 측정도구[4], 평가방법[5]을 제시해야 한다.

	목표1	목표2	목표3
평가지표			
측정도구			
평가방법			

3) 평가지표는 프로그램의 효과가 있다는 것은 결국 설정된 목표가 프로그램의 실시로 달성되었다는 것을 의미한다. 적합한 평가지표가 선정된 경우, 평가지표상의 긍정적인 변화가 유의미하였다면 목표가 달성되었다고 볼 수 있으며, 이러한 경우에는 프로그램의 효과가 있다고 강력히 주장할 수 있다.

4) 측정도구는 지표상의 변화를 측정하기 위해서는 구조화된 측정도구가 사용되어야 한다. 그 측정도구가 의도한 바대로 지표상의 변화를 제대로 측정할 수 있는지 여부를 알기 위해서는 측정도구의 타당도와 신뢰도가 검증되어야 한다.

5) 평가방법은 프로그램 실시의 성과를 제대로 평가하기 위해서는 각 연구에 적합한 조사설계 방법을 사용해야 한다.

3. 사회복지 프로그램 평가

1) 사회복지프로그램 평가

- 프로그램 평가: 기획, 실행, 결과에 관한 자료를 과학적 절차와 방법을 통해서 수집, 분석하여 서비스와 프로그램의 질적 향상과 개발에 관한 의사결정을 돕는 조사활동
- 사회복지평가에 대한 부정적 태도: 사회복지실천이 예술적 요소를 중시하는 분야로 과학적인 평가를 하기 어렵다는 점과 평가의 결과로 인해 부정적 결과를 두려워하기 때문
- 프로그램 평가의 목적: 합리적 의사결정을 하고 지식기반을 확대하며 책무성을 입증하기 위해서 필요
- 프로그램 평가의 이해관계 당사자: 정책결정자, 최고관리자, 전문가집단, 재원공급자, 클라이언트, 지역주민 등
- 프로그램 평가의 영향 요인: 과학적 진실을 밝히기보다는 기존 프로그램의 유지에 근거가 되거나 혹은 위협으로 인식되어 평가결과를 인정하지 않거나 비현실적인 것으로 폄하되는 등의 정치사회적 판단의 영향을 받음
- 프로그램 평가에 대한 역기능적 태도: 과도한 효과성 기대, 전문직의 가치훼손, 프로그램 진행상 방해와 클라이언트 보호, 인력 및 예산감축과 프로그램 종결에 대한 두려움 등

2) 논리모형

사회복지 프로그램 개발 과정에서 체계이론의 개념을 적용하여 투입 - 과정 - 산출 - 성과 간의 관계를 논리적으로 설명하는 도식을 활용하여 평가하는 모형이다.

투입	전환(과정)	산출	성과
프로그램에 투입된 자원	**목표달성을 위한 일**	**프로그램 활동의 적절성 산물**	**프로그램 활동 과정과 종료 후의 참여자 혜택**
예: 직원과 근무시간, 봉사자와 봉사시간, 재원(예산), 시설, 장비와 비품	예: 식사 및 쉼터 제공, 직업훈련, 아동교육, 상담서비스, 멘토링 활동	예: 교육참여 인원수, 상담서비스 횟수, 교육자료 배포 수, 서비스 제공시간, 서비스 이용자 수	예: 새로운 지식습득, 직업 및 의사소통 기능향상, 태도와 가치변화, 행동상의 변화, 생활여건 변화 및 지위변화

3) 프로그램 평가의 유형과 기준

구분	형성평가	총괄평가
목적	• 프로그램 수정, 보완 및 개발	• 프로그램 성과와 영향성 결정
이해관계 당사자	• 기관 책임자, 프로그램 관리자, 사회복지사	• 기관책임자, 정부, 재원공급자, CT집단
평가자의 위치	• 주로 내부평가자 활용 • 외부평가자의 자문	• 주로 외부평가자 활용 • 내부평가자의 원조와 지원
자료수집의 목적	• 주로 진단을 위해서	• 주로 의사결정을 위해서
자료수집의 방법	• 공식적 때로는 비공식적	• 공식적, 타당성과 신뢰성 중시
표본의 수	• 비교적 적음	• 대체로 많음
조사결과의 용도	• 프로그램 개발을 위한 피드백 제공	• 프로그램의 계속, 중단, 확대에 관한 종합적 판단

4. 사회복지 프로그램 분석[6)]

1) 질적 조사와 양적 조사의 비교

구분	질적 조사	양적 조사
특성	• 주관적 • 방법, 연구 디자인 융통성 • 가설 없이 시작 • 탐색적 성격 • 학습자로서 연구자의 역할 • 작은 표본 • 자연스러운 실제 환경	• 객관적 • 융통성 적음 • 설명적 성격 • 구체적인 이론적 배경 • 전문가로서 연구자의 역할 • 규모가 큰 표본 • 비교적 구조화된 환경
자료수집 방법	관찰, 심층면접, 개인 기록의 분석, 참여관찰, 포커스 그룹	개입, 실험, 구조화된 설문지
척도 활용	낮음	빈번히 활용
목적	주로 어떤 주제, 관계 및 패턴 발견	주로 가설 검증

6) 양적 분석: 조사한 자료를 수로 계량화하여 분석
질적 분석: 관찰한 내용을 있는 그대로 분석하는 질적 분석

2) 계량적(양적) 자료 분석과 질적 자료 분석의 비교

계량적(양적) 자료 분석	질적 자료 분석
자료 수집, 조직화, 분석이 분리 진행됨	자료 수집, 조직화, 분석이 종종 동시에 진행
구조화된 통계적 검증 사용	비구조화된 분석방법 사용
분석의 목표: 통계적 유의도 증명	분석의 목표: 자료의 패턴을 찾아내는 것
분석을 위하여 데이터는 분리됨	분석을 위하여 데이터는 맥락 속에서 유지됨
연역적 분석 과정	귀납적 분석 과정

3) 내용 분석

내용 분석은 인간의 의사소통이 담겨 있는 기록물로서 출판물, 공문서, 연설문, 신문, TV, 영화, 개인적 편지, 일기 등 역사적인 기록물에 포함된 핵심 단어나 문장 또는 주제가 대상이다.

4) 참여관찰

참여관찰은 비구조화된 관찰의 가장 대표적인 것으로 연구자가 관찰 대상 집단의 내부에 들어가 구성원이 되어 함께 생활하거나 활동하면서 관찰하는 것이다.

제6장

사회복지현장에서 필요한 사례관리

1. 사정양식

생활욕구사정표

조사일: 20○○년 월 일 (인)

Ⅰ. 건강상태

A. 질병 및 증상

진단명(발병연도)	의료기관/주치의	주요증상	통원	복약	완치
			□	□	□
			□	□	□
			□	□	□
			□	□	□

기타 일반증상 (복수체크)

□ 발작경향 □ 부정맥 □ 호흡곤란 □ 숨참 □ 어지러움 □ 불면증
□ 손발저림 □ 피로감 □ 섬망 □ 체중감소 □ 기타 ( )

B. 복약

약품명	질병 및 증상	복용가능 여부	횟수	주의사항
		□ 자립 □ 도움		
		□ 자립 □ 도움		
		□ 자립 □ 도움		
		□ 자립 □ 도움		

C. 간호처치

□ 기관지 절개관 간호 □ 흡인 □ 산소요법 □ 욕창간호 □ 경관영양
□ 암성통증간호 □ 도뇨관리 □ 장루간호 □ 투석간호 □ 당뇨발 간호
□ 기타 ( )

D. 구축, 마비, 욕창 및 피부상태

마비	□ 무	□ 유	부위:	상태:	욕창 부위 표시
구축	□ 무	□ 유	부위:	상태:	
욕창	□ 무	□ 유	*욕창 있을 경우 욕창위험도 첨부		
피부이상	□ 무	□ 유	부위: 엉덩이	상태: 약간 짓무름(기저귀착용)	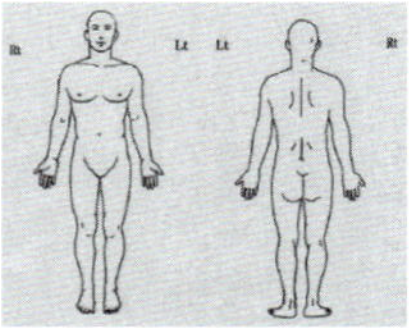
통증	□ 무	□ 유	부위:	상태:	
기타정보					
욕구/ 과제정리					

E. 구강/영양상태

구강내 상태	□ 틀니 □ 염증 □충치 □ 틀니불량 □ 입냄새 □ 설태 □ 불량 □ 기타 (치석)	욕구/과제정리
탈수경향	□ 무 □ 유 (1일 수분량:)	
식사종류	□ 보통식 □ 죽 □ 유동식 □ 기타	
식사량	□ 이상없음 □ 이상있음 (과식, 한없이 드시려고 함)	
식사방법	□ 구강 □ 비위관 □ 비경구 □ 기타 ( )	
삼키기	□ 이상없음 □ 이상있음 ( )	
기타정보		

F. 배변

소변	□ 요실금	□ 빈뇨	□ 잔뇨감	□ 기타	욕구/과제정리
대변	□ 변실금	□ 변비	□ 잔변감	□ 기타	
요의	□ 유	□ 가끔 유	□ 무		
변의	□ 유	□ 가끔 유	□ 무		
기타정보					

G. 시각, 청각 및 의사소통

			욕구/과제정리
시각	□ 이상없음	□ 이상있음 ( )	
청각	□ 이상없음	□ 이상있음 ( )	
의사전달	□ 이상없음	□ 이상있음 (거의 되지 않음)	
발음능력	□ 이상없음	□ 이상있음 ( )	
기타정보			

II. 신체적 기능

A. ADL

항 목	자립정도	현재의 상태, 본인 가능한 정도 및 방법
옷 갈아입기	□ 자립 □ 부분도움 □ 완전도움	
세수하기	□ 자립 □ 부분도움 □ 완전도움	
양치질하기	□ 자립 □ 부분도움 □ 완전도움	
목욕하기	□ 자립 □ 부분도움 □ 완전도움	
식사하기	□ 자립 □ 부분도움 □ 완전도움	
체위 변경하기	□ 자립 □ 부분도움 □ 완전도움	
일어나 앉기	□ 자립 □ 부분도움 □ 완전도움	
일어나 서기	□ 자립 □ 부분도움 □ 완전도움	
대변	□ 자립 □ 부분도움 □ 완전도움	
소변	□ 자립 □ 부분도움 □ 완전도움	
이동	□ 자립 □ 부분도움 □ 완전도움	
낙상위험	□ 무 □ 유	*'유'의 경우 별첨 낙상위험도 평가도구 활용
욕구/과제정리		

B. IADL

항 목	자립정도	현재의 상태, 본인 가능한 정도 및 방법
청소하기	□ 자립 □ 부분도움 □ 완전도움 □ 안함	
식사 준비하기	□ 자립 □ 부분도움 □ 완전도움 □ 안함	
빨래하기	□ 자립 □ 부분도움 □ 완전도움 □ 안함	
금전관리	□ 자립 □ 부분도움 □ 완전도움 □ 안함	
물건사기	□ 자립 □ 부분도움 □ 완전도움 □ 안함	
전화 사용하기	□ 자립 □ 부분도움 □ 완전도움 □ 안함	
교통수단 이동하기	□ 자립 □ 부분도움 □ 완전도움 □ 안함	
근거리 외출하기	□ 자립 □ 부분도움 □ 완전도움 □ 안함	
몸단장하기	□ 자립 □ 부분도움 □ 완전도움 □ 안함	
안전관리(문단속)	□ 자립 □ 부분도움 □ 완전도움 □ 안함	
건강관리	□ 자립 □ 부분도움 □ 완전도움 □ 안함	
욕구/과제정리		

III. 인지, 심리, 행동변화 기능

A. 인지

장애항목	증상여부	현재의 상태, 본인 가능한 정도 및 방법
단기기억	□ 가 □ 불가	
날짜 인식	□ 가 □ 불가	
장소 인식	□ 가 □ 불가	
장기기억	□ 가 □ 불가	
지시 이해	□ 가 □ 불가	
상황 판단	□ 가 □ 불가	
계산	□ 가 □ 불가	
매일 일과 이해	□ 가 □ 불가	
가족, 친척 인식	□ 가 □ 불가	
계절 인식	□ 가 □ 불가	
욕구/과제정리		

B. 심리, 행동변화

장애항목	증상여부	현재의 상태
불안	□ 무 □ 유	
우울	□ 무 □ 유	
애착	□ 무 □ 유	
망상	□ 무 □ 유	
감정실금	□ 무 □ 유	
수면장애(주야전도)	□ 무 □ 유	
이야기를 꾸며냄	□ 무 □ 유	
같은 이야기 반복	□ 무 □ 유	
큰 소리	□ 무 □ 유	
케어에 저항	□ 무 □ 유	
물건 모으기	□ 무 □ 유	
혼잣말	□ 무 □ 유	
자기 마음대로 행동	□ 무 □ 유	
배회	□ 무 □ 유	
환시, 환청	□ 무 □ 유	
폭언, 폭력	□ 무 □ 유	
가스 등 불 관리	□ 무 □ 유	
불결행위	□ 무 □ 유	
이식	□ 무 □ 유	
과식	□ 무 □ 유	
거식	□ 무 □ 유	
욕구/과제정리		

Ⅳ. 사회 관계

항 목	내 용	과제정리
외출빈도	□ 주1회 이상 □ 월1회 이상 □ 기타( )	
외출상대	□ 혼자 □ 가족 □ 기타( )	
외출목적		
외출장소		
기타정보		

Ⅴ. 가족 등 케어현황

항 목		내 용
주수발자	주수발자의 건강상태	□ 양호 □ 이상 있음 ( )
	주수발자의 직업	□ 없음 □ 있음 ( )
	주수발자의 경제상태	□ 안정 □ 불안정 ( )
	대상자와의 관계	□ 안정 □ 불안정 ( )
	주수발자의 케어의욕	□ 보통 이상 □ 약함 ( )
	주수발자의 고민	□ 특별히 없음 □ 본인 건강 □ 경제적인 문제 □ 대상자와의 갈등 □ 가족과의 갈등 □ 정신적 피로 □ 주거환경 □ 기타 ( )
주수발자 이외 가족	협력자 유무	□ 무 □ 유 (관계 :)
	주요 협력내용	□ 가사 □ 경제적 □ 말벗 □ 통원 □ 안부확인 □ 이동
	대상자와의 관계	□ 안정 □ 불안정 ( )
	주수발자와의 관계	□ 안정 □ 불안정 ( )

항 목		내 용
가족이외	협력자 유무	□ 무 □ 유 (관계 :)
	주요 협력내용	□ 가사 □ 이동 □ 말벗 □ 통원 □ 안부확인 □ 기타 ( )
	연락처	
욕구/과제 정리		

Ⅵ. 환경 정보

항 목	불편정도	청결정도	현재의 상태(불편과 불결의 상황)
침실	□ 양호 □ 불편	□ 청결 □ 불결	
거실	□ 양호 □ 불편	□ 청결 □ 불결	
욕실	□ 양호 □ 불편	□ 청결 □ 불결	
화장실	□ 양호 □ 불편	□ 청결 □ 불결	
현관	□ 양호 □ 불편	□ 청결 □ 불결	
부엌	□ 양호 □ 불편	□ 청결 □ 불결	
난방, 냉방	□ 양호 □ 불편	□ 청결 □ 불결	
조명	□ 양호 □ 불편	□ 청결 □ 불결	
마룻바닥	□ 양호 □ 불편	□ 청결 □ 불결	
과제정리	복지용구의 필요성도 검토		

VII. 대상자의 목소리(말)

대상자가 습관처럼 자주 하는 말이나 우연히 내뱉은 말 등 무엇이든지 대상자의 목소리를 있는 그대로 한번 옮겨 적어 봅시다.

항목	내용
좋아하는 사람	
좋아하는 음식	
특기, 취미	
좋아하는 이야기	
좋아하는 TV프로그램	
좋아하는 놀이	
잘하는 것	
기타	

2. 케어관리 1

1. 면접기록

20○○년 ○○월 ○○일 13:00~14:00(분)

<table>
<tr><td>성명</td><td>손○○</td><td>성별: 여</td><td>연령</td><td>80세</td></tr>
<tr><td>주소</td><td>○○시 ○○구 ○○동 123-4 ○○빌라(반지하)</td><td>전화</td><td>본인</td><td>02-123-4567</td></tr>
<tr><td>긴급연락처
(이름/주소)</td><td>김○○
○○시 ○○구 ○○동 567-1 ○○아파트</td><td>이용자와의
관계</td><td colspan="2">딸</td></tr>
<tr><td>상담구분</td><td colspan="4">1. 신체적인 문제 2. 경제적 문제 3. 정서 심리 환경적 문제 4. 사회적 환경 5. 기타(이외의 욕구)</td></tr>
<tr><td>경제상황</td><td colspan="4">기초생활수급대상자</td></tr>
<tr><td>금기사항</td><td colspan="4"></td></tr>
<tr><td>생활력</td><td colspan="4">현재 근로능력 없음. 나라에서 생활비 50만 원을 지원받고 있음.</td></tr>
<tr><td colspan="5">상담내용(주요 호소 사항)</td></tr>
<tr><td colspan="5">◎ 신체건강
이용자는 현재 신체적으로 병이 있는 상태는 아니지만, 복지관에서 배달된 밥과 반찬을 제때 챙겨 드시지 않는 편임. 따라서 귀찮음으로 인한 잦은 식사 거름으로 기력이 약해지고, 다시 밥을 먹지 않고 누워 있는 악순환이 반복되고 있음. 또한 기력이 없는 것을 주사나 영양제로서 회복하고 싶어 하는 경향이 있어 보험이 적용되지 않는 영양제 같은 경우 지출되는 의료비용이 상당한 편임.

◎ 정서심리 환경
이용자는 집에 하루 종일 혼자 있는 시간이 많은 편이며, 그 시간 동안이 외롭다고 함. 혼자 있는 시간에는 주로 TV를 보거나 누워 있으심. 이는 노화에 따른 우울과 비슷한데, 상담 내내 주로 “내가 살아서 뭐해.”, “죽을 때가 됐어.” 이런 말 들을 반복함.

◎ 경제적 환경
기초생활수급자로서 정부에서 생활비 지원을 받고 있는 상태이며, 이용자 본인이 말하기에 생활에 있어 큰 어려움은 없지만, “가끔 맛있는 것이 먹고 싶을 때가 있다.”는 등의 말을 통하여 외식의 욕구를 알 수 있었음.

◎ 사회적 환경
이용자는 현재 ○○동 빌라의 반지하에서 거주하고 있는데, 건물의 노후로 인하여 문을 잠그는 자물쇠가 약간 부서진 상태이며, 방안 천장에서 물이 새 벽지에 심하게 얼룩져 있었음. 또한 바닥은 이사 온 후 한 번도 장판을 교체하지 않은 탓에 곰팡이가 심하게 쓴 상황이며, 집주인에게 벽지와 장판에 대한 교체할 것을 요구했지만, 계속적으로 핑계를 대고 제대로 이행해 주지 않아 서로가 감정이 상한 상황임.

◎ 이외의 욕구
최근에 들어 이용자의 생활에 가장 충격적인 사건은 7월에 장기요양보험 재등급판정 심사가 있었는데 서비스 등급에서 탈락되어 이에 대한 상심이 큼. 등급심사가 끝난 후에도 결과에 대한 걱정 때문에 신경이 상당히 날카로워져 있었는데, 심사에서 탈락한 직 후에 보험관리공단에서 사용하던 휠체어와 침대를 가져가 지금 현재는 휠체어 대신 유모차를 사용하고 있고, 침대 대신에 바닥에 시트지를 깔고 주무시고 있음.</td></tr>
</table>

2. 케어컨퍼런스 기록지

2○○○년 ○○월 ○○일 13:00~14:00(분)

성명	손○○	성별 : 여	연령	80세
주소	○○시 ○○구 ○○동 123-4 ○○빌라(반지하)	전화	본인	02-123-4567
욕구	신체적(○) 경제적( ) 정서심리적(○) 사회환경적(○) 이외의 욕구(○)			
문제점	◎ 신체적: 식사를 자주 걸러 항상 기력이 없어 움직이기가 힘들다. ◎ 경제적: 돈이 없다는 이유로 외식을 하신 지가 오래되어 외식을 하고 싶다. ◎ 정서심리적: 집에 혼자 있는 시간이 많아 외로워 말벗이 필요하다. ◎ 사회환경적: 집이 오래되어 장판과 벽지에 곰팡이가 차 있는 상황이어서 생활함에 있어 불편하다. ◎ 이외의 욕구: 서비스를 받을 수 있는 요양등급에서의 탈락으로 인해 상실감이 커 심리적으로 힘들다.			
긴급시 대응사항	-			
기타	-			
케어목표	◎ 신체적: 규칙적인 식사를 통해 어르신의 기력회복을 돕는다. ◎ 경제적: 현재 받고 있는 서비스 이외에 다른 공식적인 자원망을 연결하여 어르신을 후원한다. ◎ 정서 심리적: 자원봉사자 연결을 통해 무료한 시간들을 긍정적으로 활용 할 수 있도록 돕는다. ◎ 사회 환경적: 어르신이 쾌적한 주거 환경에서 사실 수 있도록 기본적인 주거환경을 개선한다. ◎ 이외의 욕구: 개입을 통하여 요양등급탈락에 따른 어르신의 부정적 인식개선을 돕는다.			
케어플랜	◎ 신체적: 어르신의 귀찮아서 밥을 잘 안 챙겨 드시기 때문에 복지관으로 직접 오셔서 식사를 할 수 있도록 한다. ◎ 경제적: 현재 받고 있는 서비스 이외에 다른 공식적인 자원망을 연결하여 어르신을 후원한다. ◎ 정서심리적: 어르신이 현재 외로우신 상태기 때문에 자원봉사자를 연결하여 재가에서 할 수 있는 여가 프로그램을 진행한다. ◎ 사회환경적: 현재 어르신의 집에 습기로 얼룩져 있는 상태이기 때문에 장판과 벽지를 새로 바르고, 이를 정기적으로 시행할 수 있도록 한다. ◎ 이외의 욕구: 어르신이 등급에서 떨어진 것에 대한 실망감을 가지고 계시기 때문에 어르신을 위로하고, 함께 요양등급이 떨어진 것에 관한 긍정적인 부분들에 대해 이야기 해 본다.			
관계기관의 역할 분담	◎ 신체적: ○○종합사회복지관 - 경로식당 담당 직원 ◎ 경제적: 비공식적 자원 1. 한 달에 한 번 정도 이용자의 집에 가족들이 방문하여 같이 식사를 하거나 외식을 하도록 권유. 공식적 자원 1. ○○구 ○○추어탕(아름다운 이웃 지정) ◎ 정서심리적: 비공식적 자원 1. 가족들에게 일주일에 한 번 이용자의 집에 방문할 것을			

<table>
<tr><td></td><td colspan="2">부탁 / 공식적 자원 1. ▲▲자원봉사센터 – 자원봉사자 연결
◎ 사회환경적: 한국○○주택공사 – 저소득층 주택 개보수 관련 Proposal 신청.
◎ 이외의 욕구: ○○종합사회복지관의 해당 어르신 사례관리 담당자 / 자원봉사자</td></tr>
<tr><td rowspan="4">코멘트</td><td>코멘트 내용</td><td>수정된 부분</td></tr>
<tr><td>◎ 정서심리적
1) 문제점 부분
– 이용자에 입장에서 생각할 것. ‘있다, 없다’를 판단해서 기술하는 것이 아니라 ‘곤란하다’, ‘힘들다’, ‘불편하다’를 사용해서 기술
2) 케어목표
– 너무 광범위한 표현은 자제할 것. 보다 구체적이고 명확한 목표의 기술
3) 케어플랜
– ~하기 때문에(근거)~개입한다(실행). 개입의 근거와 그에 따른 실행 목표 간의 개연성을 서술한다.</td><td>1) 이용자의 문제점 기술 부분 수정
▶ 집에 혼자 있는 시간이 많아 외로워 말벗이 필요하다.
2) 케어목표 수정
▶ 자원봉사자 연결을 통해 무료한 시간들을 긍정적으로 활용할 수 있도록 돕는다.
3) 케어플랜 수정
▶ 어르신이 현재 외로우신 상태이기 때문에 자원봉사자를 연결하여 재가에서 할 수 있는 여가 프로그램을 진행한다.</td></tr>
<tr><td>◎ 사회환경적
1) 케어제공자
– 복지관 직원이나 자원봉사자를 주택 개보수에 대한 케어제공자로 지정하는 것은 자칫하면 직무유기, 책임회피일 수 있음. 또한 현실적으로 자원봉사자의 개인적인 후원으로는 주택개보수를 하기 힘듦.</td><td>1) 케어제공자 지정 부분 수정
▶ 1차 방안: ○○주택공사의 해당사업 신청
2차 방안: ○○종합사회복지관 내 주거환경개선 후원금을 통한 서비스 제공</td></tr>
<tr><td>◎ 이외의 욕구
1) 케어제공자
– 케어관리자는 서비스를 직접 시행하는 사람이 아니라 중간에서 조정하고 연계하는 역할임. 또한 이용자가 가지고 있는 자원과 강점들을 충분히 이용할 것</td><td>1) 케어제공자 부분 수정
▶ 가족들의 지지 부탁
○○종합사회복지관의 해당 어르신 사례관리 담당자 자원 봉사자</td></tr>
<tr><td></td><td>〈참석 구성원〉
이○○ (인) 유○○ (인)</td><td>발표자: 이○○ (인)
사회자: 장○○ (인)
기록자: 유○○ (인)</td></tr>
</table>

케어플랜

케어관리자명: 이○○
작성일: 20○○년 ○○월 ○○일

	상황 영역	문제/욕구사정	바람직한 목표, 결과	케어플랜	케어제공자	일/주	시간/일	비용	승낙	비고
단기 (시급)	사회적 환경	집이 오래되어 장판과 벽지에 곰팡이가 차 있는 상황이어서 생활함에 있어 불편하다.	어르신이 쾌적한 주거 환경에서 사실 수 있도록 기본적인 주거환경을 개선한다.	현재 어르신의 집에 습기로 얼룩져 있는 상태이기 때문에 장판과 벽지를 새로 바르고, 이를 정기적으로 시행할 수 있도록 한다.	한국○○주택공사 – 저소득층 주택 개보수 관련 Proposal 신청	1일 / 3년	조정 가능			* 1차 방안: ○○ 주택공사의 해당사업 신청 * 2차 방안: ○○ 종합사회복지관 내 주거환경개선 후원금을 통한 서비스 제공
	신체 건강	식사를 자주 걸러 항상 기력이 없어 움직이기가 힘들다.	규칙적인 식사를 통해 어르신의 기력 회복을 돕는다.	어르신이 귀찮아서 밥을 잘 안 챙겨 드시기 때문에 복지관으로 직접 오셔서 식사할 수 있도록 한다.	○○종합사회복지관 – 경로식당 담당 직원	5일 / 일주일	평일 (점심) 11:30 ~ 12:30			* 강점의 활용 – 강점 1: 스스로 거동(이동)이 가능함.
중장기	정서 심리 환경	집에 혼자 있는 시간이 많아 외로워 말벗이 필요하다.	자원봉사자 연결을 통해 무료한 시간들을 긍정적으로 활용할 수 있도록 돕는다.	어르신이 현재 외로우신 상태이기 때문에 자원봉사자를 연결하여 재가에서 할 수 있는 여가 프로그램을 진행한다.	• 가족들에게 일주일에 한 번 이용자의 집에 방문할 것을 부탁. • ○○자원봉사센터-자원봉사자 연결	2일 / 일주일	평일 14:00 ~ 16:00			* 이용자가 가지고 있는 비공식적 자원의 우선 활용: 가족, 친구
	이외의 욕구	서비스를 받을 수 있는 요양등급에서의 탈락으로 인해 상실감이 커 심리적으로 힘들다.	개입을 통하여 요양등급 탈락에 따른 어르신의 부정적 인식개선을 돕는다.	어르신이 등급에서 떨어진 것에 대한 실망감을 가지고 계시기 때문에 어르신을 위로하고, 함께 요양등급이 떨어진 것에 관한 긍정적인 부분들에 대해 이야기해 본다.	• ○○종합사회복지관의 해당 어르신 사례관리 담당자 • 자원봉사자	지속				* 정서, 인지적 개입 순서: 어르신의 상실감에 대한 감정의 수용 → 설득 * 가족들에게 어르신의 지지와 격려를 부탁
장기	경제적 환경	돈이 없다는 이유로 외식을 하신 지가 오래되어 외식을 하고 싶다.	현재 받고 있는 서비스 이외에 다른 공식적인 자원망을 연결하여 어르신을 후원한다.	○○동 내에 '디딤돌 사업' 참여하고 있는 외식 업체를 선정하여 어르신의 식사에 대한 후원을 요청한다.	• 한 달에 한 번 정도 이용자 집에 가족들이 방문하여 같이 식사하거나 외식하도록 권유 • ○구 ○○추어탕(아름다운 이웃 지정)	1일 / 한 달	조정 가능			* 이용자가 가지고 있는 비공식적 자원의 우선 활용: 가족

3. 느낀 점

지금까지 ○○종합복지관에서 사례관리하는 대상자의 case를 가지고 직접 면접기록부터 케어컨퍼런스, 케어계획 등을 같은 class의 친구들과 함께 진행도 해 보고, 작성도 해 보았다. 처음에는 많이 생소했던 케어계획이라는 것이 사례관리와 비슷하면서도 확실히 다른 점이 있다는 것을 보고서를 다 작성해 가는 이 시점에 약간의 윤곽이 잡히는 것 같다.

우선 사례관리 대비 케어계획을 짜 보면서 사례관리 시에 이용자의 욕구를 전문가로서 판단한 Normative need에만 집중한 것은 아니었는지 생각을 했고, 따라서 이용자의 felt need와 Normative need가 제대로 결합되지 않았기 때문에 프로그램 개입 시에 ct가 서비스에 대한 거부 반응을 보인 것으로 생각이 된다. 또한 계획안에서 세밀하고 섬세하게 이용자와 그 가족이 할 수 있는 부분을 남겨 두어야 한다는 점 또한 케어플랜을 짜면서 알 수 있었다.

종합적으로 케어관리란 전체적으로 대상자와 체계들을 연계하고 조정하는 것이며 그 안에서 이용자의 권리(돈을 지불함으로써)에 따른 정확한 욕구에 맞춘 서비스 제공이 중요하다고 생각한다.

마지막으로 케어관리자는 그 누구보다도 이러한 자원의 연계와 같은 '조정자의 역할'에 있어서 상당한 능력이 요구되며, 지금 현재의 나는 케어관리자로서의 자질이 상당히 부족하지만 보다 전체적인 관점에서 이용자를 바라보고, 그 이용자가 가진 자원과 강점을 파악하는 노력을 지속적으로 해야겠다.

3. 케어관리 2

사례 소개

■ 이용자 소개 (성명, 나이)

■ 이용자의 가족사

이용자의 거주 지역(인적/물적 자원)

■ 지역사회 자원현황

면접기록

케어컨퍼런스 기록지

나의 생각 정리

참고문헌

사례 소개

■ 이용자 소개(성명, 나이)

이용자 A씨는 92세로 고령에다가 청각장애 2급의 장애를 갖고 있다. 게다가 손자에게 발길로 채여 갈비뼈가 2대가 골절되어 병원을 다니는 신체가 건강하지 못한 노인이다. 그러나 꾸준히 병원에 다니며 치료한 덕분에 현재는 보행이 가능하여 와상 생활은 하지 않는다.

- 일상생활 활동인 옷 입기, 세수하기, 목욕, 식사하기, 이동, 화장실 사용 등에는 다른 사람의 도움 없이 혼자서 가능하다.
- 도구적 일상생활 활동인 몸단장, 집안 일, 식사 준비, 빨래하기, 근거리 외출, 교통수단 이용, 물건 사기, 금전관리, 전화 사용 등은 부분적으로 다른 사람의 도움을 받는다.

■ 이용자의 가족사

20여 년 전부터 집을 나가 따로 살았던 남편을 대신해 혼자 자녀들을 키우면서 안 해 본 일이 없을 정도로 고생을 하며 아들을 공부시키기 위해 딸들은 공부도 제대로 시키지 못했다고 한다. 막내딸은 생활이 어려워 세 번씩이나 버린 적도 있다고 한다.

아들은 결혼 후 맞벌이를 해 이용자가 집안 살림을 도맡아 하며 손자 셋을 키웠다고 한다. 그러나 며느리가 퇴직을 하고 집에 있게 되자 그때부터 아들 내외는 이용자를 부담스러워하며 못마땅하게 생각하고 언어/정서적으로 학대를 했다고 한다. 이에 이용자는 따로 나가 살고 싶으니 방 한 칸 얻어 주고 매달 생활비를 대 달라고 하자, 방을 얻어 주면 나중에 막내딸이 차지할 것이라며 방을 얻어 주지 않았다고 한다.

그 무렵 청각에 문제가 생겨 장애 2급이 된 이용자는 정상적인 대화가 불가능하여 필답을 해야 했고, 이런 이용자를 큰아들 내외와 손자들은 무시하며 학대했다고 한다. 큰딸은 결혼을 세 번 했는데, 모두 실패하고 지금은 딸과 단둘이 지방에서 살고 있다. 이런 큰딸을 못마땅하게 생각한 이용자가 나무라자 큰딸은 왕래를 전혀 하지 않고 가끔 오빠에게 전화만 한다고 한다. 어려울 때마다 찾아가 도와주고 보살펴 주는 막내딸에게 이용자는 잘 해 준 적도 없는데 이제 와서 이렇게 부담을 주어 미안하다는 말을 자주 한다고 한다.

이용자의 거주 지역(인적/물적 자원): 경기도 ○○시 ○○구

서울특별시의 위성도시로서 동쪽과 북쪽으로 서울특별시, 서쪽으로 인천광역시, 남쪽으로 시흥시와 접한다. 현재 ○○구 · ○○구 · ○○구의 3개구로 이루어져 있다.

○○구 ○○동은 20○○년 ○월 현재 면적은 1.71㎢이며, 총 18,681세대에 21,804명(남 10,821, 여 10,983)의 주민이 살고 있다. 교육기관으로는 ○○초등학교와 ○○고등학교 등 총 9개의 초등학교 · 중학교 · 고등학교가 있으며, 주요 기관으로는 ○○역사우체국과 부천시립도서관이 있다. 경인선 철도와 함께 동서 방향으로는 ○○로가, 남북 방향으로는 ○○로가 교차하고 있어 교통은 매우 편리하다.

■ 지역사회 자원현황

노인복지시설은 ○○시 노인복지시설 중 특히 의료와 관계되는 것으로는 노인요양시설(실비노인요양시설, 유료노인요양시설), 노인전문요양시설, 유료노인전문요양시설, 노인전문병원 등이 있다. 그 외 ○○동, ○○1동 주민센터 및 근교 ○○시 ○○구 ○○노인종합복지관 등 노인전문복지관과 연계를 한다.

- 특히 이용자를 위한 시설로 노인학대예방센터 및 쉼터를 운영하는 ○○노인보호전문기관을 이용한다. ○○노인보호전문기관은 ○○도 ○○시 ○○구에 위치하며 중앙, ○○시, ○○도 ○○북부노인보호전문기관과 함께 수도권 내 서부지역을 관할하는 노인보호전문기관이다. 이 기관에서는 노인학대예방센터 및 노인쉼터를 24시간 운영하고 있다. 주요 사업으로는 상담, 예방교육, 홍보, 지역사회 연계 사업을 하고 있다.
- • 상담사업: 학대피해자 사례상담을 통한 전문적인 사례개입을 진행하여 피해노인을 보호하고 학대문제를 해

결하며, 잠재적 학대사례상담을 통해 노인학대를 예방함으로써 노인이 건강하고 안전한 노후생활을 영위할 수 있도록 한다.

- 예방교육사업: 노인학대를 예방하고 노인학대 사례를 조기에 발견하기 위해 신고의무자 및 일반인에게 예방교육을 실시하며 이를 통해 노인학대와 노인보호전문사업에 대한 사회적 인식과 이해를 넓히고자 한다.
- 홍보사업: 다양한 매체를 활용하여 노인학대의 심각성 및 실태를 홍보함으로써 노인학대에 대한 사회적 인식 확산 및 노인 차별 해소를 도모하고 지역사회 내 노인보호전문기관에 대한 이해를 높여 노인학대의 예방과 노인의 권익보호에 이바지한다.
- 지역사회 자원연계: 경기도 서부 10개 시의 광범위한 지역을 대상으로 서비스를 제공하기 위해 지역별 자원개발과 활동이 요구되며, 대상자 서비스 이용 편의성 증진과 긴급한 상황에 따른 적시적이고 종합적인 지원을 위하여 다양한 지역사회 지원체계를 개발하고 연계한다.

면접기록

20○○년 ○○월 ○○일 14:00~15:00(60분)

<table>
<tr><td>성명</td><td>A○○</td><td>성별:
남( ), 여 (✓)</td><td>연령</td><td>1919년 ○월 ○일생
(만 91세)</td></tr>
<tr><td>주소</td><td>○○도 ○○시 ○○구</td><td>전화</td><td>본인
(가족)</td><td>032-xxx-xxxx</td></tr>
<tr><td>긴급 연락처</td><td>010-2824-xxxx</td><td>이용자와의 관계</td><td>딸</td><td>K○○</td></tr>
<tr><td>상담 구분</td><td colspan="4">1. 생활문제 2. 심리적 문제 3. 가족관계(노인학대) 4. 의료, 질병문제 5. 경제적 문제</td></tr>
<tr><td>경제상황</td><td colspan="4">이용자가 평생 모아 온 재산을 모두 아들 명의로 하였기 때문에 개인소유 재산 없음.
(기초생활수급자 및 차상위계층 해당 안 됨)</td></tr>
<tr><td>생활력
(주택상황:
1층 다세대
주택)</td><td colspan="4">이용자 A씨는 남편이 교편생활을 했으나 20여 년 전 축첩으로 가족을 돌보지 않고 따로 나가 살아 1남 3녀의 자녀들을 이용자 혼자서 키웠다고 한다. 자식들을 키우면서 온갖 고생을 다하며 아들만 겨우 고등학교까지 공부시키고 딸들은 교육을 시키지 않았다고 한다.
성격이 깔끔하고 남에게 피해를 주지 않으려는 이용자는 아들 내외와 함께 살면서 며느리가 82년도부터 학교 청소부로 나가자 집안 살림을 도맡아 했다고 한다.
4년 전 며느리가 퇴직을 하고 집에 들어앉자 그때부터 며느리는 이용자를 못마땅하게 생각하고 함께 집에 있어도 말도 하지 않고 지냈다고 한다. 아들 내외와 함께 집에 있어도 말도 하지 않고 지내면서 아들 내외와 함께 사는 것이 불편했던 이용자는 살면서 모은 재산을 아들 명의로 해 주었기 때문에 아들에게 따로 나가서 살 방 한 칸이라도 얻어 달라고 하였으나 아들이 들어주지 않았다.
현재는 아들집에서 쫓겨 나와 외손녀 딸 집에서 막내딸의 보호를 받으며 생활하고 있다. 낮 시간은 혼자 시간을 많이 보내고 있다.</td></tr>
<tr><td colspan="5">상담내용(주요 호소사항)</td></tr>
<tr><td colspan="5">① 큰 아들 내외에게서 약간의 돈을 받아 내어 방 한 칸이라도 얻어 도와주는 사람의 도움을 받으며 혼자 살고 싶어 한다.
② 발로 차서 본인에게 상처를 준 둘째 손자와 그 손자를 싸고도는 큰 아들 내외를 법적으로 고발하여 혼내주고 싶어 한다.
③ (임의적)
– 갈비뼈 골절 부상으로 인해서 거동하기가 자유롭지 않아서 근거리 외출하는 데 불편하다.
– IADL 중 요리하기 등 일상생활에서 도움을 받고자 한다. (추가사항)</td></tr>
</table>

케어컨퍼런스 기록지

20○○년 ○○월 ○○4일 11:00~11:40(40분)

성명	A○○	성별: 남( ), 여 (✓)	연령	1919년 ○월 ○일생 (만 91세)
주소	○○도 ○○시 ○○구	전화	본인(가족)	032-xxx-xxxx
이용자 욕구	① 큰 아들 내외에게서 약간의 돈을 받아 내어 방 한 칸이라도 얻어 도와주는 사람의 도움을 받으며 혼자 살고 싶어 한다. ② 발로 차서 본인에게 상처를 준 둘째 손자와 그 손자를 싸고도는 큰 아들 내외를 법적으로 고발하여 혼내주고 싶어 한다. ③ (임의적) – 갈비뼈 골절 부상으로 인해서 거동하기가 자유롭지 않아서 근거리 외출하는 데 불편하다. – IADL 중 요리하기 등 일상생활에서 도움을 받고자 한다. (추가사항)			
문제점	① 부양의무자인 아들이 부양을 기피하며, 신체적 손상을 가한 손자와 그 사실을 부인, 은폐한다. ② 안전하게 독립된 기거할 공간을 마련하지 못했다. ③ 귀가 잘 들리지 않는다.			

상황영역 제공자 우선순위	문제/욕구사정	바람직한 목표 (what)	케어플랜 (how)	케어제공자 (역할 분담)
1. 정서심리적	– 귀가 잘 들리지 않아서 의사소통이 불편하다.(청각장애2급)	– ❷간편한 의사소통 방법을 제공하여 생활에 불편함이 없도록 한다.	– 가까운 노인종합복지관의 수화교실을 이용하여 간편한 수화동작을 배우며 필답형식 외에 다양한 의사소통 방식을 알려준다.	– 노인복지관 수화교실 교사 – 노인복지관 사회복지사
	– 손자에게서 당한 신체적 학대로 인한 정서적 위축감이 든다. 또 이러한 손자를 감싸는 큰 아들 내외의 행동과 홀대에 분노한다.	– 노인학대를 처벌할 방법을 모색하고 적절한 심리 상담을 통해 정신적 고통을 해소시킨다.	– 노인보호전문기관 내의 노인학대신고센터에서 적절한 상담과 학대에 대한 처벌을 논의하고, 기관 내 상담실을 이용하여 정기적인 상담을 통해 정서적 안정을 도모한다.	– 노인학대예방센터 직원 – 노인보호전문기관 상담사 – 법조인(변호사회사와 연계)
2. 사회환경적	– 안전하게 혼자 안전하게 기거할 공간을 마련하고 싶으나 금전적 문제를 해결할 수 없어서 곤란하다.	– 거처를 마련할 자금을 구할 때까지 임시 거처할 곳을 마련하여 문제를 해결한다.	– ❶CT부양에 적극적인 막내딸 내외의 집으로 거처를 옮겨 보호를 받거나 노인보호전문기관 내의 노인쉼터를 이	– 노인보호전문기관 직원 – 동 주민 센터 공무원(지역사회 쉼터 연계)

<table>
<tr><td></td><td></td><td></td><td>용하여 거처를 마련할 때까지 거주할 수 있도록 한다.</td><td></td></tr>
<tr><td>(임의적)
3. 신체적</td><td>– 갈비뼈 골절로 인해 거동하기가 자유롭지 않아서 근거리 외출하는 데 불편하다.</td><td>– 근거리 외출에 불편함이 없도록 인적 물적 자원을 활용하여 불편함을 해소한다.</td><td>– 노인복지관에 등록된 차량을 이용하여 이동을 돕고, 후원 받은 노인 보행 기구를 통해 자유로운 거동을 돕는다.</td><td>– 노인복지관 사회복지사
– 노인복지관 자원봉사자</td></tr>
<tr><td>코멘트 및 변경</td><td colspan="4">1. 우선순위 변경(real needs): ❶ 정서심리적 → 사회환경적 ❷ 사회환경적 → 정서심리적 ❸ 신체적

2. 변경 내용
❶ 사회환경적: 케어플랜 내용에서 이용자 거주 공간 확보 과정을 세분화하여 정한다. 1차: 아들 내외와의 분리 → 2차: 1366 노인학대예방센터 내 시설 임시거주 → 3차: 비공식 자원(딸)의 부양의 의지를 활용 보호할 공간을 마련한다. (이용자 혼자 살 경우에는 지속적인 방문으로 불편한 점이 없는지 확인 과정 필요함)
■ 노인학대예방센터는 ○○도 ○○시 ○○구 ○○서부노인보호전문기관을 이용한다. (노인학대예방센터 및 노인쉼터 24시간 운영됨)

❷ 정서심리적: 고령의 노인이 학습을 한다는 것이 실현 가능성이 없고, 이용자 혼자만 할 것이 아니라 가족과 함께 교육을 받는 것이 의사소통 향상에 더 효과적이다.
– 기존의 필담형식의 의사소통을 유지하면서(필담형식 기계 후원 받아서 사용) 간편한 의사소통 기구를 사용한다.
– 노인종합복지관 내 노인수화교실에서 간편하고 쉬운 동작 위주로 이용자와 학습하고 이때 가족들도 일부 참여하여 함께 학습하도록 한다.

❸ 신체적: 신체적 학대로 인해서 갈비뼈 골절 부상을 당해 병원 치료를 받기는 했지만 보행에 다소 불편함을 느낀다. 그 외에도 청각장애로 인해서 일상생활을 하는 데 불편함 점이 있다. (추가사항)
– 갈비뼈 골절로 인해서 보호용구를 착용할 경우 외출뿐만 아니라 가정 내에서 누웠다 일어나기, 앉았다가 일어나기가 힘들다. 1차적으로 가족들의 부분적인 도움(부축 등)이 필요하며, 근거리 외출 시(복지관 시설 이용)에는 자원봉사자와 복지관 차량이 도움을 준다.
– IADL 중 요리하기 경우, 의사소통도 어려울 만큼 귀가 잘 들리지 않는 이용자를 위해서 자동센서식 기구를 사용할 수 있게 한다.(전기 자동 타이머 냄비 등) 후원을 통해서 혼자서도 안전하게 조리를 할 수 있도록 한다.</td></tr>
<tr><td></td><td colspan="2">〈참석 구성원〉
최○○, 오○○, 이○○, 장○○</td><td colspan="2">발표자: 최○○
기록자: 오○○
사회자: 장○○</td></tr>
</table>

나의 생각 정리

중간과제를 하고, 케어 관리에 대한 이론 내용을 배우고 직접적으로 가상이지만 케어플랜을 짜면서 사례관리와 다른 점을 확실하게 배울 수 있었다.

실제로 경험한 사례를 가지고 케어관리를 한 것은 아니지만 예전 수업시간이나 실습 때 했던 사례관리 과정 경험을 토대로 케어플랜을 짜면서 확실히 제공자 중심이 아니라 서비스를 받는 이용자를 우선으로 생각하고 계획을 짤 때도 최대한 그들의 욕구를 반영하려는 의지가 필요했다.

피드백을 통해서 수정해야 할 부분도 있었지만 케어플랜을 짜면서 특히 문제사정 욕구를 적을 때에도 명확하게 이유와 결과를 간결하게 표현하는 능력 등 케어관리자는 기본적인 내용에도 충실해야 할 뿐만 아니라 명확하게 문서화할 능력도 필요하다는 것을 알 수 있었다.

이용자가 가장 우선시하는 것을 고려하여 서비스를 제공하는 것이 이론적으로나 상식적으로 당연하다고 생각을 해 왔다. 그런데 여태까지 보아 온 과제나 자료들은 과연 그러한 생각들을 진솔하게 반영해 왔는가 하는 의문이 들었다. 어쩌면 모두가 생각은 그렇게 해 왔지만 현재의 환경적이 부분이 실천현장에 있는 사람들 모두에게 주어진 형식 틀에 맞춰서 작성하고 실천하게 하지 않았나 싶다.

그렇기 때문에 이번 강의를 계기로 케어관리론에 대해서 접해 보고 케어관리에 깊숙이 스며 있는 이용자 중심의 사고방식을 경험하면서 스스로도 어떤 실천현장에서 일하게 되더라도 그 생각을 명심하고 꼭 이용자 중심의 사고방식으로 활동하려고 노력할 것이다. 또한 아직은 우리나라에 많이 활용되고 있지는 못하고 있지만 앞으로 케어관리 제도뿐만 아니라 이러한 사고방식도 함께 지역사회 서비스 제공기관에 널리 퍼졌으면 한다.

이용자의 동의를 시작으로 종결(모니터링)까지 함께 의견을 공유하고, 서비스 제공 과정에서 이용자의 의견과 제공자의 의견을 종합하여 최대한 이용자의 욕구를 충족시키되 부족함이 없도록 하는 것을 보면서 상하관계가 아니라 평등한 입장에 서서 서로 상호작용을 하기 때문에 훨씬 더 능동적인 진행과 원하는 목적을 단기간에 이끌어 낼 수 있을 것이라고 생각한다.

그리고 우리 지역사회에서 이용 가능한 인적 · 물적 자원을 끌어들이는 것만큼 이용자들에게 가장 친근한 사람들인 비공식적 자원(가족 · 친척 · 이웃)을 많이 활용하는 것이 중요하다는 것을 다시 한 번 되새겨 보면서 그들을 많이 활용해야 한다고 생각한다. 그래서 케어 제공자를 꼭 전문가들로만 구성하는 것이 아니라 비공식적 자원도 적극 활용하여 이용자의 욕구를 해결하는 데 적극적으로 참여할 수 있는 환경을 조성하는 것은 반드시 필요하다고 본다.

마지막으로 실천현장 어디든 이렇게 서로를 존중하고 이해하는 마음을 토대로 보다 나은 서비스를 제공하고 조금 더 효과적인 결과를 얻어 낼 수 있도록 이용자의 자율성을 보장하여 스스로 적극 참여하는 능동적인 케어 프로그램을 만들어 가는 과정이 함께해야 한다고 생각한다.

참고문헌

부천시 사회복지협의체 사례관리 2010 사례관리 전문교육 자료집
네이버 백과사전(http://ko.wikipedia.org/wiki)
디지털 부천문화대전(http://bucheon.grandculture.net/Contents)
경기서부노인보호전문기관(http://ggw1389.or.kr)

4. 케어관리 3

(면접기록, 케어플랜, 케어컨퍼런스 기록지)

면접기록

성명	김○○	성별: 여자	연령	1934년 ○월 ○일 (만 77세)
주소	–	전화	본인(가족)	–
긴급연락처	–	이용자와의 관계	–	–
상담구분	생활문제, 심리적 문제, 케어문제, 의료질병 문제, 경제적 문제			
경제상황	기초생활수급권자(수급비 35만 원+노령연금 9만원=44만 원)			
금기사항	없음			
생활력	독거: 퇴촌에서 남편과 농사를 지으며 살다가 남편과 사별한 후 돈을 벌기 위해 회사의 청소원으로 취업함. 하지만 취업 2주차 뺑소니 사고를 당해 일을 그만두게 되고, 고관절 손상으로 신체기능이 저하됨.			
상담내용(주요 호소사항)				
신체적으로 뺑소니 사고로 인해 고관절이 심하게 손상되었고, 체력이 약해 수술이 불가능하다는 병원 진료를 받고 현재 거의 집 밖 외출이 힘든 신체 상태를 가지고 있다. 또한 노인성 안질환으로 시력이 많이 떨어진 상태이다. 하지만 신체적 거동 어려움으로 인해 병원을 주기적으로 방문하여 치료하는 것이 어려워 병원에 가지 못하는 상황이다. 경제적으로는 월 44만 원의 수급비와 연금으로 생활하고 있지만 식비와 각종 생필품 가격이 너무 올라 경제적으로 힘들다고 하셨다. 사회심리적으로는 아무래도 왕래하는 가족이나 친구가 없고 어르신의 신체 상태로 외출이 불가능하신 상태라서 거의 집안에 혼자 계시는 상황이 대부분이라 정서적으로 외로워하신다. 사회환경적으로는 평소 깔끔한 성격 탓에 샤워하시는 것을 좋아하시지만 욕실에 안전시설이 전혀 설치되어 있지 않고 미끄럼 방지 시설도 전혀 되어 있지 않아 욕실 사용 시 낙상의 위험성이 높은 것으로 판단된다.				

구분	번호	사업명	이용 상황	이용 필요
재가 요양 서비스	1	방문 요양	×	×
	2	방문 목욕	×	×
	3	주야간 보호	×	×
	4	단기 보호	×	×
	5	의료 기기 임대/구매	×	○
시설 요양 서비스	1	요양원	×	○

구분	번호	사업명	이용 상황	이용 필요
복지 서비스	1	노인 복지관	×	×
	2	경로당	×	×
	3	노인 쉼터	×	×
	4	시니어 클럽	×	×
	5	고령자 직업 센터	×	×
연금 수당 등 경제적 지원	1	노인 복지 수당	○	○
	2	장애 수당	×	×
	3	국민 연금	×	×
	4	기초 생활 수급 수당	○	○

구분	번호	사업명	이용 상황	이용 필요
보건 의료 서비스	1	병원	×	○
	2	의원	×	×
	3	보건소	×	○
	4	치과	×	×
	5	약국	○	○
비공식 자원	1	자원 봉사자	○	○
	2	이웃	×	○
	3	친척	×	×
	4	친구	×	×
	5	가족	×	×

케어플랜

상황 영역	문제/ 욕구사정	바람직한 목표, 결과		케어플랜		케어 제공자	일/주	시간/일	비용	승낙	비고
		단기	장기	단기	장기						
정신 심리 환경	– 거의 혼자 지내고 왕래하는 사람이 없어 외롭다.	– 평소 잘 알고 지내던 4층 이웃과의 왕래를 자주 하게 하여 정서적 유대감을 강화시킨다.	– 다른 사람과 접촉할 기회를 가질 수 있도록 하고 문화행사에 참여하도록 지원하여 고립감을 완화시킨다.	– 혼자 지내는 시간이 많기 때문에 4층에 거주하는 이웃과 자주 왕래하게 하여 심리적 고립감을 완화하도록 한다.	– 주변 복지기관의 문화공연이나 각종 서비스를 받으실 수 있도록 어르신께 차량과 자원봉사를 지원하여 심리적 안정을 도모하도록 한다.	– 4층 이웃 – ○○종합 사회복지관 – ○○네 복지관 – ○○교회 – ○○의 손길	주2회	2시간 / 일	무료	승낙 필요	– 사정지 근거
사회 환경	– 욕실구조가 좁고, 안전시설이 전혀 설치되어 있지 않아 위험하다.	– 욕실에 안전시설을 설치하여 어르신이 욕실을 이용하실 때 덜 불안해하시도록 한다.		– 욕실에서 안전시설 없이 샤워하기 어려우시기 때문에 노인용 "목욕의자"를 지원해 주어 편하게 샤워할 수 있도록 한다.	– 아무런 안전시설장치 없이 미끄러운 욕실을 사용하시다가 사고의 위험이 높기 때문에 재가노인지원센터의 협찬이나 ○○종합사회복지관과 호경의 손길 등 주위 복지관의 후원금으로 욕실에 안전시설을 설치해 드려 안전하게 이용하시도록 한다.	–○○종합 사회복지관 –○○의 손길 –재가노인 지원센터	–	–	무료	승낙 필요	–임의대로 욕구설정 – 장기적으로는 노인등급판정을 받고 시설입소를 하는 방향으로 계획한다.

상황영역	문제/욕구사정	바람직한 목표, 결과		케어플랜		케어 제공자	일/주	시간/일	비용	승낙	비고
		단기	장기	단기	장기						
신체적 환경	- 눈에 자꾸 염증이 생기고 진물이 흘러나와 병원에 가서 정확한 진료를 받고 싶다. - 피부가 자주 간지럽고 로션을 바르는데도 별 차도가 없는 것 같아 병원에 가서 치료를 받고 싶다.	- 안과에 가서 직접 진료를 받고 건강상태를 점검하도록 한다. -피부과에 가서 직접 진료를 받고 상태에 맞는 처방을 받도록 한다.	- 정기적으로 병원에 가서 직접 진료를 받고 건강상태를 꾸준히 체크하도록 한다.	- 이동이 불편하시기 때문에 자원봉사자를 연계해 드려 직접 ○○대학교 병원에 갈 수 있도록 하여 신체적 안정을 도모한다.	- 꾸준한 병원 진료가 필요하기 때문에 주기적으로 자원봉사자를 연계하여 병원진료를 받을 수 있도록 하여 신체적 안정을 도모한다.	- ○○종합사회복지관 소속 자원봉사자 - ○○대학교병원	월1회	2시간/일	무료	승낙 필요	- 사정지 근거 - 장기적으로는 노인등급판정을 받고 시설입소를 하는 방향으로 계획한다.
	- 고관절 손상으로 인해 움직이기가 어려워서 집안일하기가 어렵다.	- 가정봉사원을 파견하여 집안일을 도와드리도록 해서 어르신이 쾌적한 환경에서 생활하실 수 있도록 한다.		- 집안일을 하기 힘들기 때문에 ○○가정봉사원파견센터의 도움을 받아 집안일을 도와드릴 수 있도록 하여 어르신이 보다 쾌적한 환경에서 생활하실 수 있도록 한다.		- ○○가정봉사원파견센터	주1회	3시간/일	무료	승낙 필요	- 사정지근거 - 장기적으로는 노인등급판정을 받고 시설입소를 하는 방향으로 계획한다.
경제 환경	기초생활수급비와 노령연금으로 생활하고 있지만, 실제 생활비인 15만 원 정도로 한 달을 생활하시는 게 어렵다.	-	- 요양원에 입소하여 경제적 어려움을 느끼지 않으시도록 하며 요양원 입소 시 전체 수급비가 9만 원으로 줄어드는 내용에 대해서는 사전에 충분히 설명을 드리도록 한다.		- 경제적으로 어려워서 생활하기 어렵기 때문에 장기요양등급판정을 신청하여 ○○보훈요양원에 입소하실 수 있도록 한다.	- ○○보훈요양원	-	-	무료	승낙 필요	- 임의대로 욕구 수정 - 장기적으로는 노인등급판정을 받고 시설입소를 하는 방향으로 계획한다.

케어컨퍼런스 기록지

성명	김○○	성별: 여자	연령 : 77세
주소	–	전화: –	본인(가족) : –
욕구	신체적, 경제적, 사회환경적, 심리정서적		
문제점	이 케이스는 신체적, 경제적, 사회환경적, 심리정서적 등 한 가지 영역이 아닌 다양한 영역에서의 욕구들을 가지고 있다. 각 영역별 욕구를 충족시키기 위해서는 다면적인 접근이 필요하다.		
기타	–		
케어목표	신체적, 경제적, 사회환경적, 심리정서적 욕구를 파악하여 채워 줄 수 있는 케어플랜 설정하기		
케어플랜	– 주변 복지기관의 문화공연이나 각종 서비스를 받으실 수 있도록 어르신께 차량과 자원봉사를 지원하여 심리적 안정을 도모하도록 한다. – 아무런 안전시설장치 없이 미끄러운 욕실을 사용하시다가 사고의 위험이 높기 때문에 재가노인지원센터의 협찬이나 ○○종합사회복지관과 호경의 손길 등 주위 복지관의 후원금으로 욕실에 안전시설을 설치해 드려 안전하게 이용하시도록 한다. – 욕실에서 안전시설 없이 샤워하기 어려우시기 때문에 노인용 "목욕의자"를 지원해 주어 편하게 샤워할 수 있도록 한다. – 이동이 불편하시기 때문에 자원봉사자를 연계해 드려 직접 ○○대학교병원에 갈 수 있도록 하여 신체적 안정을 도모한다. – 집안일을 하기 힘들기 때문에 ○○가정봉사원파견센터의 도움을 받아 집안일을 도와드릴 수 있도록 하여 어르신이 보다 쾌적한 환경에서 생활하실 수 있도록 한다. – 경제적으로 어려워서 생활하기 어렵기 때문에 장기요양등급판정을 신청하여 ○○보훈요양원에 입소하실 수 있도록 한다.		
관계기관의 역할분담	○○종합사회복지관 ,호경의 손길, 버드네 복지관 : 각 기관에서 실시하는 문화행사프로그램에 어르신을 참여할 수 있도록 한다. ○○교회: 기독교신자인 어르신이 꾸준히 교회에 나가서 신앙생활을 하고 신도들과 관계를 유지할 수 있도록 송영서비스를 실시한다. ○○대학교 병원: 신체상황에 대해 정확한 진단과 처방을 내리도록 한다. ○○가정봉사원파견센터: 주 1회 가정봉사원을 파견하여 어르신이 서비스를 받으실 수 있도록 한다. 재가노인지원센터: 욕실공사를 맡아 안전시설을 설치하도록 한다.		
코멘트	모든 영역에 대해서 각 욕구가 충족될 수 있도록 다면적인 측면에서 케어플랜을 설정하여 시행하나 장기적으로는 장기요양등급판정을 신청하여 등급을 받고 노인요양시설에 입소하여 모든 욕구에 대해 충족되도록 한다.		
	〈참석구성원〉 최○○, 오○○, 이○○, 이○○	발표자: 이○○ 사회자: 장○○ 기록자: 오○○	

느낀 점

한 과정을 마무리하는 이 시점에서 뭔가 결과물이 나왔다는 게 신기하고 뿌듯하다. 처음에 케어관리론을 접했을 때 사례관리에만 익숙해져 왔던 나인지라 두 가지 개념의 차이점이 정확히 무엇인지 이해가 되지 않았다. 네이버에 아무리 검색해 봐도 케어관리의 방법이나, 케어관리를 실제 적용했던 사례에 대해서는 전혀 정보가 없었고 개념 자체에 대해서도 이렇다 할 정도로 정리된 것이 없어서 이만큼 케어플랜을 작성하는 것조차도 막막하기만 했었다. 하지만, 교수님께서 케어관리에 대한 다양한 정보를 제공해 주셨고 케어관리에 대해서 반복적으로 설명해 주시고 실제 케어관리에 사용되는 구체적인 말투(~하기 때문에, ~해서 ~한다)까지 알려주셔서 케어플랜을 작성하는 데 있어서 한결 수월했고 노인복지를 전공하는 나로서는 현장에서 사용할 수 있는 또 하나의 기술을 배웠다는 생각이 들었다.

내가 작성한 것이 비록 완벽한 케어관리는 아니지만 교수님의 실습종결평가서를 받으면서 한 가지씩 더 배울 수 있었고 케어관리가 사례관리에 비해 좀 더 구체적이고 통합적으로 계획/관리할 수 있다는 점에서 케어관리보다는 사례관리가 약간은 폐쇄적인 계획 같다는 생각이 들었다. 특히, 케어관리는 이용자가 중심이 되고 같이 계획을 세워 가는 과정에서 케어관리자에게 좀 더 자신의 욕구를 솔직하게 표현할 수 있고 케어관리자와 의견을 조정해서 서비스를 계획하게 된다는 점에서 큰 이점이 있다고 생각됐다. 케어관리를 한국에 좀 더 유용하고 실용적인 관리방법으로 만들기 위해 지금 수업을 진행하는 교수님이나 많은 분들이 힘쓰고 있다고 하셨다. 노인복지 분야를 희망하는 나로서는 꼭 한번 전문적인 과정을 밟고 케어관리 과정을 이수해야겠다는 필요성을 느낀다.

제7장

사회복지현장실습을 위한 관계형성의 실천기술

1. 관계형성의 중요성

사회복지사와 클라이언트 관계의 가장 큰 특징은 클라이언트는 도움을 요청하고 사회복지사는 전문적 도움을 제공하는 전문적 관계라는 것이다. 전문적 관계는 언제나 클라이언트의 입장에서 출발해야 하며, 사회복지사는 관계의 전반적인 과정에 전문적 책임을 지게 된다. 사회복지사의 전문적 관계는 첫째, 의도적인 목적성으로 클라이언트의 사회복지사가 서로 합의한 목적이 있다. 목적이란 클라이언트의 좀 더 나은(호전적) 적응 및 문제해결을 위한 원조이다. 둘째, 시간적인 제한으로 클라이언트와 구체적으로 한정된 기간을 갖고 관계를 맺는다. 목적이 달성되었거나 달성될 수 없다고 생각될 때 관계는 종결된다. 사회복지실천 과정은 시작단계, 중간단계, 종결단계에 이르는 시작과 종결이 요구되는 과정이기에 관계에서도 시간적인 제한이 필요하다. 목표가 달성되면 특별한 관계는 끝을 맺게 된다. 관계의 활용이 원만히 이루어져야 시간적인 제한성도 명확해질 수 있다. 셋째, 클라이언트의 헌신으로 사회복지사는 자신의 이익보다 클라이언트의 이익을 위해 자신을 헌신한다. 따라서 사회복지사는 타인의 욕구에 민감할 수 있도록 객관성과 자기인식에 기초한 관계를 형성한다. 넷째, 권위성으로 사회복지사는 특화된 지식 및 기술 그리고 전문직 윤리강령에서 비롯되는 권위를 지닌다. 다섯째, 통제적 관계로 객관성을 유지하고, 자기 자신의 감정, 반응, 충돌을 자각하고, 그 책임을 진다는 의미에서 통제적 관계이다.

2. 관계형성의 7대 원칙

Biestek(1957)은 관계를 “사회복지사와 클라이언트 간의 감정과 태도의 역동적인 상호작용”이라고 정의하였다. 그는 원조를 구하는 사람들에게는 공통적인 기본감정 및 태도유형이 존재한다고 하면서 이를 바탕으로 관계의 7대 원칙을 정립하였다.

Biestek은 『케이스워크 관계(casework relationship)』(1957)에서 사회복지사와 클라이언트 간의 원조관계의 기본원칙으로서 개별화, 의도적 감정표현, 통제된 정서적 관여, 수용, 비심판적 태도, 클라이언트의 자기결정 그리고 비밀보장의 7가지 원칙을 제시하였고(양옥경 외, 2005; 이영분 외, 2001), 이는 오늘날까지 가장 고전적인 관계의 원칙으로 알려져 있다.

Biestek이 제시한 케이스워크 관계의 7대 원칙은 사회복지사-클라이언트 간의 상호작용에 있어서 사회복지사의 책임을 규정하는 유용한 방식이다. 이를 그림 7-1과 같이 사회복지사와 클라이언트 간의 감정과 태도의 상호작용에 대한 관계원칙을 도식화하였다.

클라이언트의 욕구	관계의 방향	사회복지사 반응 (관계의 원칙)
1. 개별적인 욕구를 가진 인간으로 대우받고 싶은 욕구	**상호작용의 첫 번째 방향** **클라이언트 → 사회복지사** 클라이언트의 기본 욕구	1. 개별화
2. 감정을 표명하고 싶은 욕구	• 클라이언트의 욕구를 사회복지사에게 표현 • 클라이언트가 직접 표현하지 않는 경우도 많지만, 사회복지사는 이를 미리 인식해야 함	2. 의도적 감정표현
3. 문제에 대해 공감적 반응을 얻고 싶은 욕구	**상호작용의 두 번째 방향** **사회복지사 → 클라이언트** 사회복지사의 역할: ct의 욕구충족	3. 통제된 정서적 관여
4. 가치적인 인간으로서 인정받고 싶은 욕구	• 클라이언트의 욕구에 대해 사회복지사가 반응함 • 이 반응이 관계의 원칙임	4. 수용
5. 심판받지 않으려는 욕구	**상호작용의 세 번째 방향** **클라이언트 → 사회복지사** 결과 혹은 효과	5. 비심판적 태도
6. 스스로 선택하고 결정을 내리고 싶은 욕구	• 사회복지사가 반응한 것에 대한 클라이언트의 반응	6. 자기결정
7. 자신의 비밀을 지켜주기를 바라는 욕구	• 신뢰감, 존중받는다는 느낌 등을 받음으로써 관계에 적극적으로 참여	7. 비밀보장

그림 7-1 **사회복지사와 클라이언트 간의 감정과 태도의 상호작용**

첫째, 개별화(individualization)는 각 클라이언트가 개별적이고, 독특한 특성이 있다는 것을 인정하고 이해하여 개별 클라이언트를 원조하는 내용과 방법, 과정에서 개별적으로 다루어져야 한다는 원칙이다.

이때 사회복지사의 역할은 ① 인간에 대한 편견이나 선입관에서 탈피한다. ② 인간행동 및 발달에 대한 지식을 갖고 활용할 수 있어야 한다. ③ 귀담아 듣고 관찰할 수 있는 능력이 있어야 한다. ④ 클라이언트의 진행속도에 맞추어 진행해 나가는 능력을 갖춘다. ⑤ 클라이언트의 미묘한 감정을 통찰한다. ⑥ 클라이언트의 현재의 능력을 활용하게 한다. ⑦ 클라이언트의 개성과 상황에 따라 원칙을 융통성 있게 적용한다.

개별화를 위한 수단으로 ① 클라이언트의 성별이나 직업, 나이에 따라 면접시간을 조정한다. ② 클라이언트를 위한 개별 환경 등 비밀이 존중된다는 안도감과 신뢰감을 준다. ③ 클라이언트와 약속시간을 준수한다. ④ 면접을 위한 사전준비를 철저히 한다.

둘째, 의도적인 감정표현(purposive expression of feeling)은 클라이언트가 감정을 표현하고 싶은 욕구를 인식하여 클라이언트가 자신의 감정을 자유롭게 표현하도록 도와주는 것을 의미한다. 사회복지사는 클라이언트에게 자신의 감정, 특히 부정적인 감정을 자유롭게 표현하도록 격려하고 촉진한다.

의도적인 감정표현에서는 클라이언트를 스트레스나 긴장에서 완화해 주며, 문제를 분명하고 객관적으로 보게 한다. 사회복지사는 클라이언트 및 그의 문제인식을 좀 더 잘하게 되어 정확한 조사, 사정, 개입이 이루어진다. 사회복지사가 클라이언트의 감정표현을 진지하게 경청하는 것 자체가 클라이언트에게 심리적 지지가 된다. 외적인 문제보다 문제를 둘러싼 감정 자체가 클라이언트의 진정한 어려움일 수 있으며, 특히 부정적인 느낌이 진정한 문제일 수 있다.

이때 사회복지사의 역할은 ① 클라이언트가 편안함을 느끼도록 긴장되어 있으면 안 된다. ② 물리적인 환경도 편안함을 느낄 수 있도록 신경을 쓴다. ③ 클라이언트를 면접할 때에는 시간적·정신적으로 여유를 가지고 있어야 한다. ④ 사회복지사는 클라이언트의 감정을 표현하도록 격려한다. ⑤ 면접을 진행하는 클라이언트의 속도를 민감하게 인식한다.

의도적인 감정표현의 장애요인으로 지적될 수 있는 것은 비현실적인 보장, 너무 성급한 초기의 해석, 너무 많은 해석, 클라이언트의 감정 표현에 대한 비난 등이 있다.

셋째, 통제된 정서적 관여(controlled emotion response)는 클라이언트의 감정에 민감성을 가지며, 그 의미에 대해 이해하고, 클라이언트의 감정에 대한 의도적이고 적절한 반응을 하는 것이다. 클라이언트의 감정에 대한 사회복지사에 민감성, 이에 대한 감정입적 이해, 적절한 반응으로 이루어지며, 원조 목적에 맞게 통제되고 조정되어야 한다.

통제된 정서적 관여의 구성요소로는 ① 클라이언트의 감정에 대한 사회복지사의 민감성을 들 수 있다. 클라이언트가 자기의 감정을 직접 말로써 표현하지 않더라도 태도에서 드러나는 그의 감정을 잘 파악해야 한다. ② 클라이언트의 감정이 의미하는 것에 대해 이해를 해야 한다. 문제에 관련하여 클라이언트가 갖는 감정의 의미를 이해해야 하는 것으로, 이는 지속적인 과정이다. 인간행동의 지식인 심리학, 정신의학, 기타 사회과학은 감정의 의미를 이해하는 데 필수적이다. ③ 클라이언트의 감정에 대한 의도적이고 적절한 반응: 클라이언트의 태도에 대한 반응은 클라이언트에 따라 개별화해야 하며, 클라이언트 마음의 변화에 따라 호응해야 하는 대단히 어려운 기능이다. 반응은 얼마나 마음속 깊이 우러나오는가에 따라 의미가 있다.

넷째, 수용(acceptance)이란 클라이언트의 장점과 약점, 혹은 단점 등을 포함하여 있는 그대로의 모습을 이해하고 다루어 나가는 행동의 특징을 말한다. 클라이언트가 불평하고 부당한 요청을 하는 등 클라이언트가 자신을 어떠한 모양으로 표현하더라도 그것을 비판하지 않는 것이다. 이는 사회복지사의 인내심, 경청하려는 의지 등을 통해서 나타난다. 수용의 대상은 좋은 것(good)이 아니라 있는 그대로의 것(real)이며, 수용의 목적은 치료에 있다.

수용의 장애요인으로는 ① 인간행동 양식에 관한 불충분한 지식, ② 사회복지사로서 어떠한 면을 받아들이지 못하는 태도, ③ 자기 자신의 감정을 클라이언트에게 맡겨 버리려는 것, ④ 편견과 선입견, ⑤ 보장할 수 없으면서 말로만 안심시키는 태도, ⑥ 수용과 허용의 혼돈, 여섯째, 클라이언트에 대한 존경의 결여를 들 수 있다.

수용에 있어서 사회복지사의 역할은 클라이언트에 대한 완전한 이해와 클라이언트와 가치관 차이를 극복하는 것을 들 수 있다. 또한, 수용에 있어 장애물 줄이는 전략을 수립하여야 한다.

다섯째, 비심판적 태도(nonjudgmental attitude)는 문제의 원인이 클라이언트의 잘못 때문인지 아닌지, 혹은 클라이언트에게 책임이 있는지 등을 심판하지 않고, 클라이언트의 특성 및 가치관을 비난하지 않는다는 원칙이다.

따라서 사회복지사는 비심판적인 태도를 유지하는 것이 중요하다. 클라이언트는 대체로 사회복지사의 비판적 판단을 두려워한다. 특히, 죄책감, 열등감, 고독감이 있는 클라이언트는 극도로 민감하므로 사회복지사의 심판적 태도는 관계 수립에 장애가 된다. 사회복지사의 비심판적 태도는 클라이언트의 억압된 감정을 풀어주어 클라이언트는 자신에게 충실해지며, 분열된 자아를 재통합하려는 건설적 힘이 강화된다. 사회복지사는 클라이언트의 행동, 태도, 가치표준 등을 객관적으로 평가해야 하는데, 이는 그를 판단하기 위한 것이 아니라 이해하기 위함이다.

비심판적 태도의 장애요인으로는 ① 편견이나 선입견을 들 수 있는데, 클라이언트를 객관적으로 보기 어렵게 한다. ② 성급한 확신으로 클라이언트가 자신에게 심판적인 태도를 보인다고 느낄 수 있다. ③ 다른 사람과의 비교, 또는 유형화하려는 태도도 들 수 있는데, 클라이언트는 자신을 범주화한다고 느낀다. 또, 사회복지사에 대한 적개심과 같은 클라이언트의 부정적 감정표현을 들 수 있다.

여섯째, 클라이언트의 자기선택과 결정(client self-determination)을 내릴 수 있는 권리와 욕구를 실제로 인식하여 클라이언트가 모든 의사결정 과정에 참여하여 스스로 선택하고 결정하는 자유를 누리게 하는 것이다. 클라이언트 스스로 자기가 나갈 방향을 결정하려는 것을 존중하며, 그 욕구를 결정하는 잠재적 힘을 자극하여 활동하게 할 수 있도록 도와준다. 클라이언트의 자기결정권은 적극적·건설적 결정을 내릴 수 있는 클라이언트의 능력 및 법률이나 도덕의 테두리 또는 사회기관의 기능의 테두리에 따라 제한받는다.

클라이언트의 자기결정에서 사회복지사의 역할은 ① 클라이언트가 자기수용을 할 수 있도록 원조한다. 그리고 클라이언트 자신 속에 있는 자원을 알게 한다. ② 클라이언트에게 적당한 사회적 자원을 알게 하며, 클라이언트가 자기 문제를 스스로 해결하도록 하며, 인격적 성장을 할 수 있는 분위기를 만들어 준다. ③ 정보나 조언을 줄 수는 있지만, 최종결정은 클라이언트가 하도록 한다.

자기결정 원칙을 적용할 때 사회복지사의 주의사항은 ① 사회복지사가 문제해결을 위한 중요한 책임을 지고, 클라이언트에게는 부차적인 역할만 하도록 하지 않는다. ② 클라이언트가 요구하는 서비스는 도외시하고, 클라이언트의 사회적·정서적 생활에 사소한 조사를 강조하지 않는다. ③ 직·간접적으로 조종하거나 강제적으로 설득해서는 안 된다.

사회복지실천에서 네 가지 고려사항은 ① 직면한 문제를 해결하기 위한 다양한 대안들을 알고 있어야 한다. ② 주요 문제해결자는 사회복지사가 아니라 클라이언트임을 강조한다. ③ 사회복지사는 클라이언트의 자기결정을 돕기 위해 문제해결을 위한 다양한 의견을 제시할 수 있다. ④ 자기결정의 원리는 법적으로 강제성이 부여되는 사회복지사의 기능에서도 존중되어야 한다.

일곱째, 비밀보장(confidentiality)은 클라이언트가 전문적 관계에서 노출한 정보를 사회복지사가 전문적 치료 목적 외에 타인에게 알려서는 안 된다는 원칙이다. 사회복지실천의 가장 기본원칙이며, 사회복지사의 윤리적 의무이다. 그러나 비밀보장은 절대적인 것은 아니고, 예외적인 상황이 있다(비밀보장의 한계).

비밀보장에서 클라이언트의 욕구는 자신에 대한 비밀보장을 받고 싶어 한다. 이때 사회복지사의 반응은 전문적 관계에서 나타나는 클라이언트에 대한 정보를 보호하며, 사회복지사가 전문적 치료 목적 외에 타인에게 알려서는 안 된다. 그 결과 원조 관계, 과정에 대한 신뢰감을 느끼게 되어 적극적으로 참여하며, 클라이언트가 자기방어기제를 사용하여 자신을 왜곡하는 현상을 줄일 수 있으며, 사회복지사와 클라이언트 간 상호작용이 촉진된다.

비밀의 유형과 사회복지사의 윤리적인 의무는 ① 자연적 비밀(natural secret)로 드러나면 대상자의 명예를 손상하고 해를 주는 정보이다. ② 약속된 비밀(promised secret)로 말하는 사람이 듣는 사람과 비밀보장의 확인과 약속을 한 것이다. ③ 위임된 비밀(entrusted secret)로 드러내지 않을 거라는 이해가 있을 때 전달되는 비밀이다. 사회복지실천 과정에서 위와 같은 세 가지 유형의 비밀이 모두 상존한다. 그러나 대부분 위임된 비밀이 많으며 사회복지사는 윤리적 의무를 지고 비밀을 지켜야 한다.

비밀보장과 관련된 갈등으로는 ① 클라이언트 자신의 내적 갈등으로 클라이언트 비밀보장의 권리와 다른 권리 및 의무와의 모순·충돌이다. ② 타인의 권리와의 충돌로 양쪽의 권리를 비교하여 중요한 권리를 택해야 한다. ③ 사회복지사의 권리와의 충돌로 클라이언트의 비밀을 보호하려면 사회복지사 자신의 권리가 박탈될 경우가 생길 수 있다. 이 경우에도 양쪽 권리를 비교하여 중대한 편을 선택해야 한다. ④ 사회기관의 권리와의 충돌: 클라이언트의 비밀을 지키기 위해 기관의 사회적 사명과 권한을 넘는 조치를 강요당하는 경우가 있다. ⑤ 사회의 권리와의 충돌로 사익과 공익, 개인의 권리와 공공복지 간에 충돌이 있을 수 있다. ⑥ 개인은 사회적 존재이므로, 자기에게는 불리하더라도 사회공공의 복지를 위해 협력할 의무가 있다. ⑦ 클라이언트의 비밀보장에 대한 권리는 클라이언트 권리, 자신보다 더 높은 의무, 타인의 권리, 사회복지사가 속한 기관의 권리, 사회의 권리에 의하여 제한을 받는다.

3. 관계형성의 장애요인

사회복지사와 클라이언트의 관계는 변화의 중요한 도구이다. 따라서 이 양자 간의 관계에서의 문제점은 변화를 방해할 뿐 아니라 관계를 단절하여 도중에 사회복지사의 개입을 중단시키기도 한다.

일반적으로 관계형성의 장애요인으로는 첫째, 클라이언트의 불신으로 사회복지사의 온정, 관심, 공감하는 좋은 의도에도 어떤 클라이언트는 살아온 과정에서 격려와 인정을 받을 기회가 적으므로 사회복지사에게 의지하기가 쉽지 않고 비난, 거부, 상처를 예상하여 방어적 태도를 보이게 된다. 이런 상황에서 클라이언트의 자기 노출은 어려워지고 더 이상의 변화는 기대할 수 없다.

사회복지사는 신뢰하지 않는 클라이언트를 만나면 인내하고 참아야 한다. 신뢰와 긍정적 관계를 성립하기 전에 자기를 드러나게 하는 것은 클라이언트가 관계 중단을 재촉하는 결과를 가져온다. 이러한 클라이언트 중 많은 이들이 절박하게 도움이 필요하며, 약속을 제대로 지키지 않는 것은 동기가 부족하다기보다 회피하는 경향임을 인식하는 것이 중요하다. 사회복지사가 클라이언트의 회피행동 뒤에 숨어 있는 두려움을 맞설 수 있도록 돕는다면 전문적 관계가 형성될 것이다.

둘째, 전이로 클라이언트가 다른 사람(대개 부모, 부모를 대신하는 사람, 형제자매)과 과거의 경험에서 비롯된 소망, 두려움, 그리고 다른 감정을 사회복지사에게 보이는 것이다. 이러한 감정들은 아주 어린 시절에 그 뿌리를 두고 있거나 과거의 경험했던 일에 대한 것으로 스스로 인식하지 못하는 경우가 많다. 예를 들면, 어린 시절 자신을 거부했던 어머니에 대한 감정 때문에 여성 사회복지사를 신뢰할 수 없는 클라이언트, 공공부조, 아동복지, 교정 세팅에서 많은 클라이언트가 정서적으로 박탈당한 배경이 있거나, 이전에 불신과 두려움을 주는 사회복지사를 만났거나, 클라이언트에게 모욕감과 분노로 대하였던 사회복지사에 대한 경험이 있거나, 클라이언트를 무기력한 존재로 간주한 사회복지기관에 대한 경험 때문에 사회복지기관을 찾는 데에 양가감정을 느낄 수 있는 경우이다. 이러한 전이 반응은 상황에 맞지 않는 비현실적인 왜곡을 낳아 변화에 대한 강한 저항을 일으킨다.

또한, 분노, 원망, 증오와 같은 부정적인 전이만이 저항으로 작용하는 것은 아니다. 긍정적인 감정도 마찬가지로 변화를 일으키지 못한다. 사회복지사는 클라이언트가 자신의 왜곡된 인지를 깨닫고 사회복지사를 비롯한 다른 사람들에게 정신적 이미지, 신념 또는 태도를 과잉 일반화하여 투사하는 것이 아니라 자신의 고유한 개인으로 차별화할 수 있도록 대인관계에서의 인지 능력을 개발하도록 해야 한다.

전형적인 전이 반응에는 다음과 같은 것들이 있다.

- 약속시간보다 지나치게 일찍 오거나 자주 늦거나 약속을 변경하는 경우
- 외모에 신경을 쓰고 사무실 외의 장소에서 만나기를 원하는 경우
- 사회복지사의 사회적인 사항에 관심을 두고, 알고 싶어 하며 사회복지사의 개인적 취미나 실내장식 등을 칭찬하거나 비난하는 경우
- 칭찬과 보증을 지나치게 기대하거나 항상 싸우려 하거나 논쟁을 하려는 경우
- 다른 클라이언트와 달리 특별한 대우와 배려를 원하는 경우

셋째, 역전이로 사회복지사가 클라이언트를 마치 자신의 과거 어떤 인물인 것처럼 느끼고 무의식적으로 그렇게 반응하는 것이다. 예를 들어, 어린 시절 자신의 형과 강한 경쟁의식을 가지고 자란 사회복지사가 또래의 남자 클라이언트에게 도전적이고 비판적인 경우, 부모에게 거부당한 감정을 해결하지 못한 사회복지사가 무관심하고 냉담한 클라이언트와 따뜻한 관계를 맺는 데 어려움을 겪는 경우이다. 역전이는 왜곡된 인식과 감추어진 부분, 소망과 치료를 방해하는 감정반응과 행동을 만들어 내면서 관계를 악화시킨다.

역전이 반응에는 다음과 같은 것들이 있다.

- 클라이언트에게 지나친 관심을 두는 것
- 클라이언트에 대해 끊임없이 에로틱한 환상을 가지는 것
- 클라이언트와의 면접을 두려워하거나 너무 즐거워하는 것
- 특정 클라이언트와의 약속에 계속 늦거나 잊어버리는 것
- 클라이언트를 향해 적대감을 느끼거나 공감이 잘 안 되는 것
- 클라이언트의 어려움에 대해 다른 사람을 배타적으로 비난하는 것
- 끊임없이 지루함과 피곤함을 느끼거나 클라이언트를 거부하는 것
- 계속 면담을 일찍 마치거나 정한 시간을 넘기는 것
- 클라이언트를 감동하게 하거나 클라이언트에게 감동을 받으려고 지나치게 노력하는 것
- 클라이언트를 잃는 것에 대해 지나치게 염려하는 것
- 클라이언트와 논쟁하거나 방어적이거나 상처 입는 것

넷째, 저항으로 사회복지사와 클라이언트의 관계에서 변화를 방해하는 힘을 저항이라 한다. 저항은 개입목표와는 반대되는 클라이언트의 행동을 말하는데, 클라이언트가 이런 행동을 인식하고 있는 경우도 있지만, 의식하지 못하고 사회복지사의 눈에만 보이는 경우가 많다.

저항의 유형은 다음과 같다.

- **침묵**: 초보 사회복지사일 경우 가장 다루기 어려운 저항의 형태일 수 있다. 갑자기 말을 하지 않거나 할 말이 생각나지 않는다고 하거나 말하고 싶지 않다고 하는 경우이다
- **핵심에서 벗어난 주제를 말하는 것**: 개입의 목적, 문제해결과 관련 없는 이야기를 장황하게 하다가 핵심주제를 뛰어넘는 것 혹은 중요하나 고통스러운 내용을 꺼내면 못 들은 척하거나 다른 주제를 꺼내는 행동이다.
- **무력함의 표현**: '잘 안 될 것이다', '소용없다'고 계속 무력감을 나타내는 것으로 변화를 원하지 않고 사회복지사를 무력하게 만든다.
- **문제를 축소하거나 마술적 해법을 기대하지 않는 것**: 문제에 대해 직면하지 않으며,

변화에 대해 노력을 하지 않으려는 것이다.

- **저항의 심리를 행동으로 나타내는 것**: 과제를 잊었다고 하거나 수행하지 않는 것, 면담 약속시간을 지키지 않는 것, 면담 중 안절부절못하며 몸을 움직이거나 지루해하는 것 등의 행동이다.

다섯째, 양가감정으로 저항의 근원지를 찾을 수 있다. 즉, 인간은 변화를 원하여 도움을 청하면서도 동시에 익숙한 것을 버리고, 새로운 행동을 해야 하는 것에 대한 두려움으로 변화에 대해 저항을 하게 된다. 따라서 사회복지사는 양가감정이 매우 자연스러운 것임을 수용하면서 자유롭게 표현할 수 있도록 도와야 한다. 그렇게 함으로써 클라이언트는 자신의 양가감정을 인식하게 되고, 저항을 줄일 수 있게 된다. 또한, 클라이언트가 변화에 반대하더라도 클라이언트를 수용하고 클라이언트의 자기결정권의 측면에서 클라이언트의 권리를 옹호하면서 변화를 유도해야 할 것이다.

또 다른 저항의 근원지는 서비스와 개입에 대해 잘못된 이해를 하고 있거나 혹은 익숙하지 못한 상황에 직면하는 것이 두려워 저항을 보일 수 있다. 이런 경우 서비스와 기관이 특성을 제대로 설명해 주고, 필요한 것이 무엇인지 그리고 선택의 여지가 있는지 살펴보아야 하며, 클라이언트의 역할을 명확히 하고 클라이언트가 자유롭게 진행 여부를 선택할 수 있도록 돕는다. 이러한 저항을 예방하는 가장 나은 방법은 계약, 역할 명확화, 개입이유 설명, 질문유도 등 자기결정을 촉진하는 것을 철저히 하는 것이다.

제8장

사회복지실천의 윤리와 자세

1. 사회복지사 윤리

1) 사회복지사의 기본적 윤리기준

사회복지사는 '사회복지사 윤리강령'을 바탕으로 인본주의·평등주의 사상에 기초하여 모든 인간의 존엄성과 가치를 존중하고, 타고난 자유권과 생존권의 보장활동에 헌신한다. 특히, 사회적·경제적 약자들의 편에 서서 사회정의와 평등·자유와 민주주의 가치를 실현하는 데 앞장서고, 도움이 필요한 사람들의 사회적 지위와 기능을 향상하기 위해 저들과 함께 일하며, 사회제도 개선과 관련된 제반활동에 주도적으로 참여한다. 사회복지사는 개인의 주체성과 자기결정권을 보장하는 데 최선을 다하고, 어떠한 여건에서도 개인이 부당하게 희생되는 일이 없도록 한다. 이러한 사명을 실천하기 위하여 전문적 지식과 기술을 개발하고, 사회적 가치를 실현하는 전문가가 지녀야 할 능력과 품위를 유지하기 위해 노력한다.

전문가가 지녀야 할 자세를 살펴보면, 첫째, 사회복지사는 전문가가 지녀야 할 품위와 자질을 유지하고, 자신이 맡은 업무에 대한 책임을 진다. 둘째, 사회복지사는 클라이언트의 종교·인종·성·연령·국적·결혼상태·성 취향·경제적 지위·정치적 신념·정신, 신체적 장애·기타 개인적 선호, 특징, 조건, 지위를 이유로 차별 대우를 하지 않는다.

셋째, 사회복지사는 전문가로서 성실하고 공정하게 업무를 수행하며, 이 과정에서 어떠한 부당한 압력에도 타협하지 않는다. 넷째, 사회복지사는 사회정의 실현과 클라이언트의 복지증진에 헌신하며, 이를 위한 환경조성을 국가와 사회에 요구해야 한다. 다섯째, 사회복지사는 전문적 가치와 판단에 따라 업무를 수행하면서 기관 내·외로부터 부당한 간섭이나 압력을 받지 않는다. 여섯째, 사회복지사는 자신의 이익을 위해 사회복지 전문직의 가치와 권위를 훼손해서는 안 된다. 일곱째, 사회복지사는 한국사회복지사협회 등 전문가단체활동에 적극적으로 참여하여 사회정의 실현과 사회복지사의 권익옹호를 위해 노력해야 한다.

전문성 개발을 위한 노력에 대해 살펴보면, 첫째, 사회복지사는 클라이언트에게 최상의 서비스를 제공하기 위해, 지식과 기술을 개발하는 데 최선을 다하며, 이를 활용하고 전파할 책임이 있다. 둘째, 클라이언트를 대상으로 연구하는 사회복지사는 저들의 권리를 보장하기 위해 자발적이고 고지된 동의를 얻어야 한다. 셋째, 연구 과정에서 얻은 정보는 비밀보장의 원칙에서 다루어져야 하고, 이 과정에서 클라이언트는 신체적, 정신적 불편이나 위험·위해 등으로부터 보호되어야 한다. 넷째, 사회복지사는 전문성을 개발하기 위해 노력하되, 이를 이유로 서비스의 제공을 소홀히 해서는 안 된다. 다섯째, 사회복지사는 한국사회복지사협회 등이 실시하는 제반교육에 적극적으로 참여하여야 한다.

경제적 이득에 대한 태도를 살펴보면, 첫째, 사회복지사는 클라이언트의 지불능력에 상관없이 서비스를 제공해야 하며, 이를 이유로 차별대우해서는 안 된다. 둘째, 사회복지사는 필요한 경우에 제공된 서비스에 대해 공정하고 합리적으로 이용료를 책정해야 한다. 셋째, 사회복지사는 업무와 관련하여 정당하지 않은 방법으로 경제적 이득을 취하여서는 안 된다.

2) 사회복지사의 클라이언트에 대한 윤리기준

클라이언트와의 관계를 살펴보면, 첫째, 사회복지사는 클라이언트의 권익옹호를 최우선의 가치로 삼고 행동한다. 둘째, 사회복지사는 클라이언트에 대하여 인간의 존엄성을 존중해야 하며, 전문적 기술과 능력을 최대한 발휘한다. 셋째, 사회복지사는 클라이언트가 자기결정권을 최대한 행사할 수 있도록 도와야 하며, 저들의 이익을 최대한 대변해야 한다. 넷째, 사회복지사는 클라이언트의 사생활을 존중하고 보호하며, 직무 수행 과정에서 얻은 정보에 대해 철저하게 비밀을 유지해야 한다. 다섯째, 사회복지사는 클라이언트가 받는 서비스의 범위와 내용에 대해 정확하고 충분한 정보를 제공함으로써 알 권리를 인정하고 존중해야 한다. 여섯째, 사회복지사는 문서·사진·컴퓨터 파일 등의 형태로 된 클라이언트의 정보에 대해 비밀보장의 한계·정보를 얻어야 하는 목적 및 활용에 대해 구체적으로 알려야 하며, 정보 공개 시에는 동의를 얻어야 한다. 일곱째, 사회복지사는 개인적 이익을 위해 클라이언트와의 전문적 관계를 이용하여서는 안 된다. 여덟째, 사회복지사는 어떠한 상황에서도 클라이언트와 부적절한 성적 관계를 가져서는 안 된다. 아홉째, 사회복지사는 사회복지 증진을 위한 환경조성에 클라이언트를 동반자로 인정하고 함께 일해야 한다.

동료의 클라이언트와의 관계를 살펴보면, 첫째, 사회복지사는 적법하고도 적절한 논의 없이 동료 혹은 다른 기관의 클라이언트와 전문적 관계를 맺어서는 안 된다. 둘째, 사회복지사는 긴급한 사정으로 동료의 클라이언트를 맡게 된 경우, 자신의 의뢰인처럼 관심을 두고 서비스를 제공한다.

3) 사회복지사의 동료에 대한 윤리기준

사회복지사의 동료에 대한 윤리기준으로는 첫째, 사회복지사는 존중과 신뢰로서 동료를 대하며, 전문가의 지위와 인격을 훼손하는 언행을 하지 않는다. 둘째, 사회복지사는 사회복지 전문직의 이익과 권익을 증진하기 위해 동료와 협력해야 한다. 셋째, 사회복지사는 동료의 윤리적이고 전문적인 행위를 촉진해야 하며, 이에 반하는 경우에는 제반 법률규정이나 윤리기준에 따라 대처해야 한다. 넷째, 사회복지사가 전문적인 판단과 실천이 미흡하여 문제를 일으켰을 때에는 적절한 조치를 하여 클라이언트의 이익을 보호해야 한다. 다섯째, 사회복지사는 전문직 내 다른 구성원이 행한 비윤리적 행위에 대해, 제반 법률규정이나 윤리기준에 따라 조치를 해야 한다. 여섯째, 사회복지사는 동료 및 타 전문직 동료의 직무가치와 내용을 인정·이해하며, 상호 간에 민주적인 직무관계를 이루도록 노력해야 한다.

사회복지사의 슈퍼바이저에 대한 윤리기준으로는 첫째, 슈퍼바이저는 개인적인 이익의 추구를 위해 자신의 지위를 이용해서는 안 된다. 둘째, 슈퍼바이저는 전문적 기준에 의해 공정하게 책임을 수행하며, 사회복지사·수련생 및 실습생에 대한 평가는 저들과 공유해야 한다. 셋째, 사회복지사는 슈퍼바이저의 전문적 지도와 조언을 존중해야 하며, 슈퍼바이저는 사회복지사의 전문적 업무수행을 도와야 한다. 넷째, 슈퍼바이저는 사회복지사·수련생 및 실습생에 대해 인격적·성적으로 수치심을 주는 행위를 해서는 안 된다.

4) 사회복지사의 사회에 대한 윤리기준

사회복지사의 사회에 대한 윤리기준으로는 첫째, 사회복지사는 인권존중과 인간평등을 위해 헌신해야 하며, 사회적 약자를 옹호하고 대변하는 일을 주도해야 한다. 둘째, 사회복지사는 필요한 사회서비스를 개발하기 위한 사회정책의 수립·발전·입법·집행에 적극적으로 참여하고 지원해야 한다. 셋째, 사회복지사는 사회환경을 개선하고, 사회정의를 증진하기 위한 사회정책의 수립·발전·입법·집행을 요구하고 옹호해야 한다. 넷째, 사회복지사는 자신이 일하는 지역사회의 문제를 이해하고, 그것을 해결하는 일에 적극적으로 참여해야 한다.

5) 사회복지사의 기관에 대한 윤리기준

사회복지사의 기관에 대한 윤리기준으로는 첫째, 사회복지사는 기관의 정책과 사업 목표의 달성·서비스의 효율성과 효과성의 증진을 위해 노력함으로써 클라이언트에게 이익이 되도록 해야 한다. 둘째, 사회복지사는 기관의 부당한 정책이나 요구에 대하여 전문직의 가치와 지식을 근거로 이에 대응하고, 즉시 사회복지윤리위원회에 보고해야 한다. 셋째, 사회복지사는 소속기관 활동에 적극적으로 참여함으로써 기관의 성장발전을 위해 노력해야 한다.

6) 사회복지윤리위원회의 구성과 운영

사회복지윤리위원회의 구성과 운영으로는 첫째, 한국사회복지사협회는 사회복지윤리위원회를 구성하여 사회복지윤리실천의 질적인 향상을 도모하여야 한다. 둘째, 사회복지윤리위원회는 윤리강령을 위배하거나 침해하는 행위를 접수받아 공식적인 절차를 통해 대처하여야 한다. 셋째, 사회복지사는 한국사회복지사협회의 윤리적 권고와 결정을 존중하여야 한다.

2. 사회복지현장 실습생의 자세

우리는 사회복지현장 실습생으로서 사회복지사 윤리강령과 다음 사항을 준수한다.

① 실습의 목적과 중요성을 충분히 이해하고, 실습계약사항을 이행하기 위하여 최선의 자세로 실습에 임한다.

② 실습은 대학에서 학습된 이론을 구체적으로 적용하는 과정임을 인식하여 이에 최선을 다한다.

③ 현장실습기관의 구성원이라는 생각으로 타 구성원과 협력하며 친화적인 태도를 보인다.

④ 기관의 정책을 이해하고 수용하며 실습과정에서 준수하도록 한다.

⑤ 근무시간은 기관의 규정에 따르며, 직원과 같은 자세로 근무시간에 임하도록 한다.

⑥ 실습시작 최소 10분 전에 출근하여 출근을 확인하며, 업무에 관계된 사항을 사전에 준비하도록 한다.

⑦ 결근, 조퇴, 지각 등 근태와 관련된 사항은 반드시 실습지도자에게 사전에 보고하여 허락을 받도록 한다.

⑧ 실습지도자의 지시뿐만 아니라 타 직원의 지도를 잘 이행하므로 실습효과를 극대화하도록 한다.

⑨ 직무에 강한 책임감과 열의를 갖고 적극적으로 임하며, 타인에게 책임을 전가하거나 태만하게 행동하지 않는다.

⑩ 실습으로 알게 된 클라이언트의 사적인 정보를 교육적 목적(대학실습지도 등) 이외에는 절대 발설하지 않으며, 교육적 목적이라 하더라도 가명을 사용하여 개인의 비밀이 침해되지 않도록 한다. 실습종료 후 실습관련 내용을 학회지 등에 게재하고자 할 때는 반드시 실습지도자와 상의하여 허락을 받아야 한다.

⑪ 실습지도자의 지도 혹은 타 실습생의 실습을 견학, 관찰할 경우 배우는 자세로 진지한 태도를 보인다.

⑫ 기관의 직원, 클라이언트 등에 대해 예의를 지킨다.

⑬ 복장, 소지품은 실습기관의 특성과 상황에 맞게 취하되, 가능한 화려한 것을 피하고, 검소하며 단정한 것으로 착용하도록 한다.
⑭ 안전사고에 만반을 기하도록 하며, 안전사고와 관련된 기관의 규정을 사전에 숙지하여 그에 따라 처리하도록 한다.
⑮ 실습일지를 비롯한 각종 실습기록은 사실에 근거하여 정확하고 구체적으로 정리하여 실습 시 실습지도자와 실습지도교수의 강평을 받는다.
⑯ 과제에 관하여 연구하고, 그 결과물에 대해 실습지도자의 강평을 받는다.
⑰ 실습과정 중 어떤 경우라도 사례금 등의 금품을 절대 주거나 받지 않는다.
⑱ 과제물은 정해진 기일에 제출하고, 출근 전에 작성을 마친다.
⑲ 기관의 명칭을 사적으로 활용하지 않으며 실습생의 신분을 지킨다.
⑳ 기관을 대표한다는 자세로 현장실습기관의 직원들과 같은 업무태도와 자세를 갖춘다.

3. 사회복지현장실습 슈퍼바이저의 자세

① 슈퍼바이저는 개인적인 이익의 추구를 위해 자신의 지위를 이용해서는 안 된다.
② 슈퍼바이저는 전문적 기준에 따라 공정하게 책임을 수행하며, 사회복지사·수련생 및 실습생에 대한 평가는 저들과 공유해야 한다.
③ 사회복지사는 슈퍼바이저의 전문적 지도와 조언을 존중해야 하며, 슈퍼바이저는 사회복지사의 전문적 업무수행을 도와야 한다.
④ 슈퍼바이저는 사회복지사·수련생 및 실습생에 대해 인격적·성적으로 수치심을 주는 행위를 해서는 안 된다.

제9장

사회복지현장실습의 준비단계

1. 사회복지실천현장의 이해

사회복지실천이 이루어지는 곳을 말하는 것으로서 사회복지 실천현장은 단지 장소만을 뜻하는 것이 아니라, 사회복지실천이 행해지는 장(setting), 문제(problem), 대상집단(client)을 포괄하는 개념이다.

1) 범위에 따른 사회복지실천현장

(1) 협의의 사회복지실천현장

- 사회복지기관을 말한다.
- 사회복지실천이 이루어지는 '구체적인 장소' 혹은 사회복지서비스를 직접 또는 간접적으로 클라이언트에게 제공하는 장소를 뜻한다.

(2) 광의의 사회복지실천현장

- 서비스의 초점이 되는 문제영역을 포괄하는 개념으로 클라이언트에게 서비스를 제공하기 위해 직접적·간접적으로 관련되는 모든 현장을 말한다.
- 대상: 아동, 청소년, 노인, 여성, 장애인 등
- 영역: 의료영역, 정신보건 영역, 약물남용 영역 등
- 장소: 병원, 학교, 도서관 등

2) 기관의 운영목적에 따른 사회복지실천 현장

(1) 1차 현장(Primary Settings)

기관의 일차적인 기능이 사회복지서비스를 제공하는 것으로 사회복지사들이 중심이 되어 활동하는 실천현장
예: 지역사회의 종합사회복지관, 노인복지관, 여성복지관, 사회복귀시설 등

(2) 2차 현장(Secondary Settings)

사회복지전문기관은 아니지만 기관의 운영과 서비스의 효과성에 사회복지서비스가 긍정적으로 영향을 미치기 때문에 필요에 의해 부분적으로 사회복지서비스를 제공
예: 학교, 병원, 교정시설, 기업, 의료기관, 보육시설, 행정복지센터 등

3) 기관설립 주체 및 재원조달 방식

(1) 공공기관

정부의 지원에 의해 운영되며, 사회복지사의 업무는 정부 규정이나 지침에 따라 지도·감독
예: 보건복지부, 시·도, 구·군, 읍·면·동 행정복지센터 등

(2) 민간기관

사회복지 관련 사업을 목적으로 사회복지법에 의해 운영되는 것과 사회복지법인이나 재단, 사단법인, 종교단체, 시민사회단체, 자원봉사단체에서 운영하는 비영리기관
예: 기부금이나 후원금, 재단전입금, 기타서비스 이용료 등을 주요 재원으로 하며, 직접적인 서비스를 제공하는 사회서비스 기관과 간접서비스나 행정지원을 위해 조직된 협의체

4) 서비스 제공(직접 · 간접) 여부에 따른 구분

(1) 행정기관

사회복지실천을 위한 지원기관으로 간접적인 실천의 장이며, 행정업무와 기관들을 연계하고 협의하는 업무를 담당
예: 중앙정부의 사회복지행정기관 – 보건복지부, 노동부, 교육부, 문화관광부 등
민간 행정조직 – 사회복지협의체 등

(2) 서비스 기관

클라이언트에게 직접 서비스를 제공하는 것을 목적으로 하며, 주요 대상자나 문제의 영역에 따라 다름
예: 아동상담소, 지역사회복지관, 보육시설, 여성복지시설, 장애인복지시설, 정신보건사회복지시설 등

5) 서비스의 내용에 따른 구분

(1) 이용시설

집에 거주하는 클라이언트를 대상으로 주거서비스를 제외한 사회복지 관련 서비스를 제공하는 기관을 말하며 재가 또는 생활인, 지역주민을 대상으로 서비스를 제공하는 실천현장
예: 성폭력피해상담소, 노인여가복지시설, 치매주간센터, 정신의료기관, 입양기관, 보호관찰소 등

(2) 생활시설

주거서비스를 포함한 사회복지 관련 서비스를 제공하는 기관으로 수용보호적 성격
예: 아동, 노인, 장애인, 모자가정, 조손 가정 등에 의식주 등 제반 사회복지서비스를 24시간 제공하는 실천현장으로 아동양육시설, 모자보호시설, 정신요양시설, 노숙인 등 시설, 장애인시설 등

2. 사회복지현장실습기관의 역할

1) 실습기관의 실습을 위한 준비

- 기관의 실습규정 구비 및 실습관련 직무 분석
- 실습지도와 관련된 기관의 기획
- 실습지도를 위한 자격 있는 실습지도자 보유
- 실습생 공고 및 실습생 선발
- 실습 시작 전 실습생 대상 사전미팅 진행, 실습계약 및 오리엔테이션 진행
- 실습비 공지 및 실습비 공식 지급
- 실습생의 실습 시 의복 및 태도에 대한 안내

2) 실습진행과 관련된 실습기관의 역할

- 실습계획서 제공 및 계획서에 준한 실습지도
- 실습에 활용되는 표준화 양식 소개
- 기관, 지역사회, 클라이언트에 대한 이해
- 실습 시 안전수칙 및 실습생의 권리와 의무에 대한 구체적인 안내
- 실습일지에 대한 피드백
- 정기적인 슈퍼비전 제공
- 실습 시 소요되는 비용에 대한 행정적인 처리방법 안내
- 실습생 근태관리
- 실습생 소속 교육기관과의 연계
- 실습 중간평가 진행 및 평가내용 공유, 반영
- 실습 종결평가 진행 및 실습평가서 작성
- 실습평가 내용에 대해서 실습생에 대해 피드백 제공

3. 사회복지실습교육기관의 요건과 역할

1) 사회복지실습교육기관의 요건

- 표준교과목 지침에 준거하여 운영(한국사회복지교육협의회의 표준교과목 지침)하며, 기초이론교육이 체계화된 교육기관
- 실습 전 실습생의 자세와 역할, 실습동기화 교육을 실시하는 교육기관
- 실습생의 원활한 지도를 위해 실습기관과 의사소통을 하는 교육기관
- 실습지도교수의 경우 사회복지실습 경험이 있는 사회복지사 자격증과 사회복지현장경력과 사회복지학을 전공한 석사 이상의 교원이 담당하는 교육기관

2) 사회복지실습교육기관의 역할

실습교육을 위한 강의, 토의, 슈퍼비전, 기관방문 등을 통해 실습의 지도를 진행해야 하며, 실습교육 시 실습조교를 배치하여 실습기관 및 실습학생에 대한 연락, 실습상황 검토, 실습보고서와 평가서 정리 등의 업무를 처리

4. 사회복지현장실습의 분류와 지도유형

1) 사회복지현장실습 분류

(1) 실습방법에 따른 분류

① 생활형 실습

클라이언트들과 함께 지내면서 시설운영 생활의 전체 내용을 점검해 보면서 시설생활의 흐름을 이해하고, 직원들의 업무내용과 시설 내 생활과정을 파악해 보는 것에 초점을 둔 실습이다.

② 사례 담당형 실습

사례 담당형 실습은 사례개입서비스(case work service)의 과정을 이해하기 위한 실습으로서 담당하는 케이스를 통해 사례개입의 초기과정에서 종결과정까지 접근 과정과 사회복지사의 역할을 이해하고 서비스 기술 함양에 초점을 둔 실습이다.

③ 혼합형 실습

혼합형 실습은 생활형 실습과 사례 담당형 실습 중 어느 한 분야만 실습하는 것이 아니라 생활형 실습을 하면서 사례를 담당해 보고 기관에서 전개되는 프로그램도 접해 볼 수 있도록 다양한 내용으로 실습에 임하는 것이다.

(2) 실습기간 설정에 따른 분류

① 통년방식(주간식: Weekly System)

지정된 요일을 실습일로 정하여 보통 주 1~2회 정도 실습지에 출·퇴근하면서 한 학기 동안 실습을 진행하는 방법이다.

② 집중방식(집중식: Block System)

일정 기간을 정해 놓고 주 5일 계속적으로 실습하는 것으로서, 주로 방학 기간을 이용하는 방학 중 실습을 말한다. 이 방법은 단기간에 끝나는 실습이기에 케이스를 맡아 장기간에 걸쳐 변화되는 모습이나 발전 속도를 살펴보기에는 어렵고, 실습 기간의 연간 계속적인 사업내용과 기관의 동향 파악에는 어려움이 있다.

(3) 숙식 여부에 따른 분류

① 거주형(숙식형) 실습

실습지에서 숙식하면서 실습하는 형태이나 이는 입소시설에서만 가능하며, 시설 내에서 숙식에 따른 수용능력이 갖추어져야만 가능한 실습형태이다.

② 통원형(출·퇴근용) 실습

실습생이 실습지에 정규직원과 같이 출·퇴근하면서 실습하는 것으로, 일반적으로 현재 거의 모든 사회복지기관에서는 통원형 실습을 진행하고 있다.

(4) 실습지 구분에 따른 분류

① 기관(Agency or Center) 실습

일반적으로 사회복지기관이라 함은 이용시설을 말한다. 즉, 사회복지협의체나 단체, 사회복지관을 비롯한 노인, 장애인, 복지관 및 각종 상담 기관 등 여러 형태의 사회복지기관에서 실시하는 실습형태이다.

② 시설(Institution) 실습

일반적으로 시설이라 함은 요보호대상자를 입소 조치하여 숙식까지 해결해 주면서 각종 서비스를 제공하는 사회복지시설을 말하며, 이용시설에 반대되는 개념이다.

③ 복지 행정(Welfare Administration)

사회복지전담공무원이 맡고 있는 사회복지행정 실무내용을 파악하려는 실습으로 사회복지사가 배치되어 있는 행정복지센터(주민센터) 등에서 실시하는 실습이다.

(5) 실습 지도방법에 따른 분류

① 개별 지도방법(Individual Conference)

슈퍼바이저가 실습생을 개인별로 대하면서 슈퍼비전을 주고, 실습 중 발생하는 개인적인 문제까지도 상담하면서 해결할 수 있도록 조언해 주는 방법이다.

② 집단 지도방법[Group(Team or Peer) Conference)]

실습생을 하위집단(sub-group)별로 나누어 슈퍼비전을 주거나, 실습생 전체를 대상으로 동시에 슈퍼비전을 주는 방법이다.

(6) 실습 유형에 따른 분류

① 상담형 실습

상담기관 혹은 일반 사회복지기관 등에서 클라이언트에게 직접적으로 면접, 전화 상담을 실습하는 경험을 통해 상담기술을 습득하는 실습이다.

② 지도형 실습

실습생이 자기가 맡은 사례(클라이언트)를 대상으로 학습지도, 생활지도, 기능훈련 및 적응훈련 지도를 실시하는 것으로 그들의 각종 기능 향상과 발전을 꾀함은 물론 훈련 · 지도하는 기술을 함양하고자 하는 실습이다.

③ 기획형 실습

실습지에서 진행되거나 전개할 수 있는 각종 프로그램, 이벤트, 프로젝트 등에 대해 의견을 교환하며, 기획 초기단계부터 자료를 수집하고 실제 기획하는 등의 활동을 해 볼 수 있도록 하는 실습이다.

④ 봉사형 실습

사회복지 관련 학과 학생들이 봉사하는 마음으로 실습에 임하는 것을 의미하며, 부족한 복지기관의 일손을 지원하면서 사회복지사로서의 자세와 태도, 자질 등을 키워 가고 또 그들의 기술 등을 습득해 가는 실습이다.

(7) 실습 진행과정에 따른 분류

① 예비학습 (강의)

실습의 의의와 목적 등에 대하여 학생에게 충분히 이해시키기 위해 실습 시작 전에 이루어지는 과정이다.

② 실무실습

실제 업무에 참여하여 실습과정에 임하는 것으로 사회복지사가 현장에서 해야 하는 일과 기술을 익혀 가면서 전문 사회복지사의 자질을 키워 가는 본 실습과정이다.

③ 연구실습

실습 종료 후 실습에 대한 평가를 실시하면서 실습 전 과정에 대한 문제와 실습 자체의 문제점들을 찾아보면서 그 개선점 등을 모색하는 과정이다.

(8) 실습분야에 따른 분류

사회복지 분야를 아동복지 분야, 노인복지 분야, 장애인복지 분야 등으로 분류하듯이 클라이언트를 아동, 청소년, 장애인, 노인, 지역사회 중에서 어떤 대상으로 실습을 할 것인가에 따라 분류하는 방법이다.

2) 사회복지현장실습 지도유형

(1) 사회복지현장실습 지도유형

① 행정적 실습

행정적인 업무처리 능력을 키워 주기 위한 것으로서 시설의 역사, 목적, 규칙, 정책 등을 비롯하여 복지행정 실무에 관한 구체적인 지도

- 실습 주요 내용: 사업계획서 작성 및 예산 수립, 각종 문서 수발 등 행정실무, 각종 보고서류 유형 및 작성, 클라이언트 대상 등 각종 구비서류, 임직원 관계서류, 직원 조직 및 관리, 비품, 소모품 관리대장 및 각종 일지 종류, 원생 입·퇴소 행정절차 및 관계서류, 시설 인·허가 서류 및 절차, 기초생활수급권자 신청과정, 공공부조 신청 및 처리절차 등

② 교육적 실습

학교에서 배운 이론을 현장에 적용해 볼 수 있게 하는 것이고, 실습에 관련된 이론을 재교육하는 것이며, 그에 따른 방법과 기술을 가르치고 도와주는 실습지도

- 실습 주요 내용: 해당 분야의 기초적 이론(지역사회복지론, 재가복지론, 장애인복지론 등), 해당 분야 관계 법규 및 운영지침, 상담이론과 생활 지도방법, 자원동원과 사회복지관 사업, 개별 지도방안 연구, 케이스 매니지먼트(case management)의 이론과 실제적 기술 습득, 집단활동과 프로그램 개발, 관찰, 의사소통의 기술, 행동수정 이론과 클라이언트 지도 실제, ADL(일상생활동작) 이론과 방법 등

③ 지지적 실습

실습생들의 긴장, 불안, 스트레스에 대한 심리적 원조이며 지지적이고 이해심이 많은 사회복지사의 모델을 제시하는 것이다. 실습상황에서 흔히 일어날 수 있는 것은 자신의 실수로 인하여 시설에 피해를 주거나, 클라이언트에게 손상을 끼치지 않을까 하는 심리적 부담을 갖는 경우가 있으며, 장기간 실습으로 인한 태만과 의욕상실, 경험부족에 따른 자신감 결여 등이 나타날 수 있다.

④ 평가적 실습

기관조직, 지역사회에 대한 지식에 근거한 업무수행 능력 평가, 복지사로서 자아인식 분야의 발달 평가, 클라이언트와의 전문적 관계 수립과 유지능력 평가, 사회조사 진단·치료·면접·기록 등에 관한 평가, 각 업무분야별·영역별 평가문안 검토·제작, 클라이언트 발달, 기능향상 점검표 제작 활용 등

⑤ 생활형 실습

시설에서 실습할 때 적용되는 것으로 원생들과 함께 지내면서 시설의 생활리듬을 이해하고, 직원의 업무내용 및 시설 운영의 실태, 기능들을 파악한다.

⑥ 사례 담당형 실습

클라이언트의 문제를 종합적으로 이해하기 위하여 원인을 분석해 해결방안을 모색하면서 자립계획까지 수립해야 한다. 이러한 문제해결을 위해서는 사례 자신에 대한 문제, 타인의 관계, 객관적 환경문제 등으로 구분하여 조사해 보아야 한다.

⑦ 기획형 실습

프로그램의 기획 전 주민 욕구조사 실시, 타 복지관 사회복지 프로그램 조사·분석, 이론적 배경을 위한 문헌조사, 새로운 프로그램 계획서 작성, 프로그램 기획과 자원 등을 활용, 새로운 프로그램 전개 및 중간평가, 프로그램의 평가·효과 분석, 프로그램 컨퍼런스(conference) 실시 참여, 각종 이벤트 기획, 지도기관 제출용 프로젝트에 대한 프로포절(proposal) 작성 및 신청 등

⑧ 종합적인 측면의 실습

기관 내에서 그 기관에서 사회복지사가 개입하는 대상의 특징에 관해 전문적 수준에서 이해하고, 그러한 대상자에게 서비스를 제공하기 위해 요구되는 지식이나 기술, 가치관은 어떠한 것인지 파악하고, 그에 입각하여 사회복지사와의 관계 등을 이해한다. 실습기관의 형편과 실습생의 시간에 따라 상호 유기적인 관계를 맺어 가능하면 많은 영역에서 경험할 수 있는 실습지도가 이루어진다.

5. 사회복지현장실습 슈퍼비전

실습생이 전문 사회복지사로 성장하기 위해 기관의 슈퍼바이저로부터 슈퍼비전을 제공받을 권리가 있다. 숙련되지 않은 사회복지사의 개입이 실천상의 오류를 야기할 수 있기 때문에 지식과 기술을 겸비한 사회복지사로부터 실습업무 전반에 대한 지도와 감독이 행해져야 한다.

1) 실습 슈퍼비전의 원칙

(1) 정규화의 원칙

슈퍼비전은 정기적으로 제공되어야 한다. 실습생을 위한 슈퍼비전의 정기성은 학기 중은 매주 정해진 시간에, 그리고 집중실습의 경우는 매일 정해진 시간에 슈퍼비전이 제공될 수 있어야 한다.

(2) 공식화의 원칙

슈퍼비전은 업무의 일부로 업무시간 중에 수행되어야 한다. 실습생과 실습지도자의 업무량의 관리를 통해 공식 업무의 일환으로 수행되어야 한다.

(3) 상호교류 중심화의 원칙

슈퍼비전은 슈퍼바이저와 슈퍼바이지의 상호 계획하에 수행되어야 한다. 실습은 목적적인 것이므로 실습계약을 통해 설정된 목표에 실습생과 실습지도자가 상호적으로 슈퍼비전의 전 과정에 함께해야 한다.

(4) 개별화의 원칙

슈퍼비전은 슈퍼바이지의 업무와 관련된 지식, 기술, 능력을 파악하여 이와 관련한 훈련, 개발, 더 나아가서 경력개발에 초점을 두고 개별화하여 진행되어야 한다.

(5) 성장 중심화의 원칙

슈퍼비전은 슈퍼바이지의 업무수행상 취약점을 지적하는 것보다는 가능성과 강점의 개발에 초점을 두고 진행되어야 한다.

2) 실습 슈퍼비전의 목표

실습지도자는 학교에서 배운 이론을 실천에 적용할 수 있도록 기회를 마련해 주고, 미래의 전문 직업인으로서 성장하기 위해 지식과 기술을 개발할 수 있는 현장을 제공해 주며, 긍정적인 학습 자극을 제공하는 데 목적을 두고 실습지도를 해야 한다. 실습지도자는 실습생이 업무를 효과적으로 수행할 수 있도록 작업 배경을 제공하고, 업무를 수행하는 데 대하여 기분 좋게 느낄 수 있도록 도울 필요가 있다. 실습 교육에서는 실습생이 다른 실천 상황에서도 적용하여 이용할 수 있는 이론과 기법을 보편화할 수 있도록 가르쳐야 한다. 실습 교육을 통해 실습생이 수동적으로 주어진 업무만 수행하는 것에서 벗어나 스스로 일을 할 수 있도록 자신의 능력을 개발하고 발전시킬 수 있도록 교육해야 한다는 것이다.

6. 실습 전 준비사항

1) 실습신청서[1)]와 실습생 프로파일[2)]

사회복지현장실습지가 정해지면 실습생은 교육기관에 실습기관 선정사항을 알린다. 그 후 교육기관에서는 실습기관에 사회복지현장실습 의뢰를 할 수 있도록 공식적인 협조 공문을 발송한다.

2) 자기소개서와 이력서

실습기관에 따라 자기소개서와 이력서 등을 추가로 요구하는 경우가 있다. 실습은 경력관리의 시작이기 때문에 작성을 신중하고 정확하게 해야 하고, 최신의 내용을 기준으로 작성해야 한다.

(1) 자기소개서

① 자기소개서 작성을 위한 Tip

- 말하기 쉬운 단문 형태의 간결한 문장
- 한마디로 나를 상징하는 문구로 시작
- 요구하는 사항을 구체적으로
- 읽는 사람, 지원하는 기관(조직)의 입장에서 작성
- 직무와 관련된 나만의 강점역량을 중심으로 작성
- 지원한 시설에 대한 정확한 이해 내용을 포함
- 부정적 내용보다는 긍정적 내용을 쓰되 부정적 내용은 긍정적으로 변화하려는 시도와 내용을 포함할 것

---

1) 실습의뢰서에는 실습신청서를 첨부하도록 되어 있으며 실습생이 미리 작성해야 하여 교육기관에 제출한다. 실습신청서에는 이름, 생년월일, 소속, 학과(전공), 학년(학기) 외에 주소, 전화번호, e-mail 등을 작성한다. 실습 의뢰 내용에는 실습기관의 실습부서, 실습분야, 실습내용, 실습기간 등을 작성한다.

2) 실습생 프로파일은 사회복지현장실습을 할 실습기관에 보내는 내용으로 실습생의 인적사항, 이수전공과목, 경력, 사회복지를 전공하게 된 동기, 실습시관 선택 이유, 실습을 통해서 성취하고자 하는 목표, 실습을 마친 후 목표달성 정도를 파악할 수 있는 기준, 사회복지를 실천하는데 있어서 자신의 강점과 약점, 취미 및 특기, 실습기관, 실습지도자 및 실습지도교수에게 바라는 점 등 작성한다.

- 지나치게 튀거나 문장을 반복하여 장황하게 작성하지 말 것, 정직하게 작성
- 기존의 다른 사람의 자기소개서를 참고를 하되 복사하거나 표절하지 말고, 자신의 것으로 만들 것

② 자기소개서 작성 방법

- 논리적인 문맥 연결: 전체를 10으로 볼 때, 성장 과정 1, 성격 1, 학교생활 2, 지원동기 4, 기관입사 후 포부 2 정도로 배분하여 작성함
- 중복되는 말의 회피: 짧은 자기소개에서 같은 말이 여러 번 되풀이되면 생각이 빈곤해지는 인상을 줄 수 있음
- 맞춤법, 띄어쓰기의 중요성: 맞춤법이 틀리거나 띄어쓰기가 문법에 맞지 않으면 좋은 점수를 받기 어려움. 기본적인 맞춤법 검사, 문장완성 검사 등을 통해 검토해야 함
- 성장 과정의 연대순 기술: 가정환경, 성장과정, 대내외 활동 등은 연대순으로 기술함. 가풍이나 재학 시절의 독특한 경험, 가치관에 영향을 준 일 등을 작성하되 평범한 이야기는 피하고 자연스럽게 자신의 성격을 드러내는 것이 무난함. 과거보다 현재의 모습이 중요하므로 과거에 어떻게 됐다고 끝내지 말고 그것을 통해 얻은 것이 무엇인지를 기술하는 것이 좋음
- 자기 PR을 적극적으로 하되 과장되지 않게: 외국어능력, 컴퓨터 활용능력 등 장점이 될 수 있는 것은 객관적·구체적으로 PR한다(예: 토익점수, 다룰 수 있는 컴퓨터 프로그램 등). 성격은 장점만 소개하지 말고 자신의 단점도 솔직하게 시인하고 이를 극복하기 위해 어떠한 노력을 하고 있는지 서술하는 편이 좋음
- 충분한 시간을 갖고 미리 작성: 초고 작성 후 여러 번 반복해서 읽으며 내용과 문장을 수정, 보완한 후 최종 작성하는 것이 좋음. 수정할 부분이 있을 때는 새로 작성하여 여기저기 뜯어 고친 흔적이 없도록 하고 오자나 탈자에도 주의함
- 작성된 자기소개서는 저장을 잘 해 두어야 함: 서류전형 통과 후 면접 시에 자기소개서의 내용을 질문할 수 있음. 따라서 자신이 쓴 내용은 반드시 기억해 두는 것이 필수적임

(2) 이력서

- 실습에서는 요청하는 곳이 많지 않지만, 실제 취업에서는 서류전형에서 가장 중요한 서류임
- 인터넷상에서 직접 입력하는 온라인 방식, 이력서 양식을 컴퓨터 한글 프로그램에서 입력하는 방식, 그리고 문서에 펜으로 직접 글을 작성하는 방식이 있음
- 최대한 깔끔하고 보기 좋게 작성해야 함
- 지원 분야에 대한 자신의 기술, 경력 등에 대해 강조할 수 있어야 함
- 모든 분야에 적합한 이력서는 없고 기관과 조직에 맞게 계속 새로운 정보로 수정 보완해야 함

3) 실습일지

(1) 실습일지 작성의 목적

- 실습의 목표를 성취하기 위한 구체적 과정 기록
- 실습시간에 수행한 업무와 경험 및 관찰에 대한 모니터링
- 실습지도자와 실습생 간의 상호 간 질문과 제언 등의 소통도구
- 실습생 자신의 강점과 약점에 대한 객관적 인식과 실습지도자의 피드백

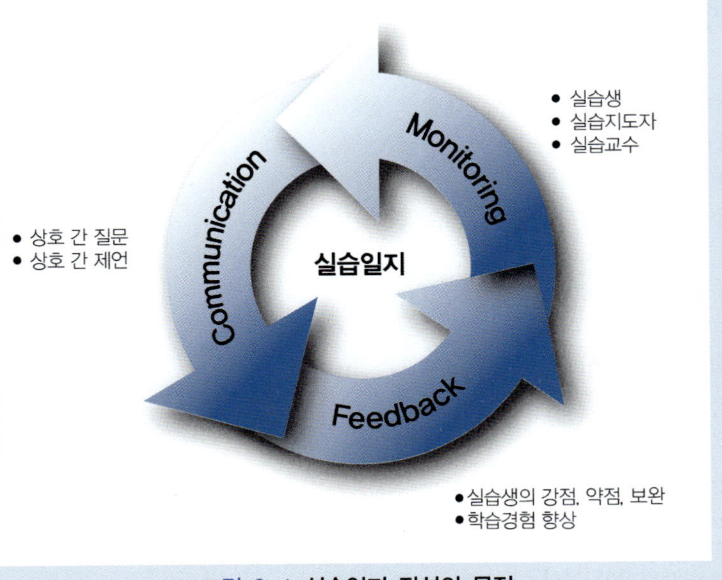

그림 9-1 실습일지 작성의 목적

(2) 실습일지 작성 방법

- 작성하기 전에 메모하고, 간결하게 정리하여 누가 읽어도 이해할 수 있도록 기록한다.
- 매일 작성하고 특별한 지시가 없는 한, 다음날 아침 실습기관의 실습지도자에게 제출한다.
- 실습내용 작성 시 시간대별로 실습한 내용을 사실적으로 기술하고, 개인 일기장이 되지 않도록 주의한다.
- 작성 시 형식에 구애됨이 없이 관찰했던 것과 체험했던 것, 그리고 느꼈던 것을 각색하지 않고 있는 그대로 빠짐없이 기입한다.
- 작성 시 개인의 창의력을 가능한 한 반영한다.
- 클라이언트에 대한 사적 생활 등 실습일지에 기록하기에 적합하지 않는 내용은 기록에서 빼고, 필요한 경우 구두로 실습지도자에게 보고한다.

- 매일 기록하되, 필요한 경우 일주일 단위나 실습의 내용이 크게 바뀐 단위로 요약 정리한다.
- 작성 시에는 다른 실습생이 기록한 실습일지나 다른 분야 전문가 양성 과정에서 기록한 일지 등을 참고하여 사회복지실습을 한 수준 높일 수 있는 방법에 대해서 지속적으로 강구한다.
- 실습지도자로부터 지적 받은 사항은 다음 실습과 실습일지 작성에 반영하여 항상 발전된 모습을 보인다.

(3) 실습일지 작성의 기본 원칙

- 실습 후 매일 작성하며, 사실[3]대로 작성한다.
- 구체적·객관적·논리적·긍정적으로 작성해야 한다.
  부실한 실습일지[4],
  주관적 느낌과 감성적 기록의 실습일지[5],
  부정적 관점만 있는 실습일지[6],
  주관적 판단과 결론만 하는 실습일지[7]
- 공문서 작성요령에 의거하여 기록하라.[8]
- 문어체[9]로 작성하라.
- 개조식[10]으로 작성하라.

---

3) 사실대로 작성한다: 하루 종일 청소, 잔심부름한 내용만 잔뜩 기록하고, 하루의 일과를 일부 삭제하는 경우(내용 누락 기록)은 잘못된 실습일지 기록이다. 실습은 대충하고 일지를 과장되게 기록하는 경우는 실습 계약위반이 된다.

4) 부실한 실습일지의 예: 현황만 제시하거나 문제점, 개선방안만 제시하는 경우 ← 서론, 본론, 결론 성립 불가하여 부실한 실습일지가 된다.

5) 주관적 느낌과 감성적 기록의 실습일지의 예: 참 좋았다. 기분이 좋았다. ← 실습생 자신이 주인공이 되어 감성적 기록한 실습일지가 된다.

6) 부정적 관점만 있는 실습일지의 예: 시종일관 문제점만 지적 ← 가치관의 문제(고정관념, 편견, 아집 등), 즉 대안 없는 비판은 부정적 관점만 있는 실습일지가 된다.

7) 주관적 판단과 결론만 하는 실습일지 예: 노인시설에서 노인학대를 보니 우리나라 모든 노인복지시설에 문제가 있다. ← 일부를 전체로 확대 해석하는 주관적 판단과 결론만 하는 실습일지가 된다.

8) 전문용어를 사용하여 정확하게 구분하여 기록하고, 각종 기관의 고유명칭을 사용하며 약어를 사용하지 않도록 주의해야 한다. ① 전문용어 예: 상담자 - 피상담자(내담자), 슈퍼바이지 - 슈퍼바이저 등, ② 고유명칭 예: 한국사회복지협의회, 안양시사회복지협의회, 안양시노인종합복지관 등, ③ 약어 예: 종합사회복지관 → 종합복지관, 한국사회복지사협회 → 사협회, 사회복지사 → 복지사 등

9) 문어체 예: 실습이란 학교에서 배운 지식과 기술을 현장에서 접목시켜 응용하는 것이다.
존어체 예: 실습이란 학교에서 배운 지식과 기술을 현장에서 접목시켜 응용하는 것입니다.
물음체 예: 실습이란 학교에서 배운 지식과 기술을 현장에서 접목시켜 응용하는 것일까?
애매모호체 예: 실습이란 학교에서 배운 지식과 기술을 현장에서 접목시켜 응용하는 것일까 싶다.

10) 개조식은 서술식과 상반되는 방식으로 앞에 번호를 붙여 가며 짧게 끊어서 중요한 요점이나 단어

(4) 실습일지에 포함되어야 할 내용

- 기관실습지도 계획
- 실습동의서(선택)
- 학생 프로파일
- 실습계획서
- 실습기관 분석 보고서
- 매일 실습내용 기록
- 실습의 소감11)
- 일일평가12)
- 지도자, 기관장의 확인 도장 또는 서명

4) 공문서 작성

(1) 공문서의 기능

- 의사의 기록 구체화
- 의사의 전달
- 의사의 보존
- 자료 제공
- 사무의 연결 조정

를 나열하는 방식이다.

서술식 예: ㅇㅇ시노인복지관의 사회복지현장실습 성공비결은 실습생에게 꼭 필요하고 현장에 적절한 사례로 실습을 지도하며, 훈남 슈퍼바이저인 홍길동의 지도로 만족도 높은 실습지도가 진행된다고 알려졌다.

개조식 예: ㅇㅇ시노인복지관의 사회복지현장실습 성공비결
가. 사회복지 현장에 꼭 필요한 실습지도
나. 훈남 슈퍼바이저 지도

서론, 본론, 결론과 같은 개요가 한눈에 파악되도록 기록 예: 1. → 가. → 1) → 가) → (1) → (가)

11) 실습소감은 당일 실습내용과 연관되는 실습기관의 정책이나 서비스의 양적·질적 수준, 프로그램의 내용, 보건 및 물리적 환경 수준, 급식 및 간식 등에 대해서도 주의 깊게 평가하여 기록한다.

12) 일일평가는 실습 중 사회복지사로서의 윤리적인 딜레마를 경험한 경우는 상황을 기록하고 실습생의 의사결정이나 대처방안을 제시한다. 실습 중 직면하게 된 문제점 혹은 불만사항을 지적할 경우에는 비심판적인 태도에 근거하여 기록해야 한다. 이용자를 관찰하고 사정하는 것도 중요하지만, 이용자에 대한 통찰력 있는 접근이나 의도적인 개입에 대해서도 명료하게 기록해야 하니 주의해야 한다.

(2) 문서의 성립과 처리의 원칙

① 문서의 성립

다른 법령에 특별한 규정이 있는 경우를 제외하고는 당해 문서에 대한 결재권자의 서명(전자문자서명, 전자이미지서명 및 행정전자서명을 포함)에 의한 결재가 있음으로써 성립[13)]된다.

② 문서 처리의 원칙

- 신속처리의 원칙

문서는 내용 또는 성질에 따라 그 처리기간이나 방법이 다를 수 없으나, 효율적인 업무수행을 위하여 신속하게 처리하여 한다.

- 책임처리의 원칙

문서는 정해진 업무분장에 따라 각자가 직무의 범위 내에서 책임을 가지고 관계 규정에 따라 신속·정확하게 처리하여 한다.

- 적법처리의 원칙

문서는 법령의 규정에 따라 일정한 형식 및 요건을 갖추어야 함은 물론 권한 있는 자에 의하여 작성·처리되어야 한다.

③ 공문서의 작성 및 결재

- 기안문의 검토 및 협조의 순서

기안부서의 직속상급자 → 협조부서의 업무담당(상급자) → 기안부서의 장 → 협조부서의 장 → 담당업무 총괄 상급자

- 결재

결재란 넓은 의미로 당해 사안에 대한 행정기관의 의사를 결정할 권한이 있는 자가 그 의사를 결정하는 행위를 말한다. 결재의 종류에는 좁은 의미의 결재, 전결, 대결이 있다.

---

13) 성립 요건: 정당한 권한이 있는 담당직원이 직무의 범위 내에서 공무상 작성하고 결재권자의 결재

④ 서식의 승인 및 관리

설계를 마친 서식에 대해서는 기관의 내부결재를 득한 다음, 운영위원회(이사회) 또는 총회 등의 승인을 받고, 기관의 제 규정에 따른 서식 종류로서 분류하여 관리한다.

표 9-1 항목의 구분과 기호

구분	항목기호	비고
첫째 항목	1., 2., 3., 4., …	둘째, 넷째, 여섯째, 여덟째 항목의 경우 하, 하), (하), ㉻ 이상 계속되는 때에는 거, 거), (거), … 로 표시
둘째 항목	가., 나., 다., 라., …	
셋째 항목	1), 2), 3), 4), …	
넷째 항목	가), 나), 다), 라), …	
다섯째 항목	(1), (2), (3), (4), …	
여섯째 항목	(가), (나), (다), (라), …	
일곱째 항목	①, ②, ③, ④, …	
여덟째 항목	㉮, ㉯, ㉰, ㉱, …	

두문

단체명

수신자 ○○○복지관
(경유)

본문

제 목 '○○○○ 사업 성과평가 지표' 설명회 참석요청

---

1. "목지-111호(2○○○.○.○" 관련입니다.

2. 우리 협회는 현재 ○○○로부터 "○○○○사업" 추진에 대한 성과평가를 수탁 받아 진행 중에 있습니다.

3. 등 사업에 대한 1차년 성과가 추진함에 있어 공지 명화 아래와 같이 시험하오니 참석 부탁합니다.

가. 회 의 명: ○○○○사업 1차년 평가지표 설명회
나. 일 시: 2000년 ○○월 ○○일(C) 10:00
다. 장 소: 보건○○연구원 회의실
라. 참석대상: 사범사업지원/기관 담당, ○○○○ 등
마. 내 용: 성과평가지표 및 평가과정 설명. 끝.

결문

한국 ○○○○○○장 직인

주임 ○○○ 부장 ○○○ 회장 ○○○
협조자
시행 한○○-(20○○.○○.○○)
(우편번호) ○○시 ○○구 ○○로 ○ /
홈페이지 / 전화 / 전송 / 이메일

그림 9-2 **공문서 작성 예시**

7. 사회복지현장실습 준비단계의 목표

사회복지현장실습 준비단계는 실습지도의 기획과 준비단계, 실습생 선발절차, 사전교육의 일련 과정을 의미하고, 이러한 과정을 통해 성공적인 실습이 진행되도록 하기 위한 기초작업이다.

표 9-2 **사회복지현장실습 각 단계의 과제 및 활용양식**

단계	주요내용	과제물	활용양식
준비	실습 전 확인사항 점검 • 실습계약 체결(3자 체결: 실습지도자, 실습학생, 지도교수) • 실습서약서작성 • 실습 시작 전 오리엔테이션(사전미팅) 실시 • 실습생 프로파일 검토 • 실습 슈퍼비전을 위한 기초자료 수집 • 실습생의 교육욕구 진단 • 실습지도자와 실습생의 초기 관계형성	• 실습생 프로파일 • 실습생실습계획서	준비점검표 프로파일 실습계획서 실습계약서 실습서약서
초기	• 실습생 대상의 공통교육 진행 (윤리, 행정, 예산, 문서(기록)작성, 프로그램 계획서 작성 등) • 기관 및 직원소개 • 지역사회탐방 • 부서 및 실습업무 안내 • 관련된 정책 및 제도에 대한 이해	기관분석보고서 지역사회분석보고서 지역사회 지도 그리기	실습일지 실습생출근부 실습지도기록서 사회복지사선서 윤리강령 기관분석보고서 지역사회분석보고서
중간	• 클라이언트(개별, 집단)의 욕구 파악을 통한, 프로그램 기획 및 실행 • 개별대상자에 대한 사정과 개입계획 작성 및 레코딩 • 타 기관 방문 • 사회조사: 지역조사, 욕구조사	과정참여보고서 프로그램 계획서 프로그램 평가서 중간평가서 기관방문보고서 사회조사보고서	과정참여보고서, 프로그램계획서 프로그램 평가서, 중간평가서 사례관리양식, 계획서, 진행일지 집단지도양식, 사회조사양식 기관방문보고서, 사회조사보고서
종결 및 평가	• 종결 * 사례종결 * 실습종결 • 평가 * 실습만족도와 실습평가 * 실습보고회	사례종결보고서 실습만족도 작성 실습보고회 진행 실습평가서	실습만족도 실습평가서 현장실습확인서

출처: 보건복지부 · 한국사회복지사협회(2017).

1) 사회복지현장실습 준비단계의 목표

- 실습기관이 실습생을 받을 것인가의 여부를 결정하고, 기관차원이 실습에 대한 공식적인 승인이 이루어져야 한다.
- 승인이 나면, 실습지도자는 실습지도를 기획하고 철저히 준비해야 한다.
- 실습지도의 기획과 준비의 과업은 실습지도 계획, 실습지도자 선정, 실습생 선발, 실습일정 논의, 실습생에게 배정해야 할 사례 선정 등으로 실습지도에 관련된 전반적인 사항뿐만 아니라 실습과정에서의 개별 프로그램에 대한 세부적인 논의도 이루어져야 한다.
- 공식적인 선발 절차에 따라 실습생 선발하고 선발된 실습생들에게 사전교육을 실시한다.
- 사전교육은 실습생들에게 실습지의 특징과 사업 및 관련 정책을 파악하게 해주며, 이로써 실습생은 실습기간 동안 자신의 역할을 인식할 수 있다.
- 사전교육을 준비함에 있어 기관 내에서도 공식적으로 직원들과 협력함으로써 이들이 실습에 관심을 가지고 기여할 수 있도록 하는 것이 바람직하다.

표 9-3 **준비단계의 과업**

- 실습지도자 준비: 슈퍼바이저의 훈련, 실습지도 역량 사정, 보완
- 교육기관 준비: 실습지도 체계의 점검, 실습내용 선정, 실습지도 지침서 및 각종 관련양식 준비
- 실습지도의 기획: 계획수립, 실습지도자 선정, 실습생 선발 방식 결정, 각종 교육내용 및 교육기관 내 담당인력 결정
- 실습생의 선발 및 확정, 행정적 처리, 교육적 사정
- 실습 사전교육(오리엔테이션): 교육기관에 대한 이해, 실습생과 실습지도자 간 관계형성, 실습생의 자세와 태도, 기본 공통교육 등
- 실습생에 대한 교육적 사정과 실습계약을 위한 준비: 실습목표 확인, 양식 설명, 과제 제시
- 실습생 준비: 실습계약서, 실습계획 수립 및 확인, 실습 사전교육 참여 및 숙지, 실습관련 서식 확인

(1) 실습에 관한 교육기관 정책 및 지침의 정비

실습을 원활히 수행하기 위해서는 실습기관에서는 실습에 관한 정책과 규정이 명확해야 한다. 실습지도의 정책 및 규정은 기관 내부에서 수립되어야 하는데, 기본적으로 사회복지사업법과 한국사회복지사협회의 규정을 준수하여 준비해야 한다.

(2) 실습생들을 위한 학습 및 실습내용의 선정

실습생이 참여할 수 있는 학습기회들의 목록을 바탕으로 더 많은 학습기회들을 확장해야 한다. 실습생은 현장실습에서 윤리적 결정기술, 비판적 사고기술, 시간관리 기술, 자기인식 기술, 사회적 기술과 대인관계 기술, 의사소통 기술 등을 배울 수 있어야 한다.

표 9-4 한국사회복지사협회 제시: 실습에서 다루어야 할 내용

필수 공통: 모든 실습교육에 필수적으로 구성

구분	실습내용	과제물
필수 공통 내용	1. 사전교육(오리엔테이션) 1) 기관소개 및 지역소개 2) 대상 집단의 이해 3) 실습생의 자세와 역할 4) 실습일정과 과제 안내	각 내용에 따른 보고서 및 일지작성 제출
	2. 행정업무 1) 훈련목적 하의 각종 기안서(공문, 품의, 지출결의 등) 작성 및 결재과정 참여 2) 기관운영과 관련된 규정검토 3) 예 · 결산서 작성 연습	실습내용에 대한 실습생의 의견서 및 관련서식 작성 제출

필수 선택: 3개 내용 중 최소 1개 내용을 선택하여 구성

구분	실습내용	과제물
필수 선택 내용	3. 사례관리: 사례접수(intake), 사례회의, 자원연결, 개입, 사후관리	각 내용 중 실습내용에 해당되는 자료와 기록을 작성 제출
	4. 집단지도 1) 소집단지도(집단 역동성 중심의 프로그램) 2) 대집단프로그램(프로그램 개발과 운영, 캠프, 자원봉사관리 등)	집단 프로그램 계획서와 집단지도 및 활동기록을 작성 제출
	5. 지역복지 및 정책개발 1) 지역사회조직(지역자원개발, 주민조직화, 주민교육, 복지 네트워크 구축 등) 2) 정책개발 및 평가 3) 사회행동, 홍보, 옹호 등	과정 기록, 계획서 및 평가서 등을 작성 제출

자유 선택: 기관여건에 따라 필요한 부분을 선택하여 구성

구분	실습내용	과제물
자유 선택 내용	6. 개별상담	사례에 대한 전체 과정 기록 3회 이상 작성 제출
	7. 가족상담 및 치료	3대 이상 가계도, 전체 과정 기록 1회 이상 작성 제출
	8. 프로포절 작성	해당 단체 양식에 부합하여 1개 이상 작성 제출
	9. 사회조사	설문지 작성, 조사 참여, 코딩과 분석과정 전체 참여 및 보고서 작성 제출
	10. 타기관 방문	실습목적에 맞춰 2개 이하 기관 방문 및 보고서 작성 제출
	11. 지역탐방	지역의 특성과 자원에 대한 사정 및 분석 보고서 작성 제출

(3) 실습생이 담당할 사례의 선별 및 할당

실습생이 기관의 모든 사례를 담당하도록 하는 것은 효과적이지 않다. 실습지도자는 실습생들에게 각자의 역량 수준과 개별적인 선호를 고려하여 실천현장에 대한 자신감과 성취감을 얻을 수 있도록 사례를 배정해야 한다.

실습생에게 사례를 배정할 때 고려사항

- 사회복지사에게 면담을 요청한 클라이언트, 서비스를 원하는 사람
- 한 번에 한 명의 클라이언트만 면담할 수 있는 상황
- 욕구나 상황에 대해서 대화가 가능한 클라이언트
- 현실 감각이 있는 클라이언트
- 외관이나 행동이 지나치게 공격적이지 않은 클라이언트
- 알코올 사용이 경미한 클라이언트
- 제시된 문제를 극복하거나 회복을 기대할 수 있는 클라이언트
- 초보의 학생에게도 안전한 상황이 보장되는 클라이언트
- 실습생이 서비스나 사정을 할 수 있도록 시간을 낼 수 있는 클라이언트, 서비스 결정 시 여유롭게 기다리는 시간을 낼 수 있는 클라이언트
- 클라이언트와의 접촉이 실습지도자가 있는 곳에서 이루어지는 상황(지부나 기관에서 멀리 떨어진 곳이 아닌)
- 사회복지사의 역할을 인정하는 다른 분야의 팀과 일하는 상황
- 사회복지실천의 개입 근거가 구체적이고 명확한 상황
- 장기간 문제가 있어 왔지만 최근에 제시된 문제가 구체적이고 명확한 상황
- 서비스 전달체계와 그 직원에 대해서 호의적이고 수동적, 긍정적인 클라이언트
- 의사표현 욕구가 있고 언어적 능력이 있는 클라이언트, 다소 말이 많은 가벼운 치매가 있는 클라이언트
- 문제해결 기술(행동변화, 통찰력 형성, 환경조정)보다는 기본적인 면접기술(자료수집)이 요구되는 클라이언트
- 이전 사회복지사나 실습생이 만족스러운 직무평가를 받았던 사례

위의 내용을 실습현장에 적용한다면 위험군에 속하는 클라이언트, 부적응행동이 심한 클라이언트, 장애정도가 심한 클라이언트를 실습생에게 배정하기보다는 경미하고 개선 가능성이 크며 클라이언트에게 다가가기와 의사소통이 비교적 쉬운 사례를 배정하는 것이 좋다. 아울러 실습생의 성별이나 종교가 학생과 조화를 이룰 수 있도록 배려하는 세심함도 필요하다.

2) 실습계획에 따른 실습관련 양식 정리

- 오리엔테이션 자료집 파일
- 실습생 프로파일
- 서약서
- 실습계약서
- 기관분석보고서 양식
- 중간 및 종결평가서
- 실습계획서
- 실습지도자 프로파일
- 실습생 출근부
- 실습일지
- 지역사회분석보고서 양식
- 실습지도자 평가서

3) 실습 사전교육(오리엔테이션) 실시

실습이 본격적으로 시작되기 전에 실습생을 대상으로 사전교육을 실시해야 한다. 사전교육에서는 실습생들에게 실습과정 전반에 대한 안내, 직면하게 될 문제점과 어려움들, 기관의 기대, 적절한 행동 지침 등에 대하여 충분히 알리고 철저히 교육할수록 실습생들의 실무현장 적응도가 높고 적응하는 데에 걸리는 기간도 단축된다. 실습에 대한 전반적 소개와 함께 실습생의 역할과 자세 안내, 실습지도자 및 실습생 소개, 기관에 대한 전반적 이해, 기관 견학 등의 내용을 포함하도록 한다.

제10장

사회복지현장실습의 초기단계

1. 사회복지현장실습 초기단계의 관계형성

실습 초기단계는 실습생에 대한 교육적 사정[1]과 기본적인 교육이 이루어지는 단계이다. 초기단계에서는 기관 소개와 지역사회 소개 등 기본적인 교육을 제공하여 본격적인 실습의 기초를 다지고 실습 업무를 할당하게 된다. 초기단계를 통하여 실습생은 타 실습생과 인사하고 사귀며 실습생과 슈퍼바이저, 실습생과 기관 구성원 간에도 관계가 형성된다. 이러한 관계는 이후 실습 전반에 영향을 미치며 실질적으로 성공적인 실습교육의 목적 달성에 영향을 미치기 때문에 각별한 유의와 노력이 필요하다.

1) 실습생과의 개별면담 및 교육적 사정

효과적인 슈퍼비전 관계를 수립하기 위해 먼저, 슈퍼바이지인 실습생에 대한 교육적 사정이 이루어져야 한다. 실습의뢰가 접수되어 실습지와 슈퍼바이저가 확정되면, 슈퍼바이저는 실습생과의 1차 면담을 통해 실습생에 대한 교육적 사정을 실시한다. 면담의 자리는 회의실 등 주변에 면담을 방해하는 다른 사람이나 주의를 산만하게 하는 것들을 제거하고 편안하고 집중된 면담을 할 수 있도록 준비한다. 면담자료로는 실습생 프로파일과 실습생이 작성한 실습계약서를 기본으로 하고 간단히 메모지를 준비할 수 있다. 실습생의 관심과 동기, 준비정도, 이후 진로 등과 관련하여 대화를 나누고 실습생의 개별화된 실습 욕구나 개인적인 강점들을 파악하며 약점에 대해서도 미리 밝혀 둘 부분이 있는지 파악해야 한다.

---

1) 교육적 사정에는 실습생이 제출한 개인적인 정보 외에 개별면담을 통해 실습생의 이전 경험, 지식 정도, 관심사, 학습동기 등을 조사하며 이를 바탕으로 실습계약을 맺는 과정 등이 포함된다.

2) 기초교육

- 기관이 대상으로 하는 클라이언트에 대한 이해
- 클라이언트에 대한 개입방법
- 클라이언트와의 관계형성
- 프로그램 기획 및 개발
- 프로그램 평가
- 기관 사업과 관련된 사회복지정책과 제도에 대한 이해

3) 실습기관에 대한 이해

준비단계에서의 기관에 대한 안내자료를 기초로 하여, 초기단계에서 실습생은 기관에 대한 조사서를 작성하도록 한다. 조직 구조와 기능, 역할에 대한 세부적인 내용은 각 연간계획서를 참고자료로 활용하면 좋을 것이다. 실습기관의 역사와 방침, 특색사업, 조직구조, 재정운영, 그리고 구성원들의 평가와 만족도 및 그들 간의 관계를 탐색할 필요가 있다. 이러한 것들은 홈페이지, 사업계획서 등을 통해 자료를 수집할 수 있다.

실습생은 문헌 고찰과 인터뷰, 기관 안팎 구석구석을 돌아보기 등을 통해 구성원들의 사회복지 관련 욕구와 문제들, 강점과 기관 안팎에 있는 위험 요소와 관련 자원들은 무엇인지 파악하도록 한다. 특히, 이때 문서로만 파악하는 것은 매우 편협할 수 있으므로 직접 기관 주변 지역사회의 주거지와 이동로, 유관기관을 발로 걸어서 답사해 보는 것이 중요하다. 이러한 조사결과는 사업계획에 어떤 점들이 반영되어야 할지 결정하게 해 주는 근거자료가 되며 사회복지사가 되었을 때 기관 내외의 어떤 사람들과 어떻게 협력해야 할 것인지를 알려준다. 업무 분장과 관련해서는 기관의 중간 간부 수준의 선임 슈퍼바이저를 초빙하여 짧은 안내를 듣도록 하면 좋다. 아울러 기관 조직문화를 이해하고 직원들과 효과적으로 관계를 맺고 의사소통하는 요령, 협력과 역할분담에서의 전략들을 실습생들에게 지도해야 한다.

4) 행정

사회복지기관은 공식적인 기관이며 사회복지사는 공적인 기관의 조직원으로서 모든 행동에 대해 공식적 절차와 양식에 따라 계획하고 기록, 보고해야 한다. 크게 내부 기안과 외부로 나가는 공문의 두 가지 형태가 있다. 내부 기안의 경우는 보다 간소한 형태의 공문서이며, 외부 공문의 경우는 정형화된 틀과 양식에 맞추어 사용한다. 특히 요즘에는 종이결재가 사라지고 거의 전자결재로 이루어지는데 일부 회계관리 시스템 같은 경우, 수정이 매우 어렵거나 불가능하여 입력부터 마침표 하나까지 정확히 기재해야 한다. 개입계획 및 실행, 보고와 관련된 내부기안과 외부기안 외에도 출장, 외부 강사 섭외, 물품 구입 및 이용 관련 영수증 처리 등에서 어떻게 공식적으로 문서를 작성하고 결재를 받아 기록을 보관하는지 실습생에게 안내한다. 이 과정에서 기관마다 결재 라인이 조금씩 다름을 알 수 있다. 내부 서식들[2]은 사회복지 전문적 실천과 관련된 전 과정에서 남겨지는 기록들이다. 이러한 양식들을 사용한 기록은 복지업무의 관리와 운영을 효율적으로 하기 위한 수단인 동시에 서비스의 효과성을 입증하는 자료라고도 할 수 있으므로 정확하고 과학적인 기록이 필요하고 전문직 윤리에 따라 함부로 유출할 수 없음을 숙지해야 한다.

5) 전문적 활동에 대한 교육

사회복지사로서 수행하게 되는 전문적 활동에 대한 기초교육은 실습생의 교육적 사정 결과에 근거하여 개인의 역량에 맞추어 제공한다. 즉, 실습생이 이미 어느 정도까지 지식과 기술을 습득하고 있는지, 경험은 있는지에 따라서 개별상담이나 집단 프로그램 개발, 운영에 대하여 지도해야 한다. 교육기관에서 아무리 교재를 가지고 전문적 활동에 대해 배웠다고 하더라도 직접 해 보지 않으면 막상 닥쳤을 때 무용지물이 되기 십상이다. 따라서 실습현장에서 클라이언트에 초점을 맞추어서 직접 대화 장면을 역할연습으로 해 보기도 하고 집단 프로그램 개발과 운영의 전략과 유의점들을 지도해 두어야 실습의 본 단계에서 제대로 활동할 수 있다.

---

2) 내부 서식들: 이용자(회원) 카드, 사정기록, 상담일지, 집단 프로그램 세부계획서와 활동일지, 지역사회 자원망 지도와 연락처, 실습생 및 자원봉사자 활동일지와 신상카드, 사회복지사업 예산 사용 상황표 등이 이에 해당된다.

기초단계에서 기본교육에 포함될 전문적 직접서비스 업무 관련 주요 내용을 들자면 개별개입에서는 클라이언트 대상 대화하기, 사정하기, 면접상담하기, 보호자와 전화통화, 가정방문, 개입계획의 수립, 옹호와 자원연계, 의뢰의 절차와 모니터링, 사례관리 팀 구성과 운영 등이다. 집단개입에서는 프로그램 기획과 계획서 작성, 운영의 팁, 집단운영의 주요 기술, 평가와 기록, 대상학생들의 집단 역동 특징, 클라이언트가 선호하는 집단 프로그램과 비자발적 집단의 예 등을 들 수 있다. 연간 사업계획서 작성, 보고서 작성은 매우 중요한 과업이므로 반드시 이것을 다루어야 한다. 전년도의 사업계획서, 평가보고서 등을 공유하는 것도 좋다. 이 외에도 지역사회 자원개발 및 평가, 관계맺기와 공동협력, 그리고 다양한 타 전문직과의 협력과 연대, 자기전문성 계발과 소진예방 등을 다룰 수 있다.

6) 관계형성

초기단계에서는 실습생이 실습지도자인 슈퍼바이저와 직접 면담과 교육을 거치면서 서로를 탐색하고 안정된 관계가 수립된다. 그뿐 아니라 실습생이 여러 명일 경우 실습생 간의 관계가 수립되어야 하고 실습생들이 기관 직원들에게 인지되고 적절한 관계로 조직 내에 안착하는 단계가 되어야 한다. 슈퍼바이저는 그 존재 자체로 실습생에게 모델링의 대상이 된다. 따라서 기본적인 표정과 태도, 언행 등에서 실습생에게 편안하고 존중하는 느낌을 주고 상호 신뢰하고 격려하는 관계를 수립하도록 이끌어야 한다. 때로 초반에 오해가 있거나 갈등이 발생한 후 제대로 해소하지 못하면 실습이 이루어질 수 없다. 슈퍼바이저는 실습생에게 지나치게 엄하거나 권위적이어서도 안 되지만 지나치게 수용적이고 경계가 없어서도 안 된다. 또한 이성인 경우 성적으로 부적절한 관계가 발생하지 않도록 유의하여야 한다.

실습생들은 기관 안에서는 검소하고 예의바른 복장과 온화한 표정으로 바른 태도로 행동하며 항시 명찰을 패용해야 한다. 직원을 만나면 인사하고 필요시 자기를 분명하게 소개할 수 있어야 한다. 실습생이 사무실을 드나들 때에는 세심한 주의가 필요하며, 가능한 한 개인적으로 출입하지 않는 것이 좋다.

클라이언트들을 대할 때에도 너무 친근하게 대한 나머지 편한 형이나 누나로 대하게 하는 것도 전문적인 자세가 아니다. 간혹 아동·청소년들에게 너무 편하게 대한 나머지 학생들이 돈을 꾸어 달라고 하거나 방과 후에 집으로 찾아오고 자기를 만나 달라고 요구하는 일이 발생하기도 하므로 실습생이지만 예비사회복지사로서 전문적 태도와 행동을 책임질 수 있어야 함을 주지시키는 것이 필요하다.

사회복지사는 많은 부분 관계 맺기를 통해 관계에 개입하여 관계를 변화시키는 일을 한다. 따라서 실습생들이 실습기간을 통해 만나는 사람들과 자연스럽게 관계를 맺고 그 관계를 적절하게 활용하며 관계 안에서 적절하게 기능할 수 있도록 지도하는 것은 매우 중요하다.

2. 실습계약서 작성, 실습계획 수립

1) 실습계약서 작성

교육적 사정이 이루어졌으면 실습계약서를 작성한다. 미리 작성된 실습계획서를 기초로 하되 실습여건이나 실습생의 특징을 고려하여 더 다룰 부분과 넘어갈 부분, 자세히 할 부분과 대충해도 될 부분, 문서로 할 부분과 말이나 행동으로 해야 할 부분 등을 판단하여 구체적인 실습계약을 구성하게 된다. 실습의 기간이 주 몇 회, 총 몇 달 정도로 비교적 짧은 기간이기 때문에 슈퍼바이저는 주어진 실습기간 동안에 실습생이 예비사회복지사로서 무엇을 경험하고 달성할 것인지, 무엇을 할 수 있으며 얼마만큼 할 수 있는지까지 고려하여 실습계약이 실질적이고 효과적인 실습 계획서가 되도록 검토해야 한다. 실습계약에는 실습과 관련하여 실습기간과 활동시간, 실습 일정표, 실습기관 및 기관 내 주활동장소, 슈퍼바이저와 실습생 명시, 각자의 권한과 책임, 역할과 과제, 그리고 윤리적 규정 등을 제시할 수 있다.

실습 계약서

실습생명		소속 대학	
기관명		주소/전화번호	
실습지도자		실습지도교수	

1. 일반적 사항
   (1) 실습기간 : ________년 ______월 ____일부터
   ________년 ______월 ____일까지 총 _____일
   (2) 업무시간 : 주 ________일 근무, ______시부터 ______시까지
   (3) 교육기관(대학) 실습세미나 시간 : ________요일, _____시부터 _____시까지
   (4) 결석에 대한 조치

2. 실습의 목적과 목표
   (1) 목적
   (2) 목표

3. 실습생의 의무와 책임

4. 실습지도자의 의무와 책임

5. 실습지도교수의 의무와 책임

상기 사항을 성실하게 이행하여 실습을 진행하도록 하겠습니다.

년 월 일

실 습 생 ________ 인
실습지도자 ________ 인
실습지도교수 ________ 인

2) 실습계획 수립

실습계약서에는 실습계획서가 첨부되는데 계약서를 따로 작성하지 않고 실습계획서에 양자가 서명함으로써 계약서를 가름할 수도 있다. 실습계획서에 제시되는 실습생이 성취할 학습목표, 수행할 업무들은 구체적이고 현실적이며 이들의 달성 여부를 확인할 수 있도록 관찰과 측정이 가능한 행동적 언어로 표현되는 것이 좋다.

표 10-1 **실습계약서에 포함될 내용 예시**

영역	세부목표	목표성취 전략	평가
전문적 발달	• 사회복지사로서의 정체감, 전문적 성장(전문성 향상) • 자기인식의 향상 • 사회복지의 가치의 내재화 • 윤리적 사명감 강화	• 사회복지사로서 나의 강점과 약점을 파악한다. • 개인적 편견과 고정관념에 대한 항목을 작성한다. • 실습기간 동안 학습, 성장한 부분에 대하여 평가서를 작성한다.	• 작성 여부 • 작성 내용에 관하여 실습지도자와 논의 • 양적, 질적 평가방법 선정 및 평가
행정적 측면	• 기관의 미션, 비전, 가치에 대한 이해도 향상 • 기관 구조의 이해도 향상 • 전체 사업의 이해도 향상	• 기관분석보고서를 작성한다. • 사업계획서를 읽고 각 사업의 특성을 비교, 분석한다. • 슈퍼바이저인 사회복지사와의 면담을 통해서 사업현황과 문제점을 파악한다.	• 작성 여부 • 작성 내용에 관하여 실습지도자와 논의 • 양적, 질적 평가방법 선정 및 평가
지역사회·정책	• 지역사회에 대한 이해도 향상 • 관련 서비스 전달체계의 이해도 향상 • 관련 정책 이해도 향상	• 지역사회분석 보고서를 작성한다. • 지역사회의 사용가능한 자원 목록을 작성한다. • 기관에 영향을 미치는 교육 및 사회복지정책에 대해 분석한다.	• 작성 여부 • 작성 내용에 관하여 실습지도자와 논의 • 양적, 질적 평가방법 선정 및 평가
기본적 대인관계	• 대인관계 능력 강화 • 자기표현 및 의사소통 기술 습득, 강화 • 실습지도자, 동료, 직원과의 관계 기술 습득, 강화	• 집단 팀협력 과제를 완성한다. • 먼저 적극적으로 인사하고 자기표현을 한다. • 날마다 그날의 일들에 관해 토론하고 어려운 점을 나눈다.	• 실시여부 • 양적, 질적 평가방법 선정 및 평가

영역	세부목표	목표성취 전략	평가
클라이언트 체계 개입	• 사회복지 실무능력 강화 • 집단실천능력 강화 • 계획, 실행, 평가 기술 습득, 강화 • 인간행동과 다양성에 관한 학습 • 면접 및 사정 기술 습득 및 강화 • 의뢰, 사례관리, 옹호 기술의 습득 및 강화	• 사회복지 관련 책을 읽고 요약한다. • 면담과정을 관찰한다. • 사례관리를 실시한다. • 클라이언트의 가정방문을 한다. • 집단활동프로그램을 계획, 실행, 평가한다.	• 작성 여부 • 작성 내용에 관하여 실습지도자와 논의 • 양적, 질적 평가방법 선정 및 평가

사회복지 현장 실습 계획서(예)

○ 지도자 : ____________

○ 실습생 : ____________

1. 실습목표
   1) 클라이언트 및 가정과 지역사회의 문제와 욕구, 강점과 자원, 그리고 상호관계에 대하여 사정하고 기술할 수 있다.
   2) 사회복지관의 조직체계 및 역동에 대해 이해하고 그 안에서 적응하며 효과적으로 의사소통할 수 있다.
   3) 클라이언트에 대한 개별 · 집단개입 계획을 수립하고 문서로 기술할 수 있다.
   4) 개별 · 집단개입 계획을 실행하고 스스로 평가하여 기록할 수 있다.
   5) 실습생 자신의 사회복지사로서 능력과 자질을 평가하고 이해한다.

2. 실습기간: 년 월 일 ~ 년 월 일(총____시간)

3. 근무시간: 매주 ____ 요일 오전 _____시부터 오후 _____시까지

4. 실습 세부계획

영역	실습 내용 및 방법	과제	평가
전문적 발달			
행정적 측면			
지역사회 · 정책			
기본적 대인관계			
학생체계 개입			

5. 일정표(※일정 중에 방학 중, 학기 중 기간을 선택하여 실습)

월	주	내용	제출문서	비고	월	주	내용	제출문서	비고
1월	1	겨울방학 실습 시작	프로파일		7월	1	여름방학 실습 시작	프로파일	
	2					2			
	3	실습 중간평가				3	실습 중간평가		
	4					4			
2월	1				8월	1			
	2	겨울방학 실습 보고회 1학기 실습지도 계획서 확정	실습지도 계획서, 실습지도자평가, 실습평가 설문지			2	여름방학 실습 보고회 2학기 실습지도 계획서 확정	실습지도 계획서, 실습지도자 평가, 실습평가 설문지	
	3	1학기 실습 O.T 겨울방학 실습평가서 송부 겨울방학 실습지도평가회	실습평가서, 실습지도 평가서			3	2학기 실습 O.T 여름방학 실습평가서 송부 여름방학 실습지도평가회	실습평가서, 실습지도 평가서	
	4					4			
3월	1	1학기 실습 시작	실습생 프로파일		9월	1	2학기 실습 시작	실습생 프로파일	
	2	여름방학, 2학기 실습지도 계획				2	겨울방학, 1학기 실습지도 계획		
	3	실습생 의뢰 공문 발송				3	실습생 의뢰 공문 발송		
	4	실습 1차 접수 시작				4	실습 1차 접수 시작		
4월	1				10월	1			
	2					2			
	3	실습 중간평가				3	실습 중간평가		
	4	면접 후 실습생 확정 실습생 확정 명단 수합	실습생 선발			4	면접 후 실습생 확정 실습생 확정 명단 수합	실습생 선발	
5월	1	실습 확정 공문 발송 O.T 공고			11월	1	실습 확정 공문 발송 O.T 공고		
	2					2			
	3					3			
	4					4			
6월	1				12월	1			
	2	1학기 실습 보고회 여름방학 실습지도 계획서 확정	실습지도 계획서, 실습지도자 평가, 실습평가 설문지			2	2학기 실습 보고회 겨울방학 실습지도 계획서 확정	실습지도 계획서, 실습지도자 평가, 실습평가 설문지	
	3	여름방학 실습 O.T 1학기 실습평가서 송부 1학기 실습지도평가회	실습평가서, 실습지도 평가서			3	겨울방학 실습 O.T 2학기 실습평가서 송부 2학기 실습지도평가회	실습평가서, 실습지도 평가서	
	4					4			

6. 기타 유의점

〈실습생의 의무〉

1. 실습계획서의 내용에 따라 성실히 근무한다.
2. 복장과 태도, 언행에 유의하여 클라이언트에게 모범이 되도록 한다.
3. 실습기간 중 작성한 기록물과 클라이언트 관련 정보는 특별한 사전 허락 없이 일체 외부로 유출하지 않는다.
4. 기관외부에서 개별적으로 클라이언트를 만나거나 가정방문을 할 때에는 반드시 사전에 슈퍼바이저와 협의하여야 한다.
5. 교사 및 타 실습생 등 학교 내 구성원들과 예의 바르고 존중하는 관계를 형성한다.
6. 실습과 관련하여 클라이언트나 보호자로부터 일체의 사례금품을 받아서는 안 된다.
7. ______________________________

〈슈퍼바이저의 의무〉

1. 실습생을 실습과 무관한 업무에 동원할 수 없다.
2. 실습생이 실습과정에서 부딪치는 학교사회복지 서비스와 관련된 지식과 기술에 대하여 충분한 설명과 지도를 제공한다.
3. 실습생의 역량과 취향에 알맞은 업무와 사례가 배정되도록 세심히 주의한다.
4. ______________________________

실습생 ____________는 사회복지실습의 모든 내용을 숙지하였고 전 과정에 정직과 성실로 임하겠습니다.

이름 : (사인)

사회복지사 ________________는 실습내용을 충분히 숙지하였고 지도자로서 모범을 보이며 성실한 슈퍼바이저로 임할 것을 약속합니다.

이름 : (사인)

년 월 일

제11장

사회복지현장실습의 중간단계

1. 업무점검

사회복지 실습 중간단계에서는 실습생은 할당된 실습 업무들을 수행하고 슈퍼바이저는 직접적인 슈퍼비전과 피드백을 제공하며 실습 과제들의 검토가 이루어지는 동시에 전반적인 실습지도 방향의 수정 보완이 이루어지는 단계이다. 중간평가를 통해 실습목표 성취도를 확인 및 수정하고, 보충교육을 실시하게 된다. 중간단계에서 실습지도자는 실습생에게 배당된 업무가 잘 이루어지고 있는지에 대하여 확인해야 한다. 중간단계의 실습지도자의 점검사항은 실습생에게 배당되는 업무[1]의 적절성, 업무수행의 효율성, 수행정도 등이다. 그러나 자세히 살펴보면 실습생들에게 배당된 업무가 그들의 기대와 다를 수 있고 또한 실습생의 특성과 역량에 따라 배당된 업무수행이 너무 어렵거나 너무 쉬워서 만족하지 못할 수 있으므로 이를 고려하여 중간에 업무점검이 이루어져야 한다. 또한 실습생의 특성과 강점을 고려하여 기존 업무수행을 평가하고 필요하다면 업무배당을 조정할 수 있다.

2. 정기적 슈퍼비전

1) 슈퍼비전 주기

개별 슈퍼비전은 주 1회 이상 실시하고 이에 추가로 개별 · 집단 · 동료슈퍼비전의 형태로 최소한 주 1회 이상 슈퍼비전을 제공하여야 한다. 실습지도 계획서에는 전체적인 슈퍼비전 일정이 마련되어야 하며, 정기적인 일정 외에 필요시 부가적으로 슈퍼비전을 시행할 수도 있어야 한다.

2) 슈퍼비전 유형

슈퍼비전은 개별슈퍼비전, 집단슈퍼비전, 동료슈퍼비전, 외부자문 등의 유형을 활용할 수 있으며 기관 및 부서의 상황 및 사안에 따라 다양한 유형을 적절히 선택

1) 주로 실습생에게 배당되는 업무는 기관의 서류철 및 각종 서식 정리 등 비교적 간단한 업무를 비롯하여 집단 프로그램 기획 및 운영, 사례관리 등이 있다.

하여 실시한다. 단, 슈퍼바이지를 개별화하여 실시하는 개별슈퍼비전은 주 1회 이상 유지되어야 하며, 기관 내·외부 인적 자원을 최대한 활용하여 슈퍼비전이 효과적으로 실행될 수 있어야 한다.

3) 슈퍼비전 시간

정기적 슈퍼비전은 통상 30분~1시간 이상의 길이로 진행한다. 주 1회 이상 유지되는 개별슈퍼비전의 경우, 충분한 시간을 확보하고 일정한 과정에 의해 진행되어야 한다. 그러나 특정 상황과 사안에 따라 슈퍼비전이 필요한 경우에는 시간을 조정하여 효과적으로 진행할 필요가 있다.

4) 슈퍼비전 기법

구체적인 슈퍼비전을 제공하는 기법으로는 실습생(슈퍼바이지)의 사례나 프로그램 기록 검토, 역할극, 토론, 책읽기, 기법전수, 코칭, 녹음과 녹화, 관찰 및 참관 등이 대표적이다. 특히, 교육적 슈퍼비전의 경우 다양한 교육적 도구들을 활용하여 슈퍼비전을 제공하였을 때 실습생(슈퍼바이지)의 만족도가 높다.

5) 슈퍼비전 과정과 단계

슈퍼비전의 과정과 단계는 슈퍼비전의 실행이 어떤 과정을 통해 이루어지는가에 대한 내용이다. 슈퍼바이저와 슈퍼바이지의 관계에 대한 기초를 세우고 친밀감을 형성하는 준비단계, 슈퍼비전에 대한 계약이나 동의가 이루어지고 상호 신뢰를 쌓아 나가는 시작단계, 감정이입, 기술과 정보공유 등 실질적인 슈퍼비전이 실행되는 작업단계, 슈퍼비전 과정을 요약하고 성취한 바를 나누며 슈퍼바이지의 장단점을 정리하는 종결단계의 4단계로 제시한다.

6) 실습생(슈퍼바이지)의 수

슈퍼비전 실행을 위해 적절한 실습생(슈퍼바이지)의 수는 슈퍼바이저 1인당 3~4

명이 적절하다.

7) 슈퍼비전 장소

슈퍼비전을 위한 조직 환경에서 논의된 바와 같이 기관은 개별 및 집단 슈퍼비전 등을 실행할 수 있는 준비된 공간을 마련해야 한다. 슈퍼바이저는 슈퍼바이지가 슈퍼비전을 편안히 느낄 수 있도록 최대한의 환경을 준비하되 때에 따라서는 클라이언트를 만나는 현장과 지역사회 기관이나 인터넷 공간 등에서 즉각적으로 이루어질 수 있다.

8) 슈퍼비전 내용

슈퍼비전의 내용은 사회복지 실천의 구체적인 지식과 태도, 가치관 등을 증진할 수 있는 것들로 구성되어야 하며, 동시에 슈퍼바이지의 개별적 능력에 따라 욕구를 충족시켜 줄 수 있어야 한다. Fortune은 일반주의 실천이론에 따라 사회복지 전문직으로서의 발달 측면, 행정적 측면, 정책적 측면, 기본적 대인관계 기술 측면, 클라이언트 체계 개입을 위한 측면의 지식과 기술 등의 5가지 영역과 하위내용들을 제시한다(Fortune, 1994).

<슈퍼비전의 주요 내용>

- 전문적 발달을 위한 내용: 자신의 실천 활동에 대한 평가, 전문적 성장에 대한 책임감, 자기인식, 사회복지전문직 가치와 윤리의 내면화, 전문가로서의 태도 및 시간, 건강관리 등 자기관리 등
- 행정적 측면의 내용: 조직 내에서 기능하는 능력, 기록유지와 기록활동, 학교 및 학교사회복지실의 특성, 미션과 비전, 가치에 대한 이해, 재정, 인력, 문서관리 등
- 학생복지 관련 정책적 측면: 학교사회복지 및 교육복지 관련 정책 동향, 서비스전달체계 및 자원망 이해, 자원개발 및 관리, 직무 관련 전문적 변화 추세
- 기본적 대인관계 기술 내용: 의사소통기술, 대인관계기술 등
- 클라이언트 체계 개입을 위한 내용: 학생 개별개입 및 집단개입의 전 과정에 대한 지식과 기술, 의뢰 및 사례관리에 대한 이해, 지역사회와 소속 학교, 학교 구성원 및 학생의 가정배경에 대한 이해와 개입 기술 등

3. 중간평가, 중간보고회

실습의 중간시기에 실습 전반에 관한 실습 중간평가회를 공식적으로 실시한다. 실습지도자는 실습생들이 실습 중간평가서를 작성하도록 지도하며, 슈퍼바이저와 실습생들 모두 함께 평가서를 발표하고 상호 피드백을 나누게 된다. 중간평가 시 실습생의 목표 달성 정도를 점검하며, 기 달성된 목표가 있는 경우 새로운 목표를 선정할 수 있다. 중간평가 시에 보완이 필요하거나 더욱 교육 및 학습이 필요한 영역에 대해서는 실습지도자와 조율을 통해 방향을 조정하거나 교육을 보충하게 된다.

실습중간평가서

* 본 평가서는 사회복지현장실습 지침서를 참고하여 실습생 본인이 작성하며, 서술양식으로 작성한 뒤 실습지도자와 평가회를 갖는 것을 추천함.

실습생명		기관명	
실습기간		실습지도자	
실습평가일		실습지도교수	

1. 실습목표와 관련된 실습내용 및 역할에 대한 평가
   1.1. 수행한 실습내용 및 역할의 요약
   1.2. 평가
   1.3. 앞으로의 계획

2. 실습에 임한 자세 및 노력

3. 실습을 통해 배운 점

4. 앞으로 더 필요한 지식과 기술

5. 실습에서 어려웠던 점

6. 기관 및 실습지도자에게 건의할 점

4. 보충교육

보충교육은 사회복지현장을 이해하고 사회복지 방법과 이론을 학습함으로써 사회복지 현장 실습의 목표를 달성하기 위하여 정기교육의 형식으로 진행된다.

1) 사례관리

사례관리는 최근 사회복지현장에서 많이 사용되는 방법론으로서 사회복지 실천에서도 매우 유용한 실천방법이다. 개별화되어 있는 클라이언트의 욕구를 다각도로 파악하고, 포괄적인 접근을 할 수 있도록 다양한 전문가와 자원들이 협력하여 관여하는 사례관리의 접근 방법이 필요하다. 사례관리[2)]는 미시적인 동시에 거시적 접근, 개별실천과 통합적 실천, 지역사회실천을 통합한 형태를 지니고 있다.

사례관리의 궁극적 목적은 클라이언트의 욕구해결과 주체적 사회적응 능력 향상이라고 할 수 있다. 이러한 목적을 보다 효과적으로 달성하기 위하여 개인의 자원 접근성, 잠재력 강화 등을 목표로 하는 개인의 변화, 자원의 효율적 전달체계 구성 및 전문가 간 협력적 관계 증진을 목표로 하는 지역사회의 변화, 공식·비공식 자원망의 개발과 보호역량 극대화를 목표로 삼는다. 사례관리의 가장 큰 특징은 파편적 서비스 체계를 클라이언트 중심으로 통합하여 효율성을 증진시키며, 비공식 자원체계 개발을 통한 지역사회의 보호능력 향상과 서비스의 연속성 보장, 지속적 평가·점검을 통한 조정(coordination) 기능 강화, 서비스 전반에 대한 사례관리자와 기관의 권한과 책임성 부여, 클라이언트와 자원망의 상호작용 촉진 등이다.

---

2) 사례관리란 다양한 욕구가 있으며 자원 접근과 활용역량이 부족한 클라이언트에게 사회복지의 미시적, 거시적 실천기술을 활용하여 욕구해결과 주체적 사회적응을 지원하는 포괄적 서비스를 말한다.

사례관리 계획서

실습생명:

클라이언트명		성 별		조사일	
주 소		전화번호		작성일	
직 업		학력		연령	
의뢰경위		경제상태	□ 일반 □ 저소득 □ 수급자		

1. 일반적인 사항
- 가족상황, 경제상황, 건강상황, 일상생활 및 주거상황, 사회심리적 상황, 자원활용상황

2. 클라이언트에 관한 사항
- 신체, 인지, 정서, 행동기능면 / 클라이언트의 강 · 약점

3. 욕구진술

4. 개입계획

욕구	결과목표	세부목표	표적체계	개입전략 및 수행방법	비고 (역할분담 등)

5. 서비스 일정표

날짜	담당	서비스 목표	서비스 내용	준비물	비고

사례관리 진행일지(회)

클라이언트명		실습생명	
일 시		장 소	

1. 목표 및 내용

결과목표	하위목표	서비스목표	서비스내용

2. 과정기록

3. 평가

1) 목표달성 및 서비스 평가

2) 클라이언트에 대한 평가

3) 사례개입에 대한 자신의 역할 평가

4. 계획

2) 사정 기술

클라이언트의 욕구를 사정하고 이에 적합한 서비스를 제공하는 것은 사회복지사의 중요한 자질이다. 이러한 사정 기술은 지속적인 자기계발, 연습과 실천의 연계를 통하여 증진될 수 있는데, 실습지도의 중간단계에서는 실습생의 사정 기술을 향상시킬 수 있는 교육을 실시하여야 한다.

사회복지 분야에서 클라이언트를 이해할 수 있는 사정도구들

기초 면접 시에 작성하는 가계도, 생태체계도, 상담의뢰서나 문장유형검사, 그리고 지능검사, MBTI 성격유형검사, MMPI(다면적인성검사), 홀랜드검사나 STRONG 직업적성검사, 로르샤흐, HTP(집-나무-사람그림검사), 동적가족화, 기타 우울증 검사, 공격성 척도 등

실습생이 이러한 사정도구들을 얼마나 알고 있으며 몇 가지나 활용할 수 있는지 알아보고, 전혀 없다면 이후 관심 분야나 주 대상에 적절한 사정도구들을 활용할 수 있도록 별도의 전문단체에서 배우도록 해야 한다.

3) 지역사회복지

중간단계에서 지역사회복지의 개념, 지역사회복지와 사회복지기관의 관계 대한 보수교육을 실시하는 것이 필요하다. 클라이언트의 문제는 개인의 문제에서 나아가 부모와 가정의 문제이기도 하며, 그 지역주민들이 공유하는 문제이기도 하다. 그래서 클라이언트 한 명의 문제를 해결하는 일이 가정의 변화와 지역의 변화가 필요하게 된다.

사회복지사라고 해서 기관 안에만 머물러서는 안 되며 클라이언트의 인권과 복지를 저해하는 요소와 장애물들을 없애고, 교육적이고 친복지적인 지역사회를 조성하기 위해 지역사회의 지리적 환경과 물질적 여건, 각종 사회서비스, 주민들의 역동 들을 탐구하며 개입할 수 있어야 한다. 실습생도 이러한 부분에 대해 새롭게 각성하도록 하고 독서토론이나 지역탐방 후 보고 세미나 등 적절한 과제를 수행하도록 하여 학습의 기회를 갖아야 한다.

지역탐방보고서

○ 조사자(실습생)명 : ○ 지역소개자 :

1. 탐방지역

2. 지역의 주요 사회지표 제시

3. 지역의 인구사회학적 특성

4. 지역의 사회경제학적 특성

5. 지역의 사회복지기관 및 자원 탐색

6. 필요하거나 보완되어야 할 사회복지서비스 제안

7. 결론

8. 첨부(관련 지도를 비롯한 탐방보고서 작성에 참조한 자료를 첨부할 수 있음)

제12장

사회복지현장실습의 종결 및 평가단계

1. 사회복지현장실습의 종결 및 평가단계

종결 및 평가단계는 준비단계 시에 설정하고 초기단계에 합의를 통해 선정한 실습목표를 포함한 실습계약의 내용이 어느 정도 성취되었는지를 평가하는 단계이다. 실습지도자와 실습생은 실습을 통해서 수행한 업무를 전체적으로 점검하고 지식 및 기술, 능력 향상에 대해서 논의하고 이것이 어떻게 이루어졌는가를 정리하여야 한다. 실습평가는 단순히 실습평가서만을 작성하는 수준이 아니라 실습생과 실습지도자, 부서차원, 기관차원 등에서 공식적으로 이루어져야 한다. 실습평가 시에는 실습생들의 업무와 학습에 초점을 두고 평가를 해야 하고 실습생들의 실습지도에 대한 피드백을 수렴하게 된다. 마지막으로 각 교육기관에 실습생에 대한 평가서를 발송하고, 실습지도와 관련된 피드백이나 건의사항을 전달하는 행정처리를 한다.

1) 프로그램 평가 및 사례평가

프로그램평가서를 작성하는 과정은 책무성(accountability)을 가지기 위한 중요한 부분이다. 실습생들은 이미 계획단계에서 다각적인 평가설계를 통해 실행된 프로그램 성과에 대해 보고서로 명확하게 표현할 수 있어야 한다. 실습생들에게 프로그램평가서는 객관적이며 과학적으로 입증될 수 있어야 하며, 작성 후에도 슈퍼비전을 통해 보완, 수정 부분에 대해 피드백이 제공되어야 한다.

2) 평가를 위한 자료수집

평가서를 작성하기 위해서는 기획단계에서 평가계획을 수립하여 평가정보들을 수집[1)]하여야 하지만, 종결 및 평가단계에서 기존의 수집된 자료들이 평가 자료로

1) 평가자료 수집방법들의 예
- 표준화된 도구나 그 외 측정도구를 이용한 사전 및 사후조사
- 프로그램 회기별, 최종 종료 시 클라이언트에 의한 설문지의 작성
- 훈련받은 관찰자가 집단의 구성원들을 체계적으로 관찰
- 프로그램 회기의 종료 시에 사회복지사에 의한 설문지 작성
- 과제물의 완성 정도
- 출석률

활용될 수 있도록 전체적으로 기본 평가 내용을 정리해야 한다.

3) 성과평가의 중요성

최근에는 프로그램과 사례의 성과관리를 강조하고 있는 추세이고, 이를 실습지도에 반영하기 위해서는 논리모델 등 평가모형을 활용하여 다양한 평가지표를 선정하고 성과를 측정할 수 있어야 한다.

4) 다각적 평가의 실시

평가의 내용에 있어서도 균형적인 평가가 이루어져야 하는데, 산출평가, 효과성 평가, 효율성 평가, 과정평가, 서비스 질 평가, 형평성 평가 등 평가유형을 고려하여 최종평가서가 작성되어야 한다. 특히, 평가의 유형에 있어 효과성 평가를 중심으로만 진행되는 경우가 있는데, 프로그램을 보다 완벽하게 개선하기 위해서는 과정평가[2])도 면밀히 수행하여야 한다.

2. 실습보고회(현장실습세미나)

1) 실습평가

실습평가는 실습평가서를 통해 실습생과 실습지도자가 상호 합의하는 과정을 통해 이루어진다. 실습평가서는 한국학교사회복지사협회에서 공통 평가서 양식을 제시하여 활용하고 있다. 실습평가는 원칙적으로 상호합의의 과정을 거치고, 실습생과 실습지도자가 각각 자신과 실습생의 실습에 대해 평가점수를 매기고 함께 모여

- 자신의 행동과 인지상태를 클라이언트 스스로 점검하여 기록하기

2) 즉, 프로그램이 의도된 대로 전달되었는가? 왜 성공적이었고 왜 그렇지 않았는가? 누구에게 효과적이고 어떤 상황에서 효과적인가? 어느 프로그램의 요소가 결과에 가장 기여했는가? 어떤 유형의 개인들이 서비스를 거부하는가? 실천가들은 어느 방면에 준비가 덜 되어 있고, 어느 방면에서 보충적 교육이 필요한가? 클라이언트들은 서비스에 만족했는가? 왜 만족했고 불만족했는가? 등에 관한 답과 대안을 분석할 수 있어야 한다.

합의점을 찾게 된다. 이러한 과정을 통해 실습생은 자신의 실습수행에 대한 피드백을 얻을 수 있고, 또한 반대로 자신의 수행에 대해 실습지도자에게 명확하게 설명할 수 있는 기회도 확보할 수 있게 된다. 최종 종결과정에서 개별면담을 통해 업무수행에 관련된 평가 외에 미래의 사회복지사로서 실습생 자신의 강점과 약점에 대해 피드백을 주는 것이 필요하다.

2) 실습평가서의 작성

실습계약서를 바탕으로 목표성취도를 실습평가의 중요배점으로 계산하여 평가할 수 있다. 실습평가를 위해 논의하기에 앞서 사전에 실습평가서를 실습생과 실습지도자 각각 작성하고, 개별면담을 통해 상호 합의를 하게 된다. 단순히 제시된 항목에 대한 양적 평가에만 초점을 둘 것이 아니라, 각 영역별 강점과 약점, 그리고 미래의 사회복지사로서의 비전 등에 관한 나눔을 갖는 시간으로 활용해야 한다.

3) 공식적으로 실습 전 과정에 대해 평가하는 실습종합평가회의 실시

실습생은 실습의 종결시점에서 실습평가서를 작성하고 실습기관 또는 부서별로 가능한 한 모든 인력과 실습생들이 모여 실습의 전 과정에 대한 간략한 보고와 평가, 배운 점, 목표성취정도, 기관에 대한 제언 등에 대하여 발표하고 평가하는 모임을 하게 된다. 사전 실습계약에 의거하여 면밀히 과업의 수행과 성취여부에 대해 평가하게 된다.

4) 실습보고회 개최

실습보고회는 실습을 종결하는 시점에서 실습생들이 미래의 사회복지사로서 용기와 비전을 가질 수 있도록 지지하고 격려하는 차원의 의식을 경험하도록 하기 위해서 실시한다. 실습보고회는 실습생과 실습지도자는 물론 기관장 이하 가능한 모든 직원이 모두 참여하여 진행하는 것이 좋다. 실습보고회는 슈퍼바이저의 주도하에 진행되기보다 실습생들이 계획하고 준비하여 실행한다. 실습보고회의 준비를 위해 실습생들은 자체적으로 실습 초기부터 모임을 갖고, 실습생 대표를 선발하고 자체적인 회의와 보고자료를 준비하게 된다. 실습보고회는 실습지도자보다도 실습생들이 주도하여 초대장 작성, 홍보, 진행, 사회 등을 맡는다. 세부계획에 대한 점검과 중간과정에 대한 모니터링 및 슈퍼비전을 실습지도자가 제공해야 한다. 실습생 주도의 공식행사로 실습생들이 복장, 진행태도, 세부내용 면에서 철저함을 기할 수 있도록 지도가 이루어져야 한다.

실습생의 보고발표에 있어서 다양한 형태의 보고가 이루어질 수 있도록 아이디어를 짜고 기획하는 것이 필요한데, 최근의 실습생들은 프로그램 실행 동영상이나 인터뷰 동영상, 사진자료를 정리한 발표, 프로그램 활동의 일부를 실행하거나 보고회 공간을 다양한 작품과 결과물로 꾸미는 등 다양한 매체와 도구를 활용하여 보고회를 진행하고 있다.

실습평가서

* 본 평가서는 사회복지현장실습 지침서를 참고하여 종결평가 내용을 실습생 본인이 작성하며, 서술 양식으로 작성한 뒤 실습지도자와 평가회를 갖는 것을 추천함.

실습생명		기관명	
실습기간		실습지도자	
실습평가일		실습지도교수	

1. 실습일정에 대한 평가

2. 실습내용 및 역할에 대한 평가

3. 실습목표에 대한 평가
   1) 구체적이고 적절한 목표 설정 여부
   2) 목표의 달성 여부

4. 서비스 실천 과정에 대한 평가 / 정책 및 행정 실습에 대한 평가
   1) 문제 파악 및 자료수집 능력 / 문제 인식 능력
   2) 문제 사정 능력 / 문제 분석 능력
   3) 개입 기술 / 문제해결을 위한 대안제시능력
   4) 면접 기술 / 기존 지식과 정보의 사용능력
   5) 기록 기술 / 기록 기술
   6) 클라이언트와의 전문적인 관계형성 / 유관 기관 및 관련된 사람들과 전문적인 관계형성

5. 실습생의 자원 활용에 대한 평가(인적, 물적 자원)
   1) 기관 외의 자원 활용
   2) 실습과 관련된 참고서적의 활용

6. 실습에 임하는 자세에 대한 평가
   1) 업무관리
      (1) 시간준수, 과제제출
      (2) 주어진 일에 대한 업무조절 능력
   2) 직원과의 관계(실습지도자, 타직원, 타 전문직 직원)
   3) 다른 실습생과의 관계
   4) 실습에 있어서의 적극성 및 자발성

7. 전문적 태도에 대한 평가
   1) 사회복지사로서 실습생 자신의 장·단점에 대한 인식
   2) 전문가로서 윤리 및 가치관의 이행

8. 실습지도 활용 정도에 대한 평가
   1) 실습생 자신의 실습지도 활용정도에 대한 평가
      (1) 기관실습지도
      (2) 대학 실습지도
   2) 실습지도 자체에 대한 평가
      (1) 기관실습지도
      (2) 대학 실습지도

9. 기관 이해도에 대한 평가
   1) 실습생의 과업과 관련된 기관의 목적, 정책, 행정 절차에 대한 이해
   2) 실습생으로서의 기관 내의 권한과 한계에 대한 인식

10. 실습 기간 중 가장 유익했던 내용

11. 실습기간 중 가장 안 좋았던 내용

12. 실습기관, 실습지도자, 대학에 대한 건의사항

13. 기타 하고 싶은 말

3. 실습기관 및 슈퍼바이저의 피드백

합의된 실습평가서를 정리하고 실습지도자의 학생에 대한 의견을 작성하여 각 교육기관으로 등기우편으로 발송한다.

제13장

사회복지현장실습의 과제물 작성 및 예시

1. 집단상담프로그램 작성 예시

진로 상담 집단프로그램: '나의 길 찾기'

자아정체성을 형성해 나가는 시기인 청소년기에 있어서 진로라는 주제는 매우 중요하다. 자신에게 맞는 직업을 선택해 나가기 위해서 지금부터 어떻게 해 나가야 하는지에 관해 고민하는 것은 모든 청소년들이 거쳐야 할 필수적인 시기라고 할 수 있다. 그러나 많은 청소년들이 자신의 진로에 대해 별로 생각해 보지 않았거나 이렇다 할 정보를 찾아보지도 않고 막연한 생각으로 하루하루를 보내고 있는 실정이다. 이에 청소년 시기에 있는 학생들에게 진로를 선택해 나가는 데 있어서 중요한 부분을 교육하며 스스로 해 나갈 수 있도록 정보를 알려주는 집단상담 프로그램이 필요하다 하겠다.

- **목적**

가. 청소년기에 자신의 진로에 대한 고민을 하는 것이 중요하다는 점을 인식한다.
나. 자신의 진로에 대한 목표의식이 생기고 현재의 상황에 맞는 준비를 해 나갈 수 있는 마음의 자세를 가진다.
다. 실질적인 정보를 바탕으로 자신의 진로를 개척해 나가기 위한 마음의 준비를 할 수 있도록 돕는다.

- **내용**

- **도입**

– 직업 찾기 게임, 퍼즐, 아이스블랙

- **비전**

– 비전이란?
– 비전과 꿈의 차이
– 비전상실증후군
– 비전이 가져다주는 잠재력
– 비전을 성취하는 방법

- **나를 찾기**

– 나의 장점 소개 및 나의 꿈 소개

- **미래를 찾아 떠나는 여행**

– Holland 직업흥미유형

- 진로결정

- 사명선언

- 나의 사명선언서
- 나의 사명선언문 쓰기
- 나의 사명선언문 외치기

- 기대효과

- 자신의 진로에 대한 비전을 바탕으로 목표의식을 가지고 스스로의 길을 개척해 나갈 수 있다.
- 직업이 가져다주는 의미가 무엇인지 배움으로써 단순히 돈을 버는 차원을 넘어 직업을 통해 자아성찰이 중요하다는 사실을 알 수 있다.
- 직업흥미유형을 통해서 자신이 어디에 속해 있는지 살펴봄으로써 자신에게 맞는 직업을 선택해 나가는 준비를 할 수 있다.
- 진로를 결정해 나가는 데 필요한 실질적인 정보를 얻음으로써 자신의 진로를 위해 현재 해 나가야 하는 것이 무엇인지 알 수 있다.

2. 이론보고서 작성 예시

실습이론보고서

목차

Ⅰ. 서론	Ⅱ.본론	Ⅲ. 결론
1. 우리나라 고령화 실태	1. 노인문제와 노인복지의 필요성	1. 재가노인복지시설의 서비스
2. 노인기의 노화 특성과 노화의 이론	2. 노인복지의 개념	2. 노인복지 실천현장에서의 사회복지사의 역할
	3. 노인복지 정책 및 관련법과 서비스	3. 의견

Ⅰ. 서론

모든 인간은 노화에 따라 신체적 및 정신적, 사회적 기능이 저하되어 결국은 경제적인 일을 할 수 없게 된다. 시기적 차이는 있지만 노화의 과정은 개인적이고 인위적인 것이 아니기 때문에 어느 누구도 피할 수 없다. 특히 우리나라처럼 고령화 및 저출산 문제가 사회문제로 대두된 경우는 노인복지에 대한 관심이 높아질 수밖에 없으며, 이것을 수반하는 것은 결국 국가 및 지자체일 것이고 실무자는 사회복지사일 것이다. 노인복지 정책은 원칙적으로 노인이 가지고 있는 경제 사회 심리적 욕구에 대응한 정부의 시책이며, 다른 한편으로는 국가가 그러한 시책을 하나의 법으로 구체화하거나 일정한 원칙에 따라서 수행하는 능력이다. 노인에게 사회적 차원에서 서비스를 제공해야 하는 이유를 인간다운 생활 보장, 사회적 불이익에 대한 보상, 사회적 공헌에 대한 보상과 세대 간의 호혜적 체계로 볼 수 있다.

이번 현장실습으로 노인복지기관에서 실습하게 되어 노인의 이해(개념, 고령화 실태, 노인의 문제 등), 노화에 대한 이론, 노인복지정책 및 관련법, 노인복지행정, 노인복지서비스, 노인장기요양보험제도 등에 대해 기술하고자 한다.

1. 우리나라 고령화 실태

인구 고령화는 경제, 산업, 교육, 복지, 고용 등 사회 시스템 전반의 변화를 요구하는 사회구조적 문제이다. 최근 우리나라 인구 고령화는 선진국에서도 경험하지 못한 속도로 진행되고 있다. UN은 한 나라의 인구 가운데 65세 이상 인구가 전체 인구에서 차지하는 비율이 14% 이상인 단계에서 안정을 이루는 사회를 고령사회로 지칭하고 있다. 2018년에는 전체 인구 중 65세 이상 고령 인구 비율이 14.3%가 되어 고령사회, 2026년에는 20.8%가 되어 초고령사회로, 고령사회에서 초고령사회로 도달하는 기간이 8년밖에 소요되지 않을 것으로 나타났다.

2. 노인기의 노화 특성과 노화의 이론

1) 노화의 특성

노인의 개념을 명확하게 정의하기는 어렵다. 노인이라는 개념에는 특정 국가나 사회의 정치, 경제, 문화, 사회 배경이 고려되어야 하고 동시에 개인의 신체, 심리, 사회요인 등이 함께 고려되어야 하기 때문이다. 그러나 보편적으로 노인의 개념은 노화가 진행된 사람으로, 인생의 마지막 단계에서 노화현상으로 인해 생리, 심리, 사회 기능이 점차 쇠퇴하여 생활기능 수행상의 장애를 경험하는 사람이라고 볼 수 있으며 우리나라에서는 법률상 65세 이상의 사람을 노인이라고 한다.

이 노인기에는 여러 가지 노화의 특성을 나타낸다. 그중 신체 특성은 신체의 변화와 질병으로 특징지을 수 있다. 신체 변화와 함께 생리기능 저하로 만성질환 발병률이 급격하게 높아진다. 심리 특성은 평생 동안 겪어 온 개인의 경험과 사건, 경제, 사회, 문화 변화의 결과이므로 다양한 개인차를 나타내게 되는데, 감각 및 지각기능, 정신기능, 성격, 정신장애 등의 영역에서 나타나는 변화를 의미한다. 사회 특성으로는 사회의 지위 변화와 함께 그에 따른 구실 상실과 변화를 경험하게 된다. 곧 배우자의 사망이나 퇴직 등의 구실 변화를 경험하게 되고 이러한 변화에 적응해야 하는 것으로 노인기의 과업이기도 하다.

2) 노화의 이론

다양한 노화의 이론 중 여기서는 자연발생적 관점, 신체조직적 관점, 환경적 관점에서 본 이론을 소개하고자 한다.

(1) 자연발생적 관점

노화는 자연적 시간의 변화에 따라 나타나는 생물학적 과정으로 보는 소모이론이 여기에 해당한다. 인간의 신체는 보충 재생의 기능이 있기 때문에 기계 인간과 동일시할 수 없다는 반론을 제기한다. 또한 이 관점에서 생물시계이론은 노화가 시간적인 변화이므로 생물시계에 따라 경과된다는 학설이다.

(2) 신체조직적 관점

신체조직적 관점은 신체조직상의 원인이 노화를 진행한다고 본다. 여기에는 자기면역 이론, 노폐물 축적이론, 단일기관 이론, 교차선 이론, 내분비 이론, 오류재해 이론이 있다.

자기면역 이론은 노화로 인해 면역감시기구의 활동이 저하되면서 자기면역 질환이 증가되는 것을 설명하다. 노폐물 축적이론은 소모가설과는 반대로 체내에 유해물질이 축적되면서 노화가 일어난다고 주장한다. 단일기관 이론은 어느 특정한 장기가 가장 먼저 침해되면서 노화가 시작된다는 특정 장기원발설인데, 노화가 먼저 일어나는 장기로는 대뇌, 간, 뇌하수체, 갑상선, 부신, 생식선, 이하선, 혈관 등이다. 교차선 이론은 노화의 과정에서 결합 조직의 역할이 원만하지 못하여 세포의 내외부에서 두 개의 큰 분자들이 서로 부착되면서 큰 분자들이 움직일 수 없게 되어 신진대사가 동결되고 조직과 세포들을 막아 기능이 약화되면서 촉진되는 노화현상을 말한다. 내분비 이론은 노화를 내분비계 혹은 신경계의 장기에 경시적으로 변화가 일어난 것으로 보고, 오류재해 이론 유전인자가 세포로 전달되는 도중에 오류가 발생하여 노화가 생기는 것이라고 주장한다.

(3) 환경적 관점

환경적 관점은 특정 조건인 환경조건에 따라 노화가 진행되는 것을 설명하려는 이론이다. 여기에는 스트레스 이론, 생활대사율 이론, 유리기 이론 등이 있다. 먼저 스트레스 이론은 스트레스에 대한 적응이 부족 현상으로 노화가 촉진되며, 다시 노화는 스트레스에 대한 반응을 원활하게 하지 못하는 원인으로 작용되는 악순환을 말해 준다. 생활대사율 이론은 대사율의 고저로 노화를 설명하는데, 대사가 활발하고 빨리 성장하는 작은 동물은 단명하는 반면, 대사가 느리고 성장이 느린 큰 동물은 장수하는 것을 그 근거로 삼는다. 유리기 이론은 세포 내에서 부산물로 생성된 유리기가 세포 내의 성분과 반응으로 장애를 일으키고 이것이 원인이 되어 노화가 진행된다고 본다.

Ⅱ. 본론

1. 노인문제와 노인복지의 필요성

우리나라는 1960년대 이후에 진행된 산업화, 도시화로 인하여 급격한 사회적 변화를 경험 노인문제가 중요한 사회문제로 부각됐다. 노인인구의 증가, 가족 핵가족화와 여성의 사회 참가로 노인문제가 더욱 심각해졌다. 노인인구의 급속한 증가는 사회가 노인 특유의 건강, 경제, 사회심리 문제 등에 관심을 갖게 하는 직접 이유가 된다. 현대사회가 가지고 있는 노인문제의 원인으로 가족구조의 변화나 가치관의 변화는 가족에 의한 노인 부양의식을 퇴조시키고, 이에 국가에 의한 노인문제의 대책이 요구된다.

인구의 고령화와 더불어 인구구조에 있어서도 큰 변화를 보이고 있다. 출산율의 급격한 저하는 노인인구 비율을 증가시키는 원인이 되고 있다. 평균 가구원 수가 감소하고 핵가족의 비율이 높게 증가하고 있으며, 자녀와 따로 사는 노인부부 또는 노인 단독가구 세대가 증가하고 있다. 특히 노인에 대한 비공식적 수발자로서 중추적인 역할을 하는 여성의 경제활동 참가가 계속 증가하고 있다.

① 노인의 빈곤문제: 노인들의 생활에서 문제가 되는 것 중의 하나는 정규 소득의 상실로 인한 경제문제이다. 정년 퇴직제도와 같은 인위제도로 사회 일선에서 물러나 노후의 생계와 용돈 부족 등의 경제 난관에 직면하게 되기도 한다.

② 건강보호문제: 노년기에는 신체나 정신의 기능 저하, 노인성 질병의 발생 등으로 인해 유병률, 입원율이 젊은이들에 비해 높아진다.

③ 구실상실의 문제: 노인기는 사회의 지위 변화와 함께 평생 동안 수행해 오던 다양한 구실의 상실을 경험하는 시기이다. 구실은 개인이나 집단이 사회와 관계를 갖는 중요한 수단이며, 구실을 통하여 개인은 사회에 참여하고 사회가치를 인정받는다. 하지만 노인은 이러한 구실을 상실하게 되면서 사회심리상 고립을 초래하게 된다.

④ 소외문제: 사회가치와 구조의 변화는 노인의 사회 적응력을 떨어뜨리고 경제활동의 기회를 박탈하는 등 노인의 소외현상이라는 결과를 초래하였다. 소외뿐만 아니라 건강악화, 배우자나 가까운 친지와 이별, 소득 및 구실상실, 자신의 인생에 대한 후회, 죽음에 대한 불안 등은 노인들을 우울하게 하는 요인이 된다. 노인들의 우울과 고독의 문제는 불면증 등의 증상을 유발하기도 하고, 극단의 경우에는 자살로 이어지기도 한다.

2. 노인복지의 개념

노인복지는 노인이 건강하고 안전하게 인간다운 생활을 영위하면서 자기가 속한 가족과 사회에 잘 적응하고 통합될 수 있도록 필요한 자원과 서비스를 제공하는 공적 및 사적 제반활동이라 할 수 있다. 인간다운 생활이란 노인이 속한 사회의 발전 수준에 비추어 의식주의 기본적인 욕구를 충족하고 건강하고 문화적인 삶을 사는 것을 뜻하며, 가족과 사회에 적응하고 통합되는 것은 노인이 속한 사회적 조직망에서 사회적, 심리적으로 소외감을 느끼지 않게 되는 것이다. 자원과 서비스를 제공하는 것은 이용 가능한 인적, 물적 자원을 찾아 연결시켜 주거나 보충해 주며, 사회적 적응의 문제를 해결해 주는 것을 의미한다. 노인복지를 넓게는 노령화 과정에 있는 혹은 노후생활을 준비하는 제반 연령까지도 포함하는 포괄적인 행동이지만 좁게는 스스로 자립생활을 유지할 수 없는 요보호 대상 노인이나 가족을 위해 제공하는 사회적 활동이라고 볼 수 있다.

3. 노인복지 정책 및 관련법과 서비스

1) 노인복지 정책방향 및 관련법

현행 노인복지법은 제7장 제61조와 부칙으로 되어 있다. 노인생활은 경제적, 육체적, 정신적, 사회적의 다양한 측면을 내포하고 있기 때문에 이를 감안하여 노인생활 일부만의 충족을 위한 것이 아니라 모든 생활 측면에서 욕구를 충족할 수 있도록 1981년 6월 노인복지법이 공포되었다. 노인의 질환을 사전예방 또는 조기발견하고 질환상태에 따른 적절한 치료, 요양으로 심신의 건강을 유지하고, 노후의 생활안정을 위하여 필요한 조치를 강구함으로써 노인의 보건복지 증진에 기여함을 목적으로 한다.

이 법에서는 노인복지, 즉 노인의 건강유지와 생활안정 시책을 위하여 필요한 조치를 취하게 하고, 국가와 지방공공단체의 책임을 명시하여 상시 노인복지 향상과 보전을 위하여 건강진단, 수용시설, 노인정 및 복지관 운영 지원, 사회복지법인의 노인복지시설 설치 권장, 경로주간의 설치, 각 시 · 도 복지기관의 감독 등을 규정하여 강력한 노인복지 정책과 행정감독을 실시할 기틀을 마련하였다.

우리나라에서 실시되고 있는 소득보장 정책을 정리해 보면, 다음과 같이 세 가지로 분류된다. 첫 번째, 사회보장제도로서 사회보험으로 운영되는 각종 연금제도와 자산조사를 실시하여 빈곤 노인에게 제공되는 공적부조(경로연금과 국민기초생활보장)가 이에 해당되며 노인에게 정기적으로 직접적인 소득을 보장하고 있다. 두 번째, 정부가 주체가 되어 노인들의 고용을 장려하기 위해 시행하고 있는 노인취업알선센터, 노인공동작업장, 고령자고용촉진장려금 제도 등의 노인 고용정책이 있다. 세 번째, 65세 이상 모든 노인에게 교통수당을 지급하고 철도, 전철, 비행기 이용 시 요금을 면제해 주거나 할인혜택을 제공해 주고 국 · 공립박물관이나 고궁의 입장료를 면제해 줌으로써 간접적인 소득을 보장해 주는 경로우대제도가 있다.

우리나라의 노인복지 정책은 1981년에 제정하고 1989년에 개정된 노인복지법을 중심으로 노인서비스 프로그램이 실시되고 있다. 제31조에 명기된 노인주거복지시설, 노인의료복지시설, 노인여가복지시설, 재가노인복지시설, 노인보호전문기관이라는 다섯 가지 종류의 노인복지시설이 어떤 서비스를 제공하는지, 이를 소득보장, 의료보장, 주거보장, 사회복지서비스로 나누어서 살펴보겠다.

(1) 소득보장제도

① 사회보험

사회보험이란 국가가 사회정책을 수행하기 위하여 보험의 원리와 방식을 도입하여 만든 사회경제 제도로서 보험료의 강제 징수와 정형화된 보험금의 지급을 그 특징으로 한다. 우리나라에서 시행되고 있는 대표적인 4대 연금으로는 국민연금, 공무원연금, 사립학교 교직원 연금과 군인연금이 있다. 국민연금은 1988년부터 실시되어 본격적으로 연금수급자가 나오려면 20년이 경과된 2008년이 되어야 정상적인 국민연금 수급자가 생기게 된다.

② 공적부조

공적부조는 일반조세를 재원으로 자산조사를 통하여 법정요건을 충족시키는 저소득자에게 급여를 제공하는 제도이다. 우리나라의 경우 1961년 제정된 생활보호법에 따라 생활보호 대상자에게 매월 생계보호, 장제보호, 교육보호, 의료보호 등을 지원하였으나, 1997년 외환위기로 인한 IMF 관리 체제하에서 생활보호법의 기능상의 문제점을 보완하기 위해 생활보호법이 폐지되고 2000년 10월 1일부터 국민기초생활보장법이 시행되고 있다. 국민기초생활보장법에 따른 수급 노인의 경우 경로연금과 함께 생계급여, 주거급여, 긴급급여, 의료급여, 장제급여 등을 정부로부터 지원 받고 있다.

노인은 후손의 양육과 국가 및 사회의 발전에 기여하여 온 자로서 존경받으며 건전하고 안정된 생활을 보장받으며, 능력에 따라 적당한 일에 종사하고 사회적 활동에 참여할 기회를 보장받고, 노령에 따르는 심신의 변화를 자각하여 항상 심신의 건강을 유지하고 그 지식과 경험을 활용하여 사회의 발전에 기여하도록 노력하여야 함을 기본이념으로 한다.

국가와 국민은 경로효친의 미풍양속에 따른 건전한 가족제도가 유지 · 발전되도록 노력하여야 하며, 노인의 보건 및 복지 증진의 책임을 지고 그 시책을 강구하여 추진하여야 한다. 해마다 10월 2일을 노인의 날로, 10월을 경로의 달로 하며, 5월 8일을 어버이날로 한다. 시 · 군 · 구에 노인복지상담원을 둔다. 국가 또는 지방자치단체는 65세 이상의 생활보호대상자, 65세 이상의 소득이 기준금액 이하인 자에게 경로연금을 지급한다. 연금수급권은 양도 · 압류하거나 담보에 제공할 수 없다.

국가 또는 지방자치단체는 노인의 지역봉사활동 기회를 넓히고 노인에게 적합한 직종의 개발과 그 보급을 위한 시책을 강구하며, 근로능력 있는 노인에게 일할 기회를 우선적으로 제공하도록 노력하여야 한다. 국가 또는 지방자치단체는 65세 이상의 자에 대하여 경로우대를 하고 건강진단과 보건교육을 실시할 수 있다.

보건복지부장관, 시 · 도지사, 시장 · 군수 · 구청장은 필요한 때에는 노인의 상담 · 입소 등의 조치를 하여야 한다. 국가 또는 지방자치단체는 치매예방 및 치매퇴치를 위하여 치매연구 및 관리사업을 실시하여야 하며, 노인을 위한 재활요양사업을 실시할 수 있다.

(2) 의료보장

노인들은 신체 · 정신의 노화로 인해 질병에 취약하고 노인성 질환을 갖고 있는 경우가 많은데, 특히 경제소득이 없는 노인들의 경우 의료비 부담이 매우 큰 문제이다. 노인들의 의료비 부담을 덜어 주고, 건강을 유지하는 것을 지원하기 위해 국민 건강보험제도를 통해 일반 노인들의 의료보장 문제를 해결하고 있다. 또한 노인복지법과 의료법에 근거하여 노인들의 건강 증진과 관리를 위한 노인건강사업이 실시되고 있다. 하지만 모든 노인들의 요구에 흡족하기는 어려운 실정이다. ① 노인 건강진단, ② 노인 의료비 지원, ③ 노인 백내장 수술비 지급제도 등이 있으며, 노인의 의료보장을 위한 시설로는 노인전문병원, 보건소 등이 있다. 의료보험이나 의료보호를 통한 의료보장을 시행하고 있으나 추가적인 의료비 부담이 없이는 적절한 의료혜택을 받을 수 없어 과반수의 노인에게 의료비가 부담이 되고 있다. 외래진료비의 45%, 병원진료비의 50%, 의원진료비의 70%만을 지급해 주고 나머지는 본인 부담으로 되어 있어, 의료비 조달이 노인의 심각한 재정문제가 되고 있기 때문이다. 의료보호는 의료보험의 혜택을 받을 수 없는 저소득층을 위한 의료비 보조 프로그램으로 공공부조 수혜노인들을 그 대상으로 하여 외래비용은 무료, 입원비용은 50~80%를 할인해 주도록 되어 있다.

(3) 주택보장

노인들의 소득 감소와 가족의 별거에 따른 주택비용 부담을 해소하기 위해 실시되어야 하는 것이 주택보장사업이다. 노인 동거가족에 대한 세제혜택 부여와 주택자금 할증지원이 있으나 사실상 우리나라의 주거보장은 시설수용 보호가 대부분이고, 노인들을 위한 주택수당이나 임대아파트, 노인주택은 미비한 상태에 있다. 우리나라 노인복지법에 의한 노인복지시설의 종류는 노인주거복지시설, 노인의료복지시설, 노인여가복지시설, 재가노인복지시설, 노인보호전문기관이 있다(제31조).

(4) 재가노인 복지서비스

일반 가정에서 생활하고 있는 재가노인들을 대상으로 한 사업으로, 대부분의 노인들이 지역사회 안에서 거주하고 있다는 점을 고려해 볼 때 노인복지사업의 중요한 부분이 된다. 특히 뇌졸중이나 치매 등으로 의존욕구가 높은 노인들의 보호문제가 심각하다. 이러한 노인들에 대한 1차적인 보호책임이 있는 가족들의 부담을 경감시켜 주기 위한 가정봉사원 파견사업, 주간보호사업, 실비보호사업, 단기보호사업 등도 재가노인복지사업에 포함된다.

노인들에 대한 재가복지서비스에는 건강지원서비스로서의 노인주간보호센터와 가정건강보호와 가정의료서비스가 있으며, 사회지원서비스로 가정봉사원 파견서비스, 전화확인서비스, 이동배식서비스, 우호방문서비스, 단기보호서비스가 있고, 접근지원서비스로 교통편의 서비스와 정보 제공과 의뢰, 법률 서비스가 있다.

(5) 시설보호서비스

노인들이 자신의 집에서 생활할 능력이 없거나 부양할 자녀가 없는 경우나 건강상태가 좋지 않을 경우에 시설보호서비스가 필요하다. 치료나 주거 목적으로 운영되는 시설로는 노인주거복지시설, 노인의료복지시설이 있다. 이러한 시설들은 입소자의 건강상태에 따라 양로시설과 요양시설로 분류할 수 있다. 양로시설이란 입소노인에게 급식과 일상생활에 필요한 편의를 제공하는 시설을, 요양시설은 양로시설에 치료기능을 추가한 시설을 의미한다.

(6) 장기요양보험제도

장기요양보험제도는 사망할 때까지의 지속되는 생활지원이라는 기본적인 이념이 내재되어 있어서 어디까지나 자립적인 생활기능이 존재하는 한, 그것을 보호하고 활용하도록 유도하면서 상실된 기능을 대신하는 쪽으로 서비스가 제공되어야 한다. 우리나라 제도의 모태가 된 독일이나 일본의 제도에서는 기본적으로 이용자의 자립 지원에 제도의 목적을 두고 있고 있지만 지금까지의 우리나라 제도는 이용자의 생활기능 자립 정도와는 무관하게 이용자가 요구하는 서비스를 제공하는 데 급급해 왔다. 이용당사자보다는 오히려 가족의 보호에 중점을 두고 있다는 생각이다. 우리나라 제도가 지녀야 할 운영철학은 이용당사자의 생활기능 자립지원을 통해서 삶의 질을 향상시키고, 이를 달성하는 데 가족의 도움이 필요한 경우에는 가족원의 부담을 경감시켜 줄 수 있는 실천방법을 모색하는 것이 중요할 것이다.

장기요양보험제도는 건강보험과 달리 서비스 이용에 필요한 일부를 지원하는 부분 보험적 성격이 강한 제도이다. 선진국가들의 장기요양정책에서는 조세방식 국가의 경우 소득수준에 따라서 본인부담금이 차등화되어 있고, 사회보험방식의 경우 요양필요 정도에 따라서 차등화되어 있다는 것이다. 독일의 경우를 사례로 들어 보면, 중증도가 높은 등급일수록 보험급여액이 많아져서 이용자의 비용부담이 상대적으로 적게 되는 구조로 되어 있다. 그런 반면에 우리나라는 중증의 대상자일수록 이용자의 본인부담이 더 높아지는 형태로 되어 있어서 사회보험으로서의 보장성이 취약한 상태라 할 수 있다. 따라서 장기요양필요도에 부합하는 정도의 보험급여를 지급하는 것은 기본이지만, 필요도가 높다고 해서 이용자의 비용부담도 더 높아지는 형태로 제도화해서는 안 될 것이다. 보험급여액의 적정배분이 필요하다.

2) 노인복지 시설 및 서비스

현행 노인복지법에서의 노인복지시설의 종류는 노인주거복지시설, 노인의료복지시설, 노인여가복지시설, 재가노인복지시설로 하며 다시 세분한다. 노인복지시설은 국가 또는 지방자치단체가 설치할 수 있으며, 국가 또는 지방자치단체 이외의 자는 그 설치를 시장 · 군수 · 구청장에게 신고하여야 한다. 다만 노인전문병원에 관하여는 의료법의 규정을 준용한다. 가정봉사원교육기관을 설치하고자 하는 자는 시 · 도지사에게 신고하여야 한다.

노인복지법 제31조(노인복지시설의 종류)에는 노인복지시설의 종류로 다음과 같은 시설을 설정하고 있다.

(1) 노인주거복지시설

① 양로시설: 노인을 입소시켜 급식과 그 밖에 일상생활에 필요한 편의를 제공함을 목적으로 하는 시설이다.

② 노인공동생활가정: 노인들에게 가정과 같은 주거여건과 급식, 그 밖에 일상생활에 필요한 편의를

제공함을 목적으로 하는 시설이다.

③ 노인복지주택: 노인에게 주거시설을 임대하여 주거의 편의·생활지도·상담 및 안전관리 등 일상생활에 필요한 편의를 제공함을 목적으로 하는 시설이다.

(2) 노인의료복지시설

① 노인요양시설: 치매·중풍 등 노인성질환 등으로 심신에 상당한 장애가 발생하여 도움을 필요로 하는 노인을 입소시켜 급식·요양과 그 밖에 일상생활에 필요한 편의를 제공함을 목적으로 하는 시설이다.

② 노인요양공동생활가정: 치매·중풍 등 노인성질환 등으로 심신에 상당한 장애가 발생하여 도움을 필요로 하는 노인에게 가정과 같은 주거여건과 급식·요양, 그 밖에 일상생활에 필요한 편의를 제공함을 목적으로 하는 시설이다.

(3) 노인여가복지시설

① 노인복지관: 노인의 교양·취미생활 및 사회참여활동 등에 대한 각종 정보와 서비스를 제공하고, 건강증진 및 질병예방과 소득보장·재가복지, 그 밖에 노인의 복지증진에 필요한 서비스를 제공함을 목적으로 하는 시설이다.

② 경로당: 지역노인들이 자율적으로 친목도모·취미활동·공동작업장 운영 및 각종 정보교환과 기타 여가활동을 할 수 있도록 하는 장소를 제공함을 목적으로 하는 시설이다.

③ 노인교실: 노인들에 대하여 사회활동 참여욕구를 충족시키기 위하여 건전한 취미생활·노인건강유지·소득보장 기타 일상생활과 관련한 학습프로그램을 제공함을 목적으로 하는 시설이다.

(4) 재가노인복지시설

① 방문요양서비스: 가정에서 일상생활을 영위하고 있는 노인(이하 "재가노인"이라 한다)으로서 신체적·정신적 장애로 어려움을 겪고 있는 노인에게 필요한 각종 편의를 제공하여 지역사회 안에서 건전하고 안정된 노후를 영위하도록 하는 서비스이다.

② 주·야간보호서비스: 부득이한 사유로 가족의 보호를 받을 수 없는 심신이 허약한 노인과 장애노인을 주간 또는 야간 동안 보호시설에 입소시켜 필요한 각종 편의를 제공하여 이들의 생활안정과 심신기능의 유지·향상을 도모하고, 그 가족의 신체적·정신적 부담을 덜어주기 위한 서비스이다.

③ 단기보호서비스: 부득이한 사유로 가족의 보호를 받을 수 없어 일시적으로 보호가 필요한 심신이 허약한 노인과 장애노인을 보호시설에 단기간 입소시켜 보호함으로써 노인 및 노인가정의 복지증진을 도모하기 위한 서비스이다.

④ 방문 목욕서비스: 목욕장비를 갖추고 재가노인을 방문하여 목욕을 제공하는 서비스이다.

⑤ 그 밖의 서비스: 그 밖에 재가노인에게 제공하는 서비스로서 보건복지부령이 정하는 서비스이다.

(5) 노인보호전문기관

노인보호전문기관은 노인학대를 예방하기 위하여 노인들을 위한 발견, 상담, 보호를 위한 전문기관이다.

3) 노인복지 행정

노인복지 관련 법규는 노인의 삶의 질을 향상하고 인간다운 삶을 보장하기 위해 마련되었다. 이를 효율적이고 효과적으로 운영하기 위해 노인복지 행정의 조직체계는 중앙 정부와 지방정부로 나누어져 있다.

노인생활은 경제적, 육체적, 정신적, 사회적 측면 등 생활 전반에 걸쳐 있으므로, 노인복지 서비스와 그 시책은 총체적으로 파악되고 이해되어야 한다. 노인의 복된 생활보장을 위한 복지시책 등의 요청으로 1981년 6월 노인복지법이 공포되었다. 이 법에서는 노인복지, 즉 노인의 건강유지와 생활안정 시책을 위하여 필요한 조치를 취하게 하고, 국가와 지방공공단체의 책임을 명시하여 상시 노인복지 향상과 보전을 위하여 건강진단, 수용시설, 노인정 및 복지관 운영 지원, 사회복지법인의 노인복지시설 설치 권장, 경로주간의 설치, 각 시 · 도 복지기관의 감독을 규정하는 등 강력한 노인복지 정책과 행정감독을 실시할 기틀이 마련되었다.

Ⅲ. 결론

현장실습으로 노인복지시설 중 재가노인복지시설을 택하였다. 어느 정도 눈높이에 맞추어 바라볼 수 있어 공감대를 형성할 수 있다고 생각했기 때문이다. 현행 노인복지법 제31조에 명기된 노인주거복지시설, 노인의료복지시설, 노인여가복지시설, 재가노인복지시설, 노인보호전문기관이라는 다섯 가지 종류의 노인복지시설 중 하나이다. 부득이한 사유로 가족의 보호를 받을 수 없는 심신이 허약한 노인과 장애노인을 주간보호시설에 입소시켜 필요한 각종 편의를 제공해 주는 시설이다. 이용노인들의 생활안정과 심신기능의 유지, 향상을 도모하고 그 가족의 신체적, 정신적 부담을 덜어 주기 위한 서비스를 하는 곳인데 65세 이상의 생활보호대상자가 입소해야 된다.

사회복지사가 어떤 서비스를 제공하며 어떠한 기능과 역할을 담당하는지에 대해서 살펴보았다.

1. 재가노인복지시설의 서비스

1) 방문요양서비스: 가정에서 일상생활을 영위하고 있는 노인(이하 "재가노인"이라 한다)으로서 신체적, 정신적 장애로 어려움을 겪고 있는 노인에게 필요한 각종 편의를 제공하여 지역사회 안에서 건전하고 안정된 노후를 영위하도록 하는 서비스
2) 주 · 야간보호서비스: 부득이한 사유로 가족의 보호를 받을 수 없는 심신이 허약한 노인과 장애노인을 주간 또는 야간 동안 보호시설에 입소시켜 필요한 각종 편의를 제공하여 이들의 생활안정과 심신기능의 유지 · 향상을 도모하고, 그 가족의 신체적 · 정신적 부담을 덜어 주기 위한 서비스
3) 단기보호서비스: 부득이한 사유로 가족의 보호를 받을 수 없어 일시적으로 보호가 필요한 심신이 허약한 노인과 장애노인을 보호시설에 단기간 입소시켜 보호함으로써 노인 및 노인가정의 복지증진을 도모하기 위한 서비스

2. 노인복지 실천현장에서의 사회복지사의 역할

고령화사회에서 고령사회로 넘어 온 이 시점에, 노인복지서비스를 제공하는 현장은 양적, 질적 확장을 도모하고 있다. 노인복지 관련 분야에서 사회복지사는 전문직으로서 교육, 연구, 정부정책이나 프로그램 개발, 직접 서비스, 출판과 대중매체 등 다방면에서 활동하게 된다. 구체적으로 시설입소 상담, 욕구사정과 서비스 계획수립, 사례관리, 프로그램 개발과 실행, 요양보호사의 지도감독과 지원, 가족상담, 지역사회 홍보 및 자원 개발과 이에 수반되는 행정업무 등이 노인복지의 사회복지사 담당업무라 할 수 있겠다.

3. 의견

현대사회에서의 사회문제 중 노인문제는 심각한 문제로 대두될 수밖에 없다. 우선은 정부적 차원에서의 정책적, 경제적 지원의 확대 실시가 필요하겠지만, 우리 국민들의 의식의 전환이 필요하다고 본다. 인생의 황혼을 맞이한 노인을 무능력자로만 보지 말고 이들에게 각종 관심과 이해로, 그들이 마지막 여생

을 즐겁고 뜻있게 보낼 수 있도록 각종 제도의 개선과 지원 확대 등의 방법을 강구해야 할 것이다.

1) 노인복지시설의 유료화가 필요하다면 가정보호의 원칙만을 고집할 것이 아니라 기능별로 분화되고 있는 기존의 유료시설이 활성화 될 수 있는 방향으로 정책을 돌려야 한다.
2) 시설 내에서 전문적인 서비스를 담당하는 간호사나 물리치료사 등의 보건의료 전문 인력에 상응하는 보수 지급도 수반되어야 한다. 여가활용을 전문적으로 담당할 수 있는 인력 확보도 필요하다.
3) 더욱이 일반 노인들이 이용할 수 있는 시설 마련에 보다 적극적인 정책이 요구된다.

참고문헌

권중돈(2011). 사회복지개론. 서울: 학지사.
최성재 · 장인협(2006). 노인복지학. 서울: 서울대학교출판부.
허정무(2005). 노인문제와 노인복지. 협신사.
박태룡(1999). 노인복지 이론과 실제. 대구: 대구대학교 출판부.
정경희. 노인복지시설의 현황과 개선방향.
황진수(2005). 노인복지 정책론. 서울: 한성대학교출판부.
박상하 외(2007). 사회복지개론. 서울: 양서원.
황진수(2005). 노인복지 정책론. 서울: 한성대학교출판부.

3. 이론분석보고서 작성 예시

이론 분석 보고서

*일지에도 동일 날짜에 작성관련 내용 적혀 있어야 함.

이름 : 생년월일 : 작성일 :
실습기관 : 노인장기요양 기관 중 공동생활가정

노인복지 정책

Ⅰ. 서론

1. 노인의 개념

노인에 대한 명확한 정의는 지역이나 국가의 특성, 사회적 환경에 따라 다양하게 정의되고 있다. 노인의 정의가 다양한 것은 노화의 과정이 개인적으로 편차가 크고 시대적 및 사회적 상황, 그리고 문화적 배경에 따라 다양한 시각이 존재하기 때문이다. 그러나 일반적으로는 일정 연령에 도달한 사람 또는 노화 과정에 있는 사람을 가리킨다. 다시 말해 노인의 개념을 규정할 때에 가장 일반적인 것이 연령에 따른 정의이며, 그 밖에 개인의 자각에 의한 정의, 법적인 정의로 나누어 설명할 수도 있다. 또한, 오늘날 의료보건기술의 향상과 과학기술의 발달로 인간의 평균수명의 연장과 사망률의 감소에 따라 전 세계적으로 인구의 노령화가 공통된 현상으로 나타나고 있다. 노인이란 일반적으로 '늙은이' 또는 '나이 많은 사람'으로 평범하게 사용되는 용어이다. 노인은 보통 네 가지 문제로 인한 고통이 따른다고 한다. 첫째, 나이가 들게 됨에 따라 나나는 신적인 쇠퇴현상에서 야기되는 질병 등의 건강문제, 둘째, 직장에서 은퇴함으로 나타나는 소득상실에 따른 생활상의 고통, 즉 소득상실의 문제, 셋째, 직장은퇴와 함께 야기되는 역할상실 및 여가시간의 활용문제, 넷째, 가정과 직장, 그리고 사회로부터의 고립 · 소외감으로부터 야기되는 사회심리적 고립 · 소외 문제가 그것이다.

(1) 국제노년학회의 정의

1951년 7월 미국에서 열렸던 제2회 국제노년학회에서는 "인간의 노화과정에서 나타나는 생리적 · 심리적 · 환경적 행동의 변화가 상호작용하는 복합 형태의 과정이다."라고 정의하였다. 또한 노인이란 생리적 육체적으로 변화기에 있는 사람, 심리적인 면에서 개성의 기능이 감퇴하고 있는 사람, 그리고 사회적 변화에 따라서 사회적 관계가 과거에 속해 있는 사람이라고 정의하고 있다.

(2) 뉴가르텐(B. Neugarten)의 정의

노인문제 전문가인 미국의 뉴가르텐은 미국의 노인집단을 다음과 같이 세 단계로 분류하였다(조성남, 2004).

① 연소노인(yong-old): 55~65세의 연령으로 대부분 일을 할 수 있으며, 돈 버는 능력과 사회적 지위가 최고조에 달해 있을 때이다.

② 중고령 노인(middle-old): 65~75세의 연령으로 대부분 퇴직한 사람이며 건강상태가 비교적 양호하고 취미생활을 할 풍부한 시간을 가지고 있는 노인들을 일컫는다.
③ 고령노인(old-old): 75세 이상의 연령으로 더 이상 일하기 어렵고 신체적으로 노쇠하여 질병에 걸린 경우가 많다. 경제적으로도 가장 빈곤하며 외롭고 가장 약한 노인이라고 정의하였다.

(3) 법적 개념

현행 「노인복지법」이나 「노인장기요양보험법」에서는 '65세 이상의 자'를 법의 적용대상으로 규정하고 있다. 그리고 「고용상 연령 차별 금지 및 고령자 고용 촉진에 관한 법률」에서는 '고령자'와 '준고령자'라는 개념을 사용하고 있는데(제2조 제1호와 제2호), '고령자는 55세 이상인 사람'으로 '준고령자는 50세 이상 55세 미만인 사람'으로 규정한다(동법 시행령 제2조 제1항과 제2항).

한편, 「국민연금법」에서는 노인의 연령을 60세로 보고 이때를 연금 수급 연령으로 규정하고 있다. 종전의 「생활보호법(1961)」에서는 65세 이상의 노인을 대상으로 하였으나 「국민기초생활보장법」이 시행되면서 연령에 따른 구분은 철폐되고 빈곤과 부양 의무자의 존재 여부를 기준으로 보호 대상을 선정하고 있다.

장기요양급여를 받을 수 있는 노인은 고령이나 노인성 질병 등의 사유로 일상생활을 혼자서 하기 어려운 사람 즉, 65세 이상의 노인 또는 65세 미만의 사람으로서 치매 · 뇌혈관성질환 등 노인성 질병을 가진 사람을 가리킨다(「노인장기요양보험법」 제1조 및 제2조제1호).

한편, 유엔(UN)에서는 지금까지 노인을 60세 이상으로 보아 왔는데, 평균수명이 증가함에 따라 최근에는 65세를 기준으로 삼는 경향이 두드러지고 있다. 우리나라에서도 과거에는 만 60세에 맞이하는 회갑을 기준으로 하는 경우가 많았으나, 오늘날에는 65세를 노인으로 보려는 관점이 지배적이다.

이상 살펴본 바와 같이 노인은 생리적 및 신체적 기능의 퇴화와 더불어 심리적인 변화가 일어나서 개인의 자기유지 기능과 사회적 역할 기능이 약화된 65세 이상의 사람이라고 정의할 수 있을 것이다.

2. 노년기의 특성

(1) 신체적 특성

노화는 개인과 그의 환경 간의 상호작용에 의해 일어나는 생리적, 심리적, 사회 · 경제적, 정서적으로 광범위한 변화를 말하는 것으로, 일생을 통해 끊임없이 진행되는 과정으로서 모든 인류에게 피할 수 없는 것이다. 연령이 증가에 따라 신체 모든 기관에는 변화가 있다. 키는 40대에 줄어들기 시작하여 2~5cm 정도 줄어든다. 50세가 넘으면 팔다리와 안면의 피하지방은 소실되고 복부와 둔부에는 축적된다. 동맥은 길이가 길어지면서 곡절이 생기어 변형된다. 심박출량은 25세에 비하여 30~40%가 감소하고 잔류 폐활량은 2배가량 증가한다. 모든 장기의 무게는 감소하나 심장과 전립선의 무게는 증가되는 특색이 있다. 이 장기의 무게 증가는 결국 질환을 일으킨다.

인간은 나이가 들어감에 따라 신체 변화뿐만 아니라 신체의 기능면에서도 많은 변화가 일어난다. 노화 현상은 신경 계통 및 혈액 순환, 호흡, 소화, 배설, 생식과 같은 모든 기능에 영향을 미치게 되고, 수면의 질이나 양 등이 감소하여 불면증을 일으키게 된다. 이러한 변화는 노인의 불안, 욕구 불만 및 스트레스와 같은 심리적 반응을 가져오고, 노인의 행동과 적응력 등 신체 · 사회적인 부분에 부정적인 영향을 미치게 한다.

(2) 심리적 특성

인간은 누구나 늙기 마련이며, 나이가 듦에 따라 신체의 각 부분도 노화를 일으켜 자신의 의지와는 다르게 점차적으로 몸의 각 기능이 퇴화되고 성격도 변화되어 간다. 따라서 같은 말과 같은 상황 아래에서도 젊은이들에 비하여 노인들은 더 노여워하고 서러워할 수 있다. 그러므로 노인의 심리적 특성을 잘 알아두어 노인과 대화를 나눌 때에는 주의하는 것이 좋다. 노년기의 대표적인 심리적 특성으로 의존성의 증가와 고독과 소외의 문제, 자녀와의 갈등 등을 들 수 있다. 노화로 인해 경험하게 되는 부정적 변화들 때문에 생기는 노년기 나름대로의 심리적 특성이 있다.

첫째, 내향성이 증가한다. 노화에 따라 사물의 판단과 활동의 방향은 외부보다는 내면으로 향하려는 경향이 나타나며, 누군가의 도움을 받아 문제를 해결하려는 수동적인 경향이 강해지고 새로운 일에 도전하려는 경향은 감소한다.

둘째, 의존성이 증가한다. 노인들은 가족 구성원 간의 정서적인 유대 관계를 중요시하고 믿고 의지할 수 있는 사람들 찾게 된다. 나이가 들수록 물질적 도움보다는 심리적으로 의존할 수 있는 대상을 필요로 한다.

셋째, 경직성이 증가한다. 환경의 변화에 잘 적응하지 못하고 기존의 사고방식이나 태도를 고집하고, 과거에 사용하였던 물건에 집착하는 경향이 증가한다.

넷째, 조심성이 증가한다. 시각과 청각 등의 감각기관의 퇴화하고, 실패의 쓰라린 체험을 한 노인들은 정확성을 중요시하기 때문에 조심스러워진다.

다섯째, 우울 경향이 증가한다. 이 시기에는 연령의 증가에 따라 신체적 노화, 배우자의 죽음, 경제적 어려움, 가족 및 사회로부터의 소외감, 고독감, 지나온 세월에 대한 회한 등이 원인이 되어 일반적으로 우울증이 증가하는 경향을 보인다.

이러한 노인의 심리적 특성은 개인차가 있지만, 감각과 지각 기능의 변화, 정신 기능의 변화, 성격 특성의 변화, 그리고 정신장애 등에서 찾을 수 있다.

(3) 사회적 특성

노인은 생물학적, 정신적 존재일 뿐만 아니라 다른 사람들과 상호작용을 하는 사회적 존재이다. 노인의 지위와 역할은 농업사회에서 산업사회로 바뀌면서 크게 변화하였다. 다시 말해 농업이 중심이 된 사회에서는 노인이라도 일생 동안 농업에 종사하고 취득한 생산 수단(토지와 농기구 등)을 소유하고 가족의 중심에 설 수 있었다. 그러나 상공업이 중심이 된 사회에서 노인은 직장에서 퇴직한 후에 적절한 생산 수단을 확보하기 어렵게 되고, 사회적 지위도 점차 상실한다.

일반적으로 노인이 되면 수입의 감소, 소외와 고립의 증가, 이에 따른 의존성의 증가, 지위의 약화, 그리고 사기의 저하 등의 사회적 손실이 크게 된다. 특히, 남성의 경우 정년퇴직 후의 생활에 대한 준비가 부족할수록 역할의 단절과 사회적 손실을 더욱 절실하게 경험하게 된다. 이러한 노인의 사회적 손실은 현대 산업사회의 일반적인 현상이다.

노화와 더불어 노인의 사회적 지위와 역할은 축소되고 가정에서는 결정권도 축소된다. 결국 신체적인 노화와 함께 사회와의 상호작용이 줄어들게 되어 고립적인 생활을 영위하게 되는 경향이 증가한다. 노인도 사회적으로 상호작용하는 존재이지만 노년기의 기대 역할이나 역할규범이 일반적으로 확립되어 있지 않으므로 노인의 사회화는 어려움이 많고 불안의 상태에 빠지기 쉽다.

3. 노인문제의 대두배경

도시화 · 산업화 · 핵가족화를 특징으로 하는 현대사회는 급속한 사회 발달과 더불어 인구의 고령화라는 또 하나의 사회현상을 만들고 있다. 우리나라는 1960년대 이후 노인인구가 꾸준히 증가해 왔고, 최근에 와서는 급격한 속도로 고령화가 진행되고 있어 세계에서 가장 빨리 늙어 가고 있는 사회이다. 2000년 노인 인구 비율이 7.2%로서 고령화사회로 진입한 이래 2007년 7월 우리나라 65세 이상 노인은 481만 명으로서 총인구의 9.9%에 달하고 있다. 주요 선진국에 비해 아직은 낮은 수준이지만, 고령화 속도가 매우 빠르기 때문에 머지않아 2018년 고령사회, 2026년 초고령사회로 진입하게 될 것으로 예상되고 있다.

노인문제는 흔히 노인의 네 가지 고통(4苦)으로 자주 표현된다. 빈곤, 질병, 고독, 무위가 바로 그것이다. 노인이 되면 사회적 역할을 상실하게 되고 수입의 감소도 뒤따른다. 또 의료 및 보건 기술의 발달로 평균수명은 연장되었으나 노화에 따른 건강 악화로 유병장수하게 되고, 노년기의 여러 상황 변화로 소외와 고독감에 빠지게 된다. 또한 노인부부 세대나 노인 단독 세대가 증가함에 따라 노인 부양과 보호의 문제, 늘어난 여가시간을 보내는 문제 등도 대두하고 있다.

노인문제는 개인적 · 사회적 차이는 있지만 어느 사회에서나, 누구나 당면하게 되는 문제이고 또 각각의 문제가 서로 분리되어 있기보다 상호 복합적으로 연결되어 있다는 특징이 있다. 노인문제란 인간의 노령화로 야기되는 생활상의 갖가지 곤란을 의미한다. 노인문제의 핵심은 노령화 그 자체에 있는 것이 아니라 노화로 인해 야기되는 의존성을 어떻게 방지하고 이들을 어떻게 지원하여 해결하느냐에 있다. 구체적인 내용을 살펴보면 다음과 같다.

(1) 가치관의 변화

'효'를 강조하던 (노인중심의 사회) 농경중심의 사회가 점차 근대화, 산업화되면서 전통적인 가족 구조는 해체 과정을 겪어 가정과 직장이 분리되고 점차 인정과 정서가 메말라 가며, 이해타산 중심으로 진행되었다. 이에 따라 노인도 옛날의 가부장적 권위는 실추되고 무능력, 무기력한 존재로서 비생산적인 위치로 전락하게 된 자로 이해하는 가치관의 변화에 기인된다 할 것이다.

(2) 가족 개념의 변화(확대가족 → 핵가족화)

오늘날 우리의 전형적인 가족 형태는 핵가족제도이다. 이는 현대 산업화에 따른 직계가족인 제 1세대와 제 2세대의 분리현상에서 비롯되었다. 핵가족제도의 가족 구성 형태에서는 당연히 노인의 지위가 약화 내지 배제되고 부부와 자녀를 우선시하는 관념이 노인문제를 야기하게 되었다.

(3) 현대화(사회구조의 변화)

일반적으로 한 사회의 산업화 및 현대화의 정도가 높으면 높을수록 노인의 지위와 권위는 더욱 낮아진다. 즉, 현대의료 및 보건기술의 발달, 생산기술의 발전, 교육의 대중화 그리고 도시화라는 요인들이 긴 여가시간, 역할상실, 수입감소(경제적 의존), 건강의 약화와 질병문제, 사회심리적 고립과 소외라는 노인문제를 발생시킨다는 것이다. 이와 같은 점을 T. Parson도 "산업화로 인하여 사회구조가 급변하는 사회의 일반적인 특징은 노년기의 역할을 부인할 뿐만 아니라 이들을 사회적 고립(social isolation)으로 몰아넣고 있기 때문에 사실상 노인은 문화유산 전승자로서의 지도적 역할을 수행할 수 없다."고 하고 있다. 즉, 경제성장의 열매가 주로 경제능력이 없는 노인, 심신장애인, 실업자 등에게 심각한 불균형적으로 분배되는 데 큰 문제가 되므로 이들을 위한 제도적 장치가 모색되어야 하는 것이다.

Ⅱ. 본론

1. 노인복지정책의 개념과 필요성

(1) 노인복지정책의 개념

생애주기의 완성기에 처한 인간의 복지, 노인복지 고유의 관점 혹은 원리에 입각한 노인문제 해결을 강조, 노인들의 욕구를 해결하기 위한 정부 차원에서 시행하는 정책(소득보장, 의료보장, 주거보장, 노인복지서비스 정책 등)

(2) 노인복지정책의 필요성

- 가족구조의 변화: 핵가족화, 노인단독가구 증가
- 여성의 경제활동참가율의 증가: 가족생활의 변화(노인부양, 경제적 기능 등)
- 노인부양의식의 변화: 전통적 부양형태의 붕괴, 연금, 사회보장, 사회복지서비스에 의한 노후생활보장의 방향으로 전환

2. 노인복지정책의 역사

- 1945년 해방 이후 절대 빈곤의 상태, 노인들만을 위한 대책이 마련되지 못하였으며,
- 1960년대부터 노인복지 관련 법들이 제정되기 시작하였으나 그 수준은 미약했음
- 1970년대 경제성장 시기, 의료보호(65세 이상의 생활보호대상자)
- 1980년대 노인복지법 제정, 경로헌장 선포
- 1990년대 노인인구 급증으로 사회문제로 대두되기 시작, 실버산업 등장
- 2000년대 경제위기로 인한 조기퇴직자를 위한 다양한 노인복지정책 개발

3. 노인복지문제의 시각 및 이론

노인문제의 원인은 결국 사회현상을 설명하는 제 이론에 입각하여 규명하는 것이 보다 바람직하다고 생각한다. 사회현상을 포괄적으로 설명하는 대표적이고 주류적인 다섯 가지 이론을 순서대로 설명하려고 한다.

(1) 기능주의 이론

기능주의 시각에서 노인문제의 대두원인은 상당수의 노인들이 사회체계의 유지와 발전에 공헌하는 기능을 수행하지 못하거나 또는 노인집단의 새로운 욕구에 사회가 적절히 기능을 발휘, 대응하지 못하는 상태 때문에 야기된다고 본다. 즉, 상당수의 노인들이 사회에 대하여 역기능적으로 되고 있다는 데에서 노인문제가 야기된다고 보는 입장이다. 이 시각은 결국 노인문제가 오늘날 대두하게 된 원인을 개인적인 것보다 사회구조 및 제도에 그 원인이 있음에 비중을 두고 있다.

(2) 갈등주의 이론

갈등주의 시각에 의하면 노인문제는 사회가 희소자원을 더 많이 가지고 있는 중년층을 중심으로 조직화되어 있는데 대하여 노년층이 기존의 희소자원 분배방식에 불만을 가지고 분배방식의 변경을 요구하여 중년층이 이를 문제라고 인식할 때 노인문제가 된다고 이해하는 입장이다.

(3) 상호작용주의 이론

이 시각에 의하면 사회의 주요 집단이 노인을 늙고, 병들고, 가난하며 의존적인 쓸모없는 사람으로 보게 될 때 노인문제가 발생 · 존재한다고 판단한다. 즉, 이렇게 부정적인 의미 부여로 노인은 문제가 많은 사람으로 인정된다고 이해할 때 노인문제는 야기된다는 입장이다. 결국 노인문제의 원인은 노인을 부정적인 의미를 부여하여 낙인찍는 것이라 할 수 있다. 따라서 노인문제의 원인은 사회적인 낙인에 따라 행동하는 노인 개개인에게도 있지만 더욱 큰 원인은 일차적으로 노인을 낙인찍는 사회제도나 사회의 일반적인 인식이 잘못된 데 있다고 할 수 있다.

(4) 교환주의 이론

이 시각에 의하면 전체적인 입장에서 노인문제는 일반적으로 산업화와 공업화를 수반하는데 현대화가

노인의 지위를 약화시켜서 결과적으로 노인문제가 야기되었다는 입장과 노인문제의 보다 구체적인 현상으로는 개인과 사회와의 관계 및 개인과 개인, 그리고 가족과의 관계에서 노인의 경험, 지식, 기술의 낙후와 신체적 · 정신적 능력의 약화는 노인과 경영주체와의 교환관계에서 교환자원의 부족, 고갈 또는 가치 저하를 가져와 상대방을 지배할 수 없어 퇴직으로 인한 경제적 · 정신적 역할상실, 여가시간문제, 소외문제 등이 야기된다고 본다.

(5) 현대화 이론

Cowgill & Holmes는 현대화가 보건 및 의료기술의 발전, 생산기술의 발전, 대중교육의 확대, 도시화를 핵심으로 하는 사회의 전반적인 변화를 가져와 이러한 현대화 이론들이 인과적으로 다른 요인들을 유발하여 산업사회에서의 노인의 지위를 약화시키고 있기 때문에 현대화의 정도가 높을수록 노인의 지위는 낮아지게 됨으로써 현대화의 요인들을 유발하는 직접적 원인들이 노인문제를 발생하도록 적용하게 된다고 설명하고 있다.

4. 노인복지의 현황 및 실태

1. 노인인구의 현황

우리나라는 그동안 계속된 경제성장으로 이미 살펴본 바와 같이 생활수준의 향상, 보건 · 의료기술의 발달에 따라 1980년대 65.8세이던 평균수명이 2000년에는 74.3세, 2020년에는 78.1세가 될 것으로 추정된다(표 Ⅱ-1 참조). 그리고 노인인구도 점차 증가하여 65세 이상 노인인구가 표 Ⅱ-2에서 보듯이 1994년도에는 전체 인구 5.5%에 달하였던 노인인구가 1995년에는 전체 인구의 5.7%로, 2000년대에는 전체 인구의 7.2%, 2020년에는 전체 인구의 15.1%로 선진국 수준에 달할 것으로 전망되고 있다.

표 Ⅱ-1 평균수명의 변화추이(단위: 세)

구분 \ 연도	1960	1970	1980	1990	1995	2000	2020
평균	52.4	63.2	65.8	71.6	73.5	74.9	78.1
남	52.1	59.8	62.7	67.7	69.6	71.0	74.5
여	53.7	66.7	69.1	75.7	77.4	78.6	81.7

표 Ⅱ-2 노인인구 변동추이(단위: 천명)

구분 \ 연도	1960	1970	1980	1990	1995	2000	2020	2022	2030
전체인구	25,012	32,241	38,124	42,864	44,851	46,789	50,578	–	–
65세 이상 인구	726	991	1,456	2,195	2,543	3,995	7,667	8,403	11,604
(%)	(2.9)	(3.4)	(3.8)	(5.1)	(5.7)	(7.2)	(15.1)	(16.6)	(23.1)

5. 노인복지의 대응전략 및 방향

(1) 소득보장 정책

우리나라 노인들의 소득 대부분은 자녀에게 의존하고 있으며, 그 다음으로 자신의 일이나 직업을 통한 근로소득이 소득원으로 나타나고 있다. 이는 현세대 노인들이 과거 자녀들에 대한 과다한 투자로 노후준비를 소홀히 하고, 연금제도와 같은 사회보장제도의 미비 및 가부장적 대가족제도의 전통 등을 원인으로 들 수 있겠다.

이에 대한 노인복지 정책의 개선 방향으로 ① 정년 연장 (50세 → 최소 60세), ② 소득보장수준 상향조정 및 현실화, ③ 노인전용주택 및 영구 임대주택 급여 확대 필요 등을 들 수 있다.

(2) 건강 및 의료보장 정책

노인의 질병은 만성적이고 퇴행적이기 때문에 병원이나 요양원에서의 보호에도 별로 효과가 없거나 그렇게 할 필요가 없는 경우가 많은 데도 불구하고 의료비 부담은 커지고 노인의 간호 및 건강보호가 점차 어려워지는데 특색이 있다. 이에 대한 노인의 건강 및 의료보장 정책의 구체적 방향은 아래와 같다.

① 의료보장 급여수준 확대

노인 질병의 당사자나 가족의 의료비 부담을 경감시키기 위해 의료보험과 의료보호에 서 지급되는 노인의료비의 지원비율을 높이고 자기부담률을 낮추어야 한다.

② 가족의 노인보호 기능 보완 및 강화

가족의 노인보호기능을 보완, 강화할 수 있는 가정봉사원 서비스, 간병인 서비스, 가정방문간호사 서비스를 제도화하고 발전시킬 필요가 있다.

③ 시설복지와 재가복지의 병행

양로원이나 요양원에서 노인의 건강 및 보호를 전담하는 시설복지도 확대·개선과 가정생활의 재가복지서비스도 동시에 확대 되어야 한다.

(3) 사회복지서비스 보장정책 (여가 및 소외문제 대책)

우리나라 대부분의 퇴직연령이 55세로 되어 있어 정년퇴직 후 사회심리적으로 상처를 입는 경우와 함께 사실상 노령기가 더욱 길어져 여가 시간을 의미 있고 가치 있게 보낼 수 있는 시설이나 프로그램이 더욱 필요하다. 만약 이와 같은 여가활동이 없다면 노인들의 자아상실감은 더욱 커지게 될 것이기 때문이다. 또한 산업화로 인한 현대화 관련된 요인들로 인해 노인은 가족으로부터 소외감과 고독감을 느끼고 갈등을 경험하게 될 뿐만 아니라 실제 소외되고 고립되는 경우를 많이 당하고 있다. 그러므로 이에 대한 예방적 대책이나 문제해결 프로그램을 개발하지 않는다면 생물학적으로 생명은 연장되었지만, 노인들의 삶의 만족도는 높아지지 하여 연장된 생명은 별로 인간다운 삶이 되지 못할 것이다.

여기에 다양한 사회복지 서비스 개발이 강조된다. 현재까지의 노인복지 급여는 주로 소득보장과 의료보장에 국한되었으며, 그것도 공적 부조 중심이었다. 앞으로 생활수준이 향상되어 의식주의 기본적 욕구는 충족될 것이므로 전체 노인층에 거의 공통적으로 다양하게 나타나고 있는 문제와 욕구에 대응하기 위한 노인의 사회복지 서비스 보장은 다양화되어야 한다.

특히 건강하지 못한 노인을 위해서는 간호보호와 사회복지 서비스를 연계시켜 발전시켜 나가는 것이 바람직한데, 이러한 노인복지를 위한 사회적 서비스 프로그램을 정리하면 다음과 같다.

서비스 기능	프로그램
1. 당면 문제 해결 서비스	(1) 노인복지 상담원 서비스 (2) 수용보호서비스(양로 및 요양시설) (3) 주간 및 단기보호 서비스 (4) 가정봉사원 서비스 (5) 가정방문 서비스 (6) 전화 상담
2. 발달 욕구 충족 서비스	(1) 노인정 운영비 지원 (2) 노인복지회관 운영 및 지원 (3) 노인학교(노인교실) 운영비 지원 (4) 자원봉사자 참여활동 (5) 노인휴양시설 서비스
3. 접근 · 안내 서비스	(1) 교통편의 서비스 (2) 안내 서비스

→ 지금까지 살펴본 이러한 노인복지의 복지주체, 공급자 중심의 경제적 · 물리적 접근방법 이외에 새롭게 비물질적 정치 사회학적 복지객체(대상) 중심의 노인복지 접근 방법의 모색도 필요하다고 주장하고 싶다. 그러므로 이제 노인들도 과감히 노년의 계획을 세워 존엄성 회복을 위해 현실적, 제도적으로 ① 노인집단의 조직화, ② 정년제 재조정 내지 폐지, ③ 정부의 노인 차별정책 지양, ④ 공익활동을 위한 계속적인 배움과 노력 활동이 뒷받침되어야 한다. 이외에 정부는 사회보장의 한계성과 개인의 책임을 강조하면서 개인 스스로 노후생활을 대비하도록 국민의 의식 활동과 함께 사회적 여건을 조성하여야 할 것이다.

Ⅲ. 결론

1. 현재의 노인문제

(1) 경제적 빈곤 문제

우리나라의 노인들은 산업구조의 급속한 변화와 과학적 생산기술의 발달로 인해 조기 은퇴하게 되는 경우가 많다. 이는 소득의 조기 상실을 의미하게 된다. 또한 대부분의 노인들이 노령연금제도의 혜택을 받지 못하고 있다.

독거노인의 경우에는 의탁할 만한 자식도 없는 상황이기 때문에 경제적 빈곤의 문제가 더 심각해진다. 이들의 경우 자식이 있더라도 연락이 끊어져 있는 상황이 많다. 그럼에도 불구하고 성인이 된 자식이 있다는 이유로 기초생활보호대상에서 제외되는 등의 불합리한 대우를 받는 경우가 있어 문제가 된다.

퇴직으로 인하여 정기적인 수입원이 단절되고 연금, 퇴직금, 저축, 재산수익 등으로 수입이 대치된다.

노인이 되면 소득원이 상실되고 핵가족에 따른 전통적 가족제도의 붕괴 등으로 경제적 어려움을 겪는 노인 계층이 증가하고 있다.

빈곤의 원인은 여러 가지 있겠으나 노인들은 경제활동 능력의 감퇴와 더불어 생활을 위한 어떤 방법을 강구하지 않았거나 않는다면 빈곤해질 수밖에 없다. 노령화사회의 경향이 두드러지고 있는 현 상황에서 빈곤 노인도 증가하고 있는 실정이나 원인의 첫째, 직장에서의 조기은퇴, 둘째, 사회보장제도의 미흡(연금제도), 그리고 자녀양육으로 인한 과다 지출을 들 수 있다. 즉, 노후를 위한 사전준비를 해 놓지 못한 상태에서 은퇴하게 되고 은퇴 후 가족에 의한 부양이나 사회적 부양이 어려워진다면 빈곤해질 수밖에 없는 것이다. 노후준비를 어느 정도 한 비율은 30.4%, 나머지 69.6%는 전혀 못했거나 거의 못한 것으로 나타났다. 노후준비를 못한 주원인은 자녀의 양육비 과다 지출이 67.1%로 가장 많고, 저임금이 34.3%, 질병과 사고가 24.2%로 나타나고 있다.

이와 같은 이유 등으로 노후준비를 못한 노인들은 은퇴 후 자녀들의 부양이나 사회보장제도에 의한 혜택에 의존해서 생활해야 한다. 그러나 부양기피 풍조나 사회보장제도의 미비 등으로 인해 제대로 부양과 혜택을 받지 못하는 실정으로 결국은 경제적인 문제로 고통을 겪어야 하는 것이다.

(2) 건강 문제

생활수준의 개선과 의료 및 보건 기술의 발달로 국민의 평균수명은 증가했으나 노인들은 경제적 빈곤 등의 이유로 질병과 건강관리에 어려움을 겪고 있다. 더구나 노인 질병은 장기적이고 만성적일 뿐만 아니라 합병증의 증세도 많다. 노인 질병은 의료보험 혜택은 받는다 하더라도 큰 부담이 되고 의료보험 자체가 노인 질병의 특성을 고려하고 있지 않는 것도 문제점으로 지적되고 있다.

독거노인들은 건강을 돌봐줄 만한 사람이 주변에 없다. 그 때문에 건강관리에 어려움이 클 수밖에 없다. 뿐만 아니라 병이 발생했을 때 간호를 맡아 줄 만한 사람도 없다는 것이 문제가 된다.

받는다 하더라도 큰 부담이 되고 의료보험 자체가 노인 질병의 특성을 고려하고 있지 않는 것도 문제점으로 지적되고 있다.

노인은 젊은이에 비하여 유병률이 2~3배 이상이 되며, 만성적 질병과 합병증적 현상도 빈번하여 빈번한 의료적 진료가 필요하므로 많은 의료비가 필요하다. 특히 노인 질병의 진료는 고액진료가 많으므로 의료보험이나 의료보호의 제도적 뒷받침 없이 개인적으로 일시에 진료비를 부담하는 일은 상당히 어려운 일이다. 노인의 건강상태는 경제적 수준과 상관관계를 갖고 있다는 연구가 많이 있는데, 이는 경제적 수준이 높을수록 건강보호를 받을 수 있는 여건이 좋기 때문일 것이다. 노인의 건강은 신체적 노화로 약화되는 것이 일반적이지만 적절한 의료적 치료를 받아 건강을 유지하고 노화의 속도를 지연시켜서 기능적으로 활발한 노후생활을 더욱 연장시킬 수 있다는 전제하에서 노인의 건강관리 문제는 노인문제로 크게 나타나고 있다.

2. 느낀 점

사회복지실습을 통해 노인복지에 대해 구체적으로 관심을 가져 볼 수 있는 소중한 시간이 되었습니다. 이론보고서를 작성하면서 이론지식과 현장경험의 부족으로 어려운 부분이 있었으며, 제 생각만큼 완벽하게 하지는 못했습니다. 결과가 100%에 미치지 못했지만 노인분들의 문제해결을 위해 나 스스로의 고민과 다른 사람들과의 의논으로 앞으로의 문제해결에 소중한 자양분이 되었기를 바랍니다. 앞으로 사회복지실습과 전문교육 과정을 더욱더 구체적으로 배워 복지사로서의 역량강화와 마음가짐을 위해 노력할 것입니다.

또한, 노인분들이 겪는 문제의 초점을 정확하게 파악해야 한다는 것을 알게 되었습니다. 문제의 초점을 파악하기 위해 노인분들이 기관에 오시기까지의 과정을 알고, 기록정보를 활용하며 사회복지사와 상호작용을 통해 적극적인 자세가 필요하다고 생각합니다.

대부분의 국가들이 고령화사회로 급속히 진입하게 되므로 노후생활의 경제, 심리, 건강, 여가선용 문제 등이 부각되고 있는 급격한 사회변화로 가족제도가 핵가족화로 변하였으며, 인구 수명의 변화와 기혼여성의 취업증가 등으로 인해 가족 노인부양 기능은 더욱 악화되었기에 노인으로서 지니게 되는 욕구와 문제를 사회보험과 공적 부조로만 해결할 수 없으므로 정부와 민간이 협력하여 서비스를 제공해야 한다는 것을 깊이 알게 되었으며, 앞으로 노인의 심리적, 신체적 기능 수준을 파악하고 클라이언트와 가족이 직면하고 있는 문제에 대해 분석하며, 노인의 사회참여, 건강유지, 경제적 · 사회적 · 심리적 독립에 목표를 둠으로써 세대 간의 유대강화와 노인문제를 예방할 수 있는 여건을 마련해 주어야 하겠습니다. 그러한 부분에서 저 또한 조금이나마 일조하며 열심히 학업에 열중하고 실습에서도 소중한 지식과 경험들을 체험할 수 있도록 노력하는 한 사람이 되도록 하겠습니다. 감사합니다.

참고문헌

김응렬 외, 『한국의 노인 복지』, 고려대학교한국학연구소, 2003년.
김은수, 『초고령사회의 복지주거환경 및 자원의 경제학』, 도서출판 좋은땅, 2015년.
조성남, 『에이지붐 시대: 고령화 사회의 미래와 도전』, 이화여자대학교출판부, 2004년.
추기옥, 『노년의 삶』, 도서출판 들녘, 2016년.
김현, 『노인 우울증의 체계적인 접근』, 도서출판 좋은땅, 2017년.
이인수, 『노인주거복지와 실버산업』, 일진사, 2005년.
박태룡, 『사회복지행정론』, 홍익출판사, 2006년.
「노인복지법」, 국가법령정보센터 홈페이지, 2017년.
「노인장기요양보험법」, 국가법령정보센터 홈페이지, 2017년.

4. 실습지도계획서 작성 예시

실습지도계획서

○ 실습지도자 :

1. 실습목적

1. 학교 교육을 바탕으로 배워 온 이론을 현장에서 접목하고 실천할 수 있는 기회를 제공
2. 노인복지현장 중 노인일자리사업을 중심으로 실습 기회 제공

2. 실습목표

1. 지역사회에서의 노인복지와 노인일자리지원기관 사회복지사의 역할에 대하여 이해
2. 사회복지사로서의 전문적인 기술의 개발
3. 사회복지 전문인으로서 태도를 배우고 과학적인 접근법을 습득

3. 실습분야: 노인복지

1. 노인일자리 사업 개발 및 활동
2. U-care 활동
3. 사회복지 행정 및 시스템 활용

4. 실습기간:

5. 총 실습시간: 총 160시간

6. 실습대상

실습생 ○○○ 등 5명

7. 교육계획

<table>
<tr><th rowspan="2">회수
(일자)</th><th rowspan="2">단계</th><th colspan="4">실습 내용</th><th colspan="3">실습자 과업</th><th rowspan="2">비고</th></tr>
<tr><th>역할
수행</th><th>서비스
전달</th><th>지역사회
연계</th><th>자원
개발</th><th>행정</th><th>교육</th><th>지지</th></tr>
<tr><td>1
2</td><td>준비
단계</td><td colspan="4">1. 오리엔테이션
2. 시설 소개, 현황 파악, 시설 라운딩
3. 특강(노인복지와 노인일자리)</td><td colspan="3">1. 시설 현황 안내
2. 실습목표 및 달성과제 토의</td><td>특강:
관장</td></tr>
<tr><td>3
4</td><td>관찰
단계</td><td colspan="4">3. 사회복지사 업무 안내/관찰
4. 노인복지(노인일자리) 현장 안내/관찰
5. 노인 맞춤 돌봄서비스 현장 안내/관찰</td><td colspan="3">3. 사회복지 현장 소개
4. 노인일자리 소개
5. 노인돌봄서비스 소개</td><td></td></tr>
<tr><td>5
6
7</td><td>개념화</td><td colspan="4">6. 노인일자리 복지서비스 프로세스 파악
7. 노인일자리사업 현황파악
8. 노인 맞춤돌봄 서비스 현황 파악
9. 참여 노인 욕구 파악</td><td colspan="3">6. 클라이언트 욕구분석
7. 노인일자리 서비스 전달체계 분석</td><td>○○
유케어
센터
방문</td></tr>
<tr><td>8
9
10</td><td>모방</td><td colspan="4">10. 유형별 노인일자리 활동 관리
11. 노인 맞춤돌봄 서비스 활동
12. 노인일자리 서비스 수혜자 상담</td><td colspan="3">8. 노인일자리 사업 추진 노하우 소개
9. 사례관리 및 서비스 연계</td><td></td></tr>
<tr><td>11
12
13</td><td>정밀화</td><td colspan="4">13. 일자리 참여자 욕구 분석
14. 신규 노인일자리사업 개발회의
15. 노인 맞춤돌봄 서비스 대상자 면담</td><td colspan="3">9. 욕구분석 및 개입의 타당성 분석</td><td>과제
제출</td></tr>
<tr><td>14
15</td><td>조정
단계</td><td colspan="4">16. 사회복지 정보시스템 및 노인일자리 관리시스템 소개/활용
17. 욕구 분석 결과의 적용
18. 사후관리</td><td colspan="3">10. 실습 목표 달성 분석
11. 실습 피드백 전달</td><td>평가회
실시</td></tr>
</table>

* 실습기관 양식 사용 가능

8. 실습지도방법

<table>
<tr><th>개별실습 지도계획</th><td>2주차~4주차(80시간): 사업팀별 활동이해 및 현장실습</td></tr>
<tr><th>집단실습 지도계획</th><td>1주차(32시간): 사회복지 및 노인복지 현장 이해, 노인일자리사업 개관</td></tr>
<tr><th>기타 계획</th><td>4주차(8시간): 종결평가회</td></tr>
</table>

* 실습기관 양식 사용 가능

9. 실습일정

<table>
<tr><th>주차
(회수)</th><th>일자</th><th>실습현장</th><th>주요 과업</th><th>비고</th></tr>
<tr><td rowspan="4">1주차</td><td></td><td>• 오리엔테이션
• (사단법인) ○○○종합복지회 소개
• ○○시니어클럽 소개
• ○○유케어센터 소개</td><td>1. 실습시설 현황파악
2. 실습기관 분석
3. 실습일정 파악
4. 실습과제물 확인</td><td>관장님
실장
팀장</td></tr>
<tr><td></td><td>• 노인일자리 및 사회활동
지원사업 운영안내</td><td>1. 노인일자리의 이해
2. 시장형 사업
3. 공익활동
4. 사회서비스형</td><td>실장</td></tr>
<tr><td></td><td>• 노인일자리 업무 시스템 운영안내
• 사회복지시설 정보시스템 운영안내</td><td>1. 노인일자리 업무
전산 시스템의 이해
2. 사회복지시설
정보 시스템의 이해</td><td>실장</td></tr>
<tr><td></td><td>• 사회복지 프로포절 안내
• ○○시 지역사회보장협의체 안내</td><td>1. 프로포절 실습
2. 사업계획서 작성실습</td><td>실장</td></tr>
<tr><td rowspan="2">2주차</td><td></td><td>• 사업1팀장 인솔
– 실버카페 등 11개 사업 현장실습</td><td rowspan="4">1. 노인일자리 복지서비스
전달 프로세스 파악
2. 노인일자리 유형별
현장확인
3. 노인일자리 참여자
욕구파악 및 분석
4. 노인맞춤돌봄서비스
전달 프로세스 파악
5. 노인맞춤돌봄 서비스
대상자 욕구파악 등</td><td rowspan="3">사업팀장</td></tr>
<tr><td></td><td>• 사업2팀장 인솔
– 황태랑 등 10개 사업 현장실습</td></tr>
<tr><td rowspan="2">3주차</td><td></td><td>• 사업3팀장 인솔
– 청결지킴이 등 5개 사업 현장실습</td></tr>
<tr><td></td><td>• 사업4팀장 인솔
– 노노케어 등 6개 사업 현장실습</td><td>사업팀장</td></tr>
<tr><td rowspan="2">4주차</td><td></td><td>• 유케어센터 팀장 인솔
– 유케어센터 사업 현장실습</td><td rowspan="2">1. 현장실습일지 정리
2. 대상자 개인정보 파기
3. 과제물 발표</td><td>사업팀장</td></tr>
<tr><td></td><td>종결평가회</td><td>관장님
실장</td></tr>
</table>

10. 실습생의 책임과 과제

노인일자리 사업 이해 및 사업 개발(노인일자리 발전방향 및 사업계획서 작성)

11. 참고도서

2020년 노인일자리 및 사회활동 지원사업 정책방향. (2020). 보건복지부.

5. 타 기관 방문보고서 작성 예시

타 기관 방문보고서

기관 : ○○○ 주야간보호센터

1. 기관의 역사

(1) 기관 설립동기 및 설립목적

노인성질환을 가지고 있는 어르신과 그 가족의 어려움을 덜어 주기 위하여 함께 노력하는 ○○○데이케어센터, 그리고 지역사회의 모든 사람들이 행복해질 수 있는 복지 실현

(2) 기관 사업의 역사적 변천

2011. 2. ○○○데이케어센터 개원
2011. 3. ○○형 데이케어센터 조건부 인증
2011. 6. ○○형 데이케어센터 야간보호 실시
2012. 6. ○○형 데이케어센터 인증(157)
2012. 8. 모니터링 우수업체 선정
2013. 5. ○○○데이케어센터로 변경

(3) 기관 역사에 대한 실습생의 평가

기관의 설립은 이제 4년을 지나고 있다. 직원들 매뉴얼 숙지가 잘 되었고 최적의 어르신을 모신다는 긍지와 자부심이 보인다. 모니터링에서도 우수업체로 선정되기도 하였다.

2. 기관의 목적

중풍 및 치매 등의 노인성질환으로 인해 고생하는 노인들을 주야간으로 보호함으로써 이용노인들의 인지적, 신체적 잔존기능 유진 및 수발 가족들의 부양부담 경감에 기여한다.

3. 기관의 주요 사업 및 프로그램

(1) 클라이언트 및 대상 지역: ○○구 ○○동 지역 요양보험 등급 대상자

(2) 주요 사업

부득이한 사유로 가족의 보호를 받을 수 없는 일반인 및 저소득층 어르신 중 치매, 중풍, 와상 등으로 심신이 허약하여 일상생활을 원활히 수행하지 못하시는 분들에게 필요한 각종 서비스를 제공함으로써 어르신의 생활안정과 심신기능의 유지 및 향상을 도모하고, 부양가족의 신체적, 정신적 부담을 덜어 주고자 오전 8시부터 밤 10시까지 서비스를 한다.

(3) 서비스 전달체계

1. 상담: 전화, 내방, 방문을 통하여 대상자 및 가족과 상담을 진행하여 노인성질환에 대한 정보제공과 어르신의 보호 및 가족 구성원의 부양부담의 어려움 등을 상담하여 가족기능을 향상시킬 수 있도록 한다.
2. 영양지원서비스: 이용노인의 영양에 맞는 식단으로 1일 1식으로 중식(12시)을 제공하며, 야간보호 이용하는 어르신은 1일 2식으로 중식, 석식을 제공한다. 간식은 1일 2회(오전 10시 30분, 오후 3시) 제공한다.
3. 의료보건서비스: 건강체크(혈압, 맥박 체크) 및 투약, 주 2회 물리치료(온열치료, 광선치료, 전기치료, 운동치료), 건강검진 등을 제공하여 약화된 기능 회복을 도모하고 건강한 노후생활을 보낼 수 있도록 한다.
4. 신체적 재활: 신체기능이 저하되어 일상생활이 불편한 이용노인들에게 일상생활 동작훈련 등을 실시하여 잔존기능을 유지하도록 지원한다.
5. 심리적 재활: 신체기능의 저하와 역할 상실 등으로 이용노인이 느끼게 되는 심리적, 정서적 위축, 외로움과 두려운 감정을 가지는 것을 예방하기 위해서 말벗(수시), 산책(인근 공원으로 주 1~2회 실시), 상담 등으로 심리적 안정을 통한 사회적응 능력을 향상시킬 수 있도록 한다.
6. 사회적 재활: 질 높은 여가생활의 영위를 도모하고 사회 구성원으로서의 활동을 유지할 수 있도록 주 1~2회 각종 프로그램을 이용하도록 한다.
   ① 작업 프로그램: 종이접기, 퍼즐 맞추기, 콩 고르기, 공기놀이, 그림 그리기 등
   ② 인지 프로그램: 음악치료, 집단치료, 어울리는 물건 찾기, 숫자놀이, 속담풀이, 끝말잇기 등
   ③ 운동 프로그램: 건강체조, 볼링게임, 미니골프, 윷놀이, 공굴리기, 풍선배구, 고리 던지기, 타르공 맞추기 등
   ④ 음악 프로그램: 옛노래 부르기, 음악감상, 악기 연주 등
   ⑤ 원예 프로그램: 화분 가꾸기, 꽃씨 심기, 채소 심기, 수경재배 등
7. 위생지원: 청결한 신체상태의 유지와 자립적인 신체관리를 도모하고 각종 질병을 예방하기 위하여 서비스를 실시한다.
   목욕 서비스, 이 · 미용 서비스: 수시로 전문 자원봉사자를 활용하여 청결하고 위생적인 신체관리를 도모하도록 서비스 제공
8. 송영
   ① 차량지원을 통한 원활한 이동 및 각종 서비스를 쉽게 이용토록 하여 서비스의 접근성을 높이고 아울러 교통사고 등의 각종 재해로부터 위험을 감소시킨다.
   ② 송영은 오전과 오후, 밤, 1일 3회 실시하는 것을 원칙으로 하며, 보호자의 의사에 따라 선택할 수 있다.
   ③ 서비스 제공시 아래의 제반사항들에 대해 발생하는 문제에 대하여서는 보호자의 책임으로 하며, 이 사항이 3회 이상 지켜지지 않을 시에는 시설 측의 퇴소조치에 따른다.
      - 하차 후 보호자의 보호를 필요로 하나 보호자가 대기하지 않는 경우
      - 보호자의 요청으로 인해 가정에 보호자 없이 이용노인을 모셔다 드릴 경우
      - 지정된 장소에 하차하였으나 보호자가 사전 연락 없이 지정 장소에 대기하지 않아 인계가 되지 않는 경우

   ※ 지정장소에 대기시간 10분이 지나도록 보호자가 대기하지 않는 경우에는 이용노인을 센터로 다시 모시고 오도록 한다. 교통 혼잡이나 기타 돌출하는 문제로 송영서비스가 지연될 경우 보호자에게 미리 연락하여 대기에 대한 협조를 구한다.

9. 특별행사: 가족이나 지역사회로부터 고립되어 소외되어 있는 이용노인들에게 특별행사를 실시하여 삶에 대한 활력과 의욕을 증진시킨다.
   ① 야외 나들이: 봄, 가을 연 2회 실시하며, 이용노인에게 고립적인 시설생활에서 탈피하며 가족과의 유대감 형성과 여가생활을 지원하고 주위환경에 대한 변화를 인식하게 하는 인지력, 지남력을 향상시킬 수 있는 서비스를 실시한다.
   ② 생신잔치: 생신을 맞으신 이용노인에게 해당 월에 생신잔치를 하여 가족과의 친밀감 강화 및 관심을 유도하고 자존감을 향상시킨다.
   ③ 명절행사: 각종 민속적, 전통적인 행사를 통해 해당 명절에 준비되는 음식 및 행사 등으로 이용노인에게 인지능력 및 회상능력의 기회를 부여한다.
10. 욕구조사: 이용노인 및 보호가족의 변화하는 서비스 욕구를 정기적으로 조사하여 새로운 서비스 프로그램 개발과 양질의 서비스를 행한다.
11. 외부자원연계사업
    센터 운영의 효율적인 관리와 보호서비스의 질을 극대화하기 위하여 외부자원과 연계하여 다음과 같은 사업을 실시한다.
    ① 가족간담회 실시
    ② 지역사회 후원자 개발 및 관리
    ③ 자원봉사자 모집 및 관리
    ④ 지역사회 네트워크 형성
12. 연구개발사업
    지역사회의 치매센터로 그 역할을 극대화하기 위하여 프로그램 연구 및 조사, 개발사업을 활성화하고 종사자의 전문성을 강화한다.

(4) 기관의 대상층 및 주요 사업에 대한 실습생의 평가

기관의 이용 대상층은 70~80대 어르신이 가장 많으며, 90을 넘기신 분도 계셨다. 치매와 중풍으로 인하여 도움이 필요한 어르신을 대상으로 경제적 불편함 없이 생활할 수 있도록 다양한 재활 프로그램과 프로그램으로 이루어진다. 시설장을 비롯한 직원들의 따듯한 손길로 어르신의 건강한 생활을 할 수 있도록 사랑과 보살핌으로 운영되고 있다.

4. 기관의 행정사항

(1) 기관의 조직구조

재가노인복지사업 직원 배치 기준에 준하여 시설장, 사회복지사, 간호사, 요양보호사, 조리사, 운전기사 등을 배치한다. 단, 사회복지시설에 병설하는 본 시설의 경우 사회복지사, 간호사, 요양보호사 이외의 직원은 사업에 지장이 없는 범위 안에서 복지관 직원이 겸임 가능하다. 직원의 구성은 다음과 같다.

구분	계	센터장	사회복지사 (본부장)	간호사	요양보호사	조리사(겸직) 안전관리(겸직)
인원	14	1	1	1	10	1

(2) 기관의 행정구조와 예산 사용 및 후원에 대한 실습생의 평가

치매 어르신에 대한 기관의 행정구조와 예산 사용은 사단법인 ○○법인과 구청의 지도감독하에 철저한 모습들이 매우 좋은 경험이 되었고 실습생으로서의 실습생의 평가를 충실히 수행했음.

5. 기관이 속한 지역사회, 물리적 환경의 특징

(1) 지역사회

보호자의 과반수는 고졸 이상의 학력을 소지하고 한 개 이상의 종교를 가지고 있으며 주로 ○○동과 ○○동, ○○동에 거주하는 중장년의 딸 또는 자부로서 주야간보호서비스를 이용하여 온 것으로 보고 자녀들은 맞벌이 부부로서 집에는 아무도 없는 상태임.

6. 사회복지기관으로서 지역 내 타 기관들과의 연계

(1) 관계유형 및 내용

구청 및 노인복지관 외

(2) 기관의 타기관과의 관계유지에 대한 실습생의 평가

○○○ 봉사단체와 연계를 비교적 잘하고 있으며 ○○○ 소방서 및 ○○○ 한의원과의 지역사회의 관계유지가 매우 좋았다.

7. 기관의 특별한 면이나 전반적인 사항에 대한 인상이나 느낌

센터는 복지적인 마인드로서 어르신에 대한 서비스 실천과정에서 생활적인 면과 정서적인 면이 함께 이루어져 사회복지현장에서의 현장체험이 생생했고 정책 부분과 행정적인 실습에서도 현재 진행되고 있는 실제 업무를 접해 봄으로써 복지사의 역할에 대하여 이해도가 높았다.

제14장

사회복지사 자격관리지침과 취업

1. 사회복지사

사회복지사[1]는 사회복지에 관한 전문지식과 기술을 가진 사람으로 사회복지사의 자격 등급은 1급[2], 2급[3]으로 보건복지부장관이 자격증을 발급한다. 정신건강 · 의료 · 학교 영역에 대해서는 영역별로 정신건강사회복지사 · 의료사회복지사 · 학교사회복지사의 자격을 부여할 수 있다.

2. 사회복지사 자격증 이수과목 기준[4]

구분	교과목	이수과목(학점)	
		대학교 · 전문대학	대학원
필수 과목	사회복지학개론, 인간행동과 사회환경, 사회복지정책론, 사회복지법제와 실천, 사회복지실천론, 사회복지실천기술론, 사회복지조사론, 사회복지행정론, 지역사회복지론, 사회복지현장실습	10과목 30학점 (과목당 3학점) 이상	6과목 18학점 (과목당 3학점) 이상
선택 과목	아동복지론, 청소년복지론, 노인복지론, 장애인복지론, 여성복지론, 가족복지론, 산업복지론, 정신건강사회복지론, 의료사회복지론, 학교사회복지론, 교정복지론, 사회보장론, 정신건강론, 사회문제론, 자원봉사론, 사회복지지도감독론, 사회복지자료분석론, 프로그램 개발과 평가, 사회복지역사, 사회복지윤리와 철학, 복지국가론, 가족상담 및 가족치료, 사회복지와 문화다양성, 사례관리론, 국제사회복지론, 빈곤론, 사회복지와 인권	7과목 21학점 (과목당 3학점) 이상	2과목 6학점 (과목당 3학점) 이상

1) 사회복지사업법 제11조는 사회복지에 관한 소정의 전문지식과 기술을 가진 자에게 사회복지사 자격을 부여하고 이들에게 복지업무를 담당하도록 함으로써 아동, 청소년, 노인, 장애인 등 보호가 필요한 사람들에게 전문적이고 체계적인 복지서비스를 제공하기 위한 자격을 규정하고 있다.
2) 1급은 사회복지사 1급 국가시험에 합격한 자에게 발급한다. 정신건강사회복지사 · 의료사회복지사 · 학교사회복지사의 자격은 1급 사회복지사의 자격이 있는 사람 중에서 보건복지부령으로 정하는 수련기관에서 수련을 받은 사람에게 부여한다.
3) 2급은 대학원, 대학교, 전문대학 졸업자로서 일정 교과목을 이수한 자에게 발급한다. 사회복지사업법 개정(2017.10.24.)에 따라 2019년 1월 1일부터 사회복지사 3급 자격을 신규로 발급하지 않는다(단, 재발급은 가능하다).
4) 사회복지학 전공교과목과 사회복지 관련 교과목(사회복지사업법 시행규칙 2020년 1월 1일부터 시행) 기준으로 작성하였다.

3. 사회복지사 자격증 발급

사회복지사 자격증 발급요건을 갖춘 자는 한국사회복지사협회에 자격증 발급신청을 해야 한다.

업무내용	담당기관	비고
자격증 발급신청서류 접수	한국사회복지사협회 시 · 도 협회	수시
수수료 입금 확인	한국사회복지사협회 시 · 도 협회	
자격신청정보 전산 등록 및 서류발송	한국사회복지사협회 시 · 도 협회	
서류 도착확인 및 심사	한국사회복지사협회 (자격지원본부)	처리기간 14일 (근무지 기준)
결격사유 조회	등록기준지	
자격번호 발급	한국사회복지사협회 (자격지원본부)	
자격증 제작 및 발송 (우편 또는 직접수령)	한국사회복지사협회 (자격지원본부)	

그림 14-1 자격증 발급 업무 흐름도

1) 자격증 발급신청 방법

사회복지사 자격증 발급요건을 갖춘 자는 발급신청 구비서류를 준비하여 거주지역의 시·도 사회복지사협회로 등기우편 또는 직접 방문하여 자격증 발급신청한다.

(1) 자격증 발급신청서(https://www.welfare.net) 작성하기

한국사회복지사협회 자격관리센터 홈페이지에 로그인하고 자격증 발급신청서[5]를 작성한다.

(2) 준비서류 목록

- 자격증 발급신청서 입력한 후 발급신청서 출력하기
- 학위증명서[6] 1부
- 성적증명서[7] 1부
- 사회복지현장실습확인서 원본 1부
- 자격증 발급[8] 수수료[9](1만원) 입금 증빙 1부
- 추가서류(외국인으로서 자격증 발급을 신청하는 경우에는 추가서류가 있으며 자세한 내용은 한국사회복지사협회 자격관리센터 홈페이지 참고)

---

5) 자격증 사진은 6개월 이내에 모자 등을 쓰지 않고 촬영한 천연색 상반신 증명사진(3.5cm×4.5cm)으로 업로드한다.

6) 학위증명서는 사회복지사 자격증 발급을 위한 학위 기준을 확인하는 서류로서, 자격증 신청서류 제출기준 90일 이내에 발급된 졸업 또는 학위증명서로 제출해야 한다.

7) 성적증명서는 사회복지사 자격증 발급을 위한 자격 기준을 확인하는 서류로서, 신법이수자(2020년 1월 1일 이후 사회복지학 교과목 이수자)의 경우는 자격증 이수 과목(필수 10과목, 선택 7과목) 확인용 성적증명서로서 신청서류 제출기준 90일 이내에 발급된 증명서로 제출해야 한다.

8) 자격증 발급 수수료(1만 원) 입금은 자격증 발급신청자 성명으로 입금한다. 입금 계좌번호는 본인의 자격증 발급 신청하고자 하는 해당지부 자격증 수수료 입금 계좌로 입금자 성명과 주민번호 앞 6자리를 기재하여 입금한다.

9) 자격증 발급 신청자 중 국민기초생활수급자는 수수료의 50% 감면되며, 신청자별 구비서류 외에 '수급자 증명서 1부'를 추가로 제출해야 감면이 적용된다.

(3) 시 · 도협회 주소 및 계좌번호, 전화번호

지회명	주소 / 계좌번호	전화번호
서울특별시사회복지사협회	(07217) 서울특별시 영등포구 당산로 171, 금강펜테리움 IT타워 206호	02-783-2962
	신한 140-012-290890	
부산광역시사회복지사협회	(47511) 부산광역시 연제구 법원로 12, 로윈타워 603호	051-507-1285
	국민 939737-01-003007	
대구광역시사회복지사협회	(41155) 대구광역시 동구 동촌로16길 20 아인빌딩 6층	053-986-9881
	대구 040-10-000737	
인천광역시사회복지사협회	(21511) 인천광역시 남동구 용천로 208, 인천사회복지회관 607호	032-886-5411
	신한 100-027-824823	
광주광역시사회복지사협회	(61253) 광주광역시 북구 천변우로 40, 1층	062-524-7932
	광주은행 001-107-74472	
대전광역시사회복지사협회	(34917) 대전광역시 중구 보문로 246 대림빌딩 8층 806호	042-254-7109
	국민 48040-04-076644	
울산광역시사회복지사협회	(44530) 울산광역시 중구 중앙길 162, 5층(씨티빌딩)	052-246-9561
	경남 517-07-0163755	
세종특별자치시 사회복지사협회	(30025) 세종특별자치시 조치원읍 문화로 16-1, 2층	070-5029-1355
	신협 131-017-073037	
경기도사회복지사협회	(16690) 경기도 수원시 영통구 덕영대로 1556번길 16, 디지털엠파이어 B동 406호	031-252-7554
	국민 877001-01-444745	
강원도사회복지사협회	(24209) 강원도 춘천시 동면 소양강로110, 402호	033-262-4254
	농협 301042-51-005884	
충청북도사회복지사협회	(28583) 충청북도 청주시 흥덕구 공단로 87, 충북종합사회복지센터 402호	043-232-2213
	농협 1187-01-004075	
충청남도사회복지사협회	(31464) 충청남도 아산시 배방읍 용연로 12 중앙플라자 402호	041-541-5598
	농협 301-0102-3336-31	
전라북도사회복지사협회	(54932) 전라북도 전주시 덕진구 전주천동로 483, 전북사회복지회관 4층	063-252-3994
	전북 539-23-0300006	
전라남도사회복지사협회	(58565) 전라남도 무안군 삼향읍 오룡3길 22, 전남사회복지회관 2층	061-287-5659
	우체국 503706-01-001391	
경상북도사회복지사협회	(38452) 경상북도 경산시 진량읍 대학로 1386, 새마을금고 2층(부기리 55번지)	053-814-8611
	농협 301-0095-9138-11	
경상남도사회복지사협회	(51395) 경상남도 창원시 의창구 창원대로18번길 46, 경남창원과학기술진흥원 10층 1015호	055-299-1518
	경남 670-22-0046974	
제주특별자치도 사회복지사협회	(63274) 제주특별자치도 제주시 동광로 81 기경빌딩 4층	064-726-2154
	제주 15-01-183595	

※ 행정안전부 전국행정구역 구분순

출처: 한국사회복지사협회, 2021년 사회복지사 자격관리 지침

2) 사회복지사 자격증 발급 제한기준

(1) 사회복지사 결격사유

다음의 어느 하나에 해당하는 사람은 사회복지사업법 제11조의2 사회복지사의 결격사유에 의해 사회복지사가 될 수 없다.

- 피성년후견인[10] 또는 피한정후견인[11]
- 금고[12] 이상의 형을 선고받고 그 집행이 끝나지 아니하였거나 그 집행을 받지 아니하기로 확정되지 아니한 사람[13]
- 법원의 판결에 따라 자격이 상실되거나 정지된 사람
- 마약·대마 또는 향정신성의약품의 중독자[14]
- 「정신건강증진 및 정신질환자 복지서비스 지원에 관한 법률」 제3조 제1호에 따른 정신질환자[15]. 다만, 전문의가 사회복지사로서 적합하다고 인정하는 사람은 그러하지 아니하다.

---

10) 피성년후견인: 질병, 장애, 노령, 그 밖의 사유로 인한 정신적 제약으로 사무를 처리할 능력이 지속적으로 결여된 사람으로서 일정한 자의 청구에 의하여 가정법원으로부터 성년후견개시의 심판을 받은 자(민법 제9조, 제10조, 제11조, 제929조, 제938조)

11) 피한정후견인: 질병, 장애, 노령, 그 밖의 사유로 인한 정신적 제약으로 사무를 처리할 능력이 부족한 사람으로서 일정한 자의 청구에 의하여 가정법원으로부터 한정후견개시의 심판을 받은 자(민법 제12조, 제13조)

12) 금고: 강제노동을 과하지 않고 수형자(受刑者)를 구치소에 구금하는 일

13) 금고 이상의 실형의 선고를 받고 집행을 받지 아니하기로 확정되지 아니한 자의 범위에는 법원으로부터 집행유예 선고를 받고 그 선고의 실효 또는 취소됨이 없이 유예기간을 경과하여 형의 선고 효력을 잃게 되기까지 사이의 자를 포함(대법원 1998.2.13.선고 97누18042 판결). 따라서 집행유예 기간이 완료되지 않은 자의 사회복지사 자격 취득은 불가하다.

14) 중독자: 「마약류 관리에 관한 법률」 및 「정신건강증진 및 정신질환자 복지서비스 지원에 관한 법률」에 의한 마약·대마 또는 향정신성의약품의 중독자

15) 정신질환자: 망상, 환각, 사고(思考)나 기분의 장애 등으로 인하여 독립적으로 일상생활을 영위하는 데 중대한 제약이 있는 사람을 말한다.

(2) 사회복지사 자격 취소

다음의 어느 하나에 해당하는 경우 그 자격을 취소하거나 1년의 범위에서 정지시킬 수 있다. 다만, ①~③까지에 해당하면 그 자격을 취소[16]하여야 한다(사회복지사업법 제11조의3 사회복지사의 자격취소 등).

① 거짓이나 그 밖의 부정한 방법으로 자격을 취득한 경우
② 사회복지사업법 제11조의2 각 호의 어느 하나에 해당하게 된 경우
③ 자격증을 대여·양도 또는 위조·변조한 경우
④ 사회복지사의 업무수행 중 그 자격과 관련하여 고의나 중대한 과실로 다른 사람에게 손해를 입힌 경우[17]
⑤ 자격정지 처분을 3회 이상 받았거나, 정기 기간 종료 후 3년 이내에 다시 자격정지 처분에 해당하는 행위를 한 경우
⑥ 자격정지 처분 기간에 자격증을 사용하여 자격 관련 업무를 수행한 경우

4. 사회복지사의 취업

사회복지사로 취업하기 위해서는 이론적인 교육을 충분히 받고 실천현장에서 실습과 자원봉사자 및 경력 등을 쌓아 자신의 가치를 높이는 준비하는 것이 필요하다. 실습 이후 자신에게 맞는 분야에 대해 신중하게 고려하여 보다 적극적으로 사회복지의 취업 진로를 설계하는 것이 필요하다.

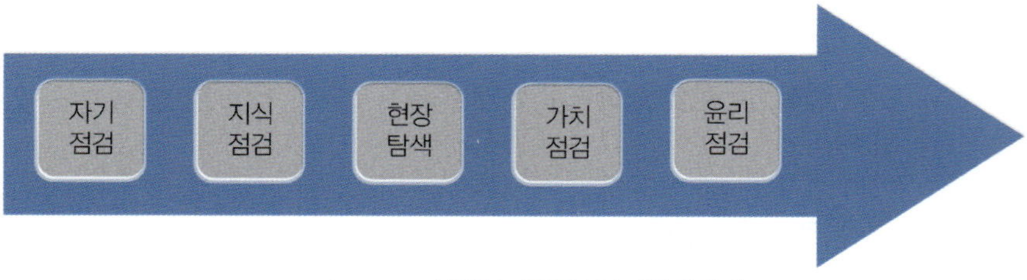

그림 14-2 사회복지현장실습 발달단계

16) 규정에 따라 자격이 취소된 사람은 취소된 날부터 15일 내에 자격증을 보건복지부장관에게 반납하여야 한다. 이 규정에 따라 자격이 취소된 사람에게는 그 취소된 날부터 2년 이내에 자격증을 재교부하지 못한다.

17) 보건복지부장관은 제1항제4호에 해당하여 사회복지사의 자격을 취소하거나 정지시키려는 경우에는 제46조에 따른 한국사회복지사협회의 장 등 관계 전문가의 의견을 들을 수 있다.

1) 사회복지전담공무원

저소득층 복지지원 관리, 사회복지시설 관리, 의료급여 관리, 노인복지 관리, 자활지원 관리, 아동복지 관리, 장애인복지 관리, 긴급복지 지원관리의 업무를 담당한다.

2) 정신건강사회복지사

내담자의 질병에 연관된 사회환경적 조사를 통한 진단적 역할과 개별치료, 집단치료, 가족치료, 집단활동치료 등의 치료적 역할, 퇴원계획, 재활치료, 지역사회 자원 연결, 사례관리, 정신질환자에 대한 편견 해소 등의 퇴원까지 사후지도적 역할을 담당한다.

사회복지사 1급 자격증 소지자가 보건복지부장관이 지정한 정신보건사회복지사[18] 수련기관에서 1년 이상 수련을 마칠 경우, 정신보건사회복지사 2급을 취득할 수 있다.

3) 의료사회복지사

전문상담가로서 환자와 가족의 심리적 · 사회적 · 경제적 문제를 파악 진단하여 원활한 진료가 이루어질 수 있도록 원조하고, 환자가 정상적으로 가정과 사회로 복귀할 수 있도록 지원한다. 또한 병원의 효율적인 운영과 환자에 대한 서비스 증진을 위한 프로그램을 개발하고 시행하며, 전문상담 활동 및 질환별 사회복지적 개입을 위한 연구조사 활동을 수행하는 전문가이다.

사회복지사 1급 자격증 소지자로 의료사회복지 실무경력 등 의료사회복지사협회 자격위원회에서 인정하는 자격을 통해 응시 가능하다.

---

18) 정신보건사회복지사 1급은 고등교육법에 의한 대학원에서 사회복지학 또는 사회사업학을 전공한 석사학위 이상 소지자로서 보건복지부 장관이 지정한 전문요원 수련기관에서 3년 이상 수련을 마친자나 2급 정신보건사회복지사 자격 취득 후 정신보건시설 또는 보건소에서 5년 이상 정신보건분야의 임상실무경험이 있는 자

4) 학교사회복지사

학교에서 일어나는 학생의 문제들을 개인의 문제만이 아닌 개인을 둘러싼 환경과의 상호작용의 문제로 본다. 이러한 심리 · 사회적 문제들을 학생 - 학교 - 가정 - 지역사회의 연계를 통해 예방하고 해결함은 물론, 모든 학생이 자신의 잠재력과 능력을 최대로 발휘할 수 있도록 최상의 교육환경과 공평한 교육기회를 제공하는 역할을 담당하는 전문가이다.

사회복지사 1급 자격증 소지 및 수련과정 등의 한국학교사회복지사협회의 자격위원회에서 인정하는 자격을 통해 응시 가능하다.

5. 사회복지 취업전략

1) 직무매치(전공매치)

- 직무매치란 개인이 자신의 직무가 자신의 교육수준, 기술수준, 전공수준, 전공지식에 대비하여 자신에게 적합한 정도를 말함
- 자신의 직무가 전공(전공지식)과 일치하는가에 대한 질문에 상당 부분 전공과 일치하지 않는다고 대답하여 우리 사회 전공 불일치의 문제가 심각한 것으로 판단

2) 고용형태

취업의 질적인 성과는 취업의 질적인 부분으로 정규직 고용, 상용직 고용 등, 취업의 질적인 성과는 일자리 형태로 하루 종일 일하는 경우와 그렇지 않은 경우, 고용형태로 상용직과 그렇지 않는 경우, 근로형태로 정규직 근로와 비정규직 근로, 근로계약 기간으로 특별히 정해지지 않은 경우와 정해진 경우, 그리고 일자리 규모, 월평균 수입 등으로 구분한다.

3) 채용시장의 변화

- 모집 채널의 다양화·글로벌화
- 인·적성 검사의 활용성 강화
- 역량(행동, 지식, 스킬) 중심의 면접확대
- 면접 전문인력 양성
- 고유한 선발모형과 절차운영
- 서류전형의 체계화
- 적합성 면접과 임원평가 비중 축소

4) 취업전략

- 직업에 대한 애정, 확고한 직업관
- 본인만의 경쟁력
- 확고한 입사의지
- 업무를 잘 할 수 있는 자질
- 직무에 대한 자신감
- 명확한 지원동기
- 장기근무 계획

5) 면접행동요령

(1) 입장 시

- 바르게 편 자세로 당당하고 자신감 있게 입장한다.
- 면접관을 힐끔힐끔 쳐다보지 말고 앞을 주시한다.
- 준비된 의자 앞에 서서 면접관에게 바르게 인사한다.
- 인사말은 “안녕하십니까?”라고 한다.
- 너무 큰 소리로 인사하지 않는다.
- 앉으라고 안내를 받으면 자리에 앉는다.

(2) 착석 시

- 엉덩이를 의자 끝에 붙이고 허리를 곧게 펴고 앉는다.
- 어깨는 힘을 빼고 자연스럽게 한다.
- 남자는 손을 무릎 위에 올리고 가볍게 주먹을 쥔다.
- 여자는 오른손을 위로 포개어 무릎 가운데 둔다.
- 다리는 정면을 향하게 바르게 모은다.
- 다리를 떨거나 포개지 않도록 한다.

(3) 시선처리

- 정면을 바라보고, 면접관의 턱을 응시한다.
- 질문을 하는 면접관과 시선을 마주치도록 한다.
- 여러 명의 면접관이 있으면 고르게 시선을 분배한다.
- 너무 산만하게 시선 이동을 하지 않는다.
- 다른 피면접자에게 시선을 주어야 할 경우, 잠깐 고개를 돌려 보는 것은 자연스럽다.

(4) 목소리

- 자신감 있고 당당한 목소리로 답변을 한다.
- 평소 대화하는 목소리보다 약간 크게 한다.
- 작은 목소리로 묻는다고 나도 작아져서는 안 된다.
- 말의 속도는 평소 대화하듯 자연스럽게 유지한다.
- 중요한 사항은 힘을 주어 강조하는 것도 좋다.
- 생기 있는 표현과 톤은 면접관을 즐겁게 한다.

(5) 퇴장 시

- 질문이 끝났다고 면접이 끝난 것이 아니다.
- 나가도 좋다고 하면 자리에 일어서서 바른 자세로 서서 인사[19]한다.
- 조용히 뒤로 돌아 살며시 문을 열고 나온 뒤 닫는다.
- 퇴장하면서 표정이 바뀌거나 말을 하지 않는다.

---

19) 인사말은 "고맙습니다."

참고문헌

고수현(2010). 사회복지사업현장론. 경기: 양서원.

권중돈(2011). 사회복지개론. 서울: 학지사.

김선희 외(1999). 사회복지실습 길라잡이. 서울: 홍익재.

김영호 외(2007). 사회복지현장실습의 이해. 경기: 양서원.

류형택 외(2014). 사회복지현장실습의 이해와 실제. 서울: 동문사.

박상하 외(2007). 사회복지개론. 경기: 양서원.

박태룡(1999). 노인복지 이론과 실제. 대구: 대구대학교 출판부.

신민선 외(2015). 사회복지현장실습 실습생을 위한 매뉴얼. 경기: 양서원.

양옥경 외(2005). 사회복지실천론. 서울: 나남출판.

________(2007). 사회복지현장실습 슈퍼비전. 한국사회복지사협회.

________(2010). 사회복지지도감독론. 경기: 양서원.

오수경 외(2012). 사회복지현장실습. 서울: 공동체.

이영분 외(2001). 사회복지실천론. 서울: 동인.

이외승 외(2020). 사회복지현장실습의 이해와 실제. 서울: 동문사.

이상민 외(2021). 새로운 교육과정에 의한 사회복지현장실습. 서울: 동문사.

임정문 외(2021). 사회복지현장실습. 서울: 동문사.

정경희. 노인복지시설의 현황과 개선방향.

최성재, 장인협(2006). 노인복지학. 서울: 서울대학교출판부.

최일섭 외(2011). 사회복지현장실습. 서울: 도서출판 오래.

한국사회복지교육협의회(2011). 2010년도 사회복지학 교과목지침서. 한국사회복지교육협의회.

한국사회복지사협회(2007). 사회복지현장실습슈퍼비전. 한국사회복지사협회.

________________(2010). 사회복지현장실습안내서. 한국사회복지사협회.

________________(2010). 사회복지현장실습지도자교육. 한국사회복지사협회.

________________(2021). 사회복지사 자격관리지침. 한국사회복지사협회.

허정무(2005). 노인문제와 노인복지. 협신사.

홍승현(2017). 치매노인가족의 돌봄 부담감이 우울증상에 미치는 영향: 자기효능감의 매개효과와 사회적 지지의 조절효과를 중심으로. 백석대학교 기독교전문대학원 박사학위논문.

황진수(2005). 노인복지 정책론. 서울: 한성대학교출판부.

사회복지학사전. 2009. 8. 15. Blue Fish.

한국사회복지사협회(http://www.welfare.net/).

Coulton P., & Krimmer, L. (2005). Co-supervision of students: A model for the future needs of the profession. *Australian Social Work*, *58*(2), 154-166.

Biestek, F. P. (1957). *The casework relationship*(케이스워크 관계). Chicago: Loyola University Press.

Kadushin, A. (1992). *Supervision in social work*(3rd ed.). New York: Columbia University Press.

Smith, M. K. (2005). 'The functions of supervision', the encyclopedia of informal education. http://www.infed.org/biblio/functions_of_supervision.html.

NASW Standards for Social Work Case Management. http://www.socialworkers.org/practice/standards/sw_case_mgmt.asp#intro

찾아보기

ㄱ

개별화 144
결격사유 261
계량적 자료 분석 112
계획 105
공공기관 164
공문서 179
과정 평가 109
관계 종결 29
관계형성 143, 191
관계형성의 장애요인 149
교육적 실습 171
구법 적용자 21
기관 분석 보고서 59
기본예절 38
기획 105
기획형 실습 172

ㄴ

논리모형 110

ㅁ

면접행동요령 265
물음체 178
민간기관 164

ㅂ

분석 111
비밀보장 144
비심판적 태도 144

ㅅ

사례 담당형 실습 168, 172
사례관리 210
사정도구 213
사회복지사 257
사회복지전담공무원 263
생활시설 165
생활욕구사정표 115
생활형 실습 167, 172
서비스 기관 165
서술식 179
설계 105
수용 144
수행인력 108
슈퍼비전 173, 205
실습계약서 195
실습기관 15
실습생 프로파일 50, 175
실습세미나 16
실습신청서 49, 175
실습일지 53, 177
실습종결평가서 66
실습중간평가서 62
실습지도계획서 248
실습평가서 96
실천현장 163

ㅇ

양적 조사 111
역전이 150
오리엔테이션 188
윤리기준 155
의도적 감정표현 144
의료사회복지사 263
이력서 176
이용시설 165

ㅈ

자격 취소 262
자기결정 144
자기소개서 175
저항 151
전공매치 264
전이 150
전화예절 40
정신건강사회복지사 263
존어체 178
종결평가 28
지지적 실습 172
직무매치 264
질적 자료 분석 112
질적 조사 111

ㅊ

취업전략 265
측정도구 109
침묵 151

ㅌ

통제된 정서적 관여 144

ㅍ

평가방법 109
평가적 실습 172
평가지표 109
프로그램 105
프로그램 평가 110
프로포절 106

ㅎ

학교사회복지사 264
행정기관 164
행정적 실습 171
현장실습 13
혼합형 실습 168
회의예절 40

기타

1차 현장 163
2차 현장 164
Biestek 143
acceptance 146
Block System 168
case work service 168
casework relationship 144
client self-determination 147
confidentiality 148
controlled emotion response 146
design 105
Group Conference 169
Individual Conference 169
individualization 145
nonjudgmental attitude 147
plan 105
planning 105
Primary Settings 163
purposive expression of feeling 145
Secondary Settings 164
Weekly System 168

저자소개

현영렬

서울시립대학교 사회복지학 박사
동경도립대학교 사회복지학 석사
연세대학교 사회사업학과 졸업
현) 서정대학교 평생교육 부총장
현) 서정대학교 성인학습지원센터 센터장(겸)
전) 서울시 동작구청 사회복지직 공무원

이승현

건국대학교 및 동 대학원 졸업(행정학 박사)
현) 서정대학교 사회복지과 학부장
지역아동센터 경기북부지원단 운영위원 및 컨설팅위원
양주시 청년정책위원
보건복지부 아동권리보장원 아동돌봄시설 전문평가위원
경기도 사회복지협의회 정책위원

홍승현

한양대학교 공공정책대학원 사회복지학 석사
백석대학교 기독교전문대학원사회복지학 박사
현) 군포시 보육정책운영위원
현) 군포시 자원봉사센터 인사위원회 위원장
현) 서정대학교 사회복지과 교수
전) 꿈이찬 어린이집 원장
전) 참사랑 실버센터 센터장

정명섭

한세대학교 사회복지학과 박사(사회복지 박사)
현) 서정대학교 사회복지과 교수
현) 베레쉬트 가족심리상담센터 가폭 상담교수
현) 베레쉬트 학술예술원 위원
현) 사회적협동조합 그루터기 장애인주간보호시설 고충위원
한국인문사회질학회(한국연구재단 등재지) 이사
전) 구립 여의도 데이케어센터 본부장
전) 서울시 영등포구 바로세움(데이케어센터) 회장

사회복지현장실습

초판 1쇄 발행 / 2023년 8월 30일
초판 2쇄 발행 / 2024년 8월 30일

•

공저자 / 현영렬 · 이승현 ·
홍승현 · 정명섭
발행인 / 이 중 수
발행처 / **동 문 사**

•

서울특별시 서대문구 홍제원 1길 12
(홍제동 137-8)
Tel: 02)736-3718(대), 736-3710, 3720
Fax: 02)736-3719
등록번호: 1974.04.27. 제9-17호
가격: 22,000원

•

ISBN: 979-11-6328-538-0 (93330)
E-mail: dong736@naver.com
www.dongmunsa.com